Le chemin de la prospérité de la Côte d'Ivoire

Gouvernance, inclusion et renouveau économique

Collection « L'esprit économique »

fondée par Sophie Boutillier et Dimitri Uzunidis en 1996
dirigée par Sophie Boutillier, Blandine Laperche, Dimitri Uzunidis

Si l'apparence des choses se confondait avec leur réalité, toute réflexion, toute Science, toute recherche serait superflue. La collection « L'esprit économique » soulève le débat, textes et images à l'appui, sur la face cachée économique des faits sociaux : rapports de pouvoir, de production et d'échange, innovations organisationnelles, technologiques et financières, espaces globaux et microéconomiques de valorisation et de profit, pensées critiques et novatrices sur le monde en mouvement...
Ces ouvrages s'adressent aux étudiants, aux enseignants, aux chercheurs en sciences économiques, politiques, sociales, juridiques et de gestion, ainsi qu'aux experts d'entreprise et d'administration des institutions.

La collection est divisée en six séries :

Dans la série *Economie et Innovation* sont publiés des ouvrages d'économie industrielle, financière et du travail et de sociologie économique qui mettent l'accent sur les transformations économiques et sociales suite à l'introduction de nouvelles techniques et méthodes de production. L'innovation se confond avec la nouveauté marchande et touche le cœur même des rapports sociaux et de leurs représentations institutionnelles.

La série *Economie formelle* a pour objectif de promouvoir l'analyse des faits économiques contemporains en s'appuyant sur les approches critiques de l'économie telle qu'elle est enseignée et normalisée mondialement. Elle comprend des livres qui s'interrogent sur les choix des acteurs économiques dans une perspective macroéconomique, historique et prospective.

Dans la série *Le Monde en Question* sont publiés des ouvrages d'économie politique traitant des problèmes internationaux. Les économies nationales, le développement, les espaces élargis, ainsi que l'étude des ressorts fondamentaux de l'économie mondiale sont les sujets de prédilection dans le choix des publications.

La série *Krisis* a été créée pour faciliter la lecture historique des problèmes économiques et sociaux d'aujourd'hui liés aux métamorphoses de l'organisation industrielle et du travail. Elle comprend la réédition d'ouvrages anciens, de compilations de textes autour des mêmes questions et des ouvrages d'histoire de la pensée et des faits économiques.

La série *Clichés* a été créée pour fixer les impressions du monde économique. Les ouvrages contiennent photos et texte pour faire ressortir les caractéristiques d'une situation donnée. Le premier thème directeur est : mémoire et actualité du travail et de l'industrie ; le second : histoire et impacts économiques et sociaux des innovations.

La série *Cours Principaux* comprend des ouvrages simples, fondamentaux et/ou spécialisés qui s'adressent aux étudiants en licence et en master en économie, sociologie, droit, et gestion. Son principe de base est l'application du vieil adage chinois : « le plus long voyage commence par le premier pas ».

Guillaume Ye

Le chemin de la prospérité de la Côte d'Ivoire

Gouvernance, inclusion et renouveau économique

L'Harmattan

5-7, rue de l'École-Polytechnique ; 75005 Paris

http://www.editions-harmattan.fr/

ISBN : 978-2-336-63629-0
EAN : 9782336636290

DÉDICACE

À ma famille, dont le soutien silencieux a rendu possible chaque heure de ce travail.

À la Côte d'Ivoire, cette nation que j'aime assez pour lui dire des vérités difficiles mais très utiles.

A tous les Présidents qui ont dirigé la Cote d'Ivoire de son indépendance en 1960 jusqu'à nos jours.

À ceux qui, dans les ministères d'Abidjan, les champs d'Abengourou, les marchés de Bouaké ou les salles de classe de Man, bâtissent chaque jour, sans titre ni tribune, le pays que ces pages appellent de leurs vœux.

Et à mes enfants, pour que la Côte d'Ivoire de 2050 leur appartienne pleinement.

Livre d'analyse économique et politique

Cet ouvrage examine les déterminants profonds qui conditionnent la capacité de la Côte d'Ivoire à construire une prospérité durable, à la hauteur de son potentiel économique, humain et institutionnel. Chaque analyse est étayée par des données rigoureusement sélectionnées, confrontée aux enseignements de la recherche et mise en perspective à la lumière des expériences internationales. Le chemin de la prospérité de la Côte d'Ivoire ne se limite pas à un exercice académique ; il propose une lecture stratégique des défis et des leviers de transformation, à destination des décideurs publics, des chercheurs, des investisseurs, des entrepreneurs et de tous ceux qui s'interrogent sur l'avenir économique et social du pays.

PRÉFACE

Ce livre est né d'une contradiction que je n'arrivais plus à ignorer.

En 2024, la Côte d'Ivoire affichait l'une des croissances les plus vigoureuses du continent africain, supérieure à 6,5 % par an en moyenne sur plus d'une décennie. Et pourtant, son Indice de développement humain la classait au 166e rang mondial sur 193 pays. Premier producteur mondial de cacao, elle transformait localement moins d'un tiers de sa récolte. Nation dont le potentiel agricole, humain et géographique est reconnu par l'ensemble des observateurs internationaux, elle restait classée parmi les pays à revenu intermédiaire de la tranche inférieure, à 72 % du seuil qui conditionne l'accession au statut supérieur.

Ce paradoxe, une croissance robuste coexistant avec une vulnérabilité structurelle persistante, n'est pas une anomalie statistique. C'est un diagnostic. Et c'est ce diagnostic que ce livre a voulu instruire avec rigueur, sans complaisance et sans fatalisme.

Je ne suis ni économiste de métier au sens institutionnel du terme, ni fonctionnaire international, ni même opposant politique. Je suis un observateur engagé, convaincu que les trajectoires économiques résultent de choix délibérés et non de déterminismes immuables ; et que comprendre ces choix, les analyser et les débattre publiquement constitue une contribution utile, peut-être nécessaire, au débat national ivoirien.

Cet ouvrage est le fruit de plusieurs années d'observation, de lecture et d'analyse. Il s'appuie sur des données rigoureusement sélectionnées, confrontées aux enseignements de la recherche académique internationale et mises en perspective à la lumière des expériences comparées : Malaisie, Botswana, Île Maurice, Vietnam, Corée du Sud de nations qui partageaient il y a quelques décennies des conditions proches de celles de la Côte d'Ivoire et qui ont su, par des choix délibérés, transformer leur potentiel en prospérité durable.

Le chemin qu'il tente de tracer est organisé en trois mouvements. La première remonte aux racines de la fragilité ivoirienne : de l'euphorie légitime du « miracle » des années 1960-1980 aux effondrements des décennies perdues, jusqu'à la relance remarquable des années 2012-2024. Non pour commémorer ou accabler, mais pour comprendre les mécanismes qui ont produit les succès comme ceux qui ont conduit aux crises car les deux sont instructifs. Le deuxième mouvement examine les leviers de la transformation structurelle : capital humain, diversification productive, révolution numérique, impératif écologique. Ces dimensions ne se superposent pas : elles s'imbriquent et se conditionnent mutuellement. Le troisième, enfin, pose les conditions sociales et géopolitiques de ce projet collectif : cohésion nationale, intégration de l'économie informelle, positionnement dans l'architecture régionale africaine et dans les chaînes de valeur mondiales.

Ce livre n'est pas un manuel de gouvernement. Il ne prétend pas résoudre en quelques centaines de pages ce que des générations de dirigeants et d'acteurs économiques n'ont pu accomplir. Il aspire plus modestement à proposer un cadre d'analyse cohérent, des diagnostics argumentés, et des orientations stratégiques fondées sur des données empiriques plutôt que sur des convictions idéologiques.

Il s'adresse aux décideurs publics qui cherchent des repères analytiques au-delà des discours de circonstance ; aux investisseurs et entrepreneurs qui ont besoin de comprendre les structures profondes d'une économie pour y engager leurs ressources durablement ; aux chercheurs et étudiants qui souhaitent une synthèse documentée de la trajectoire ivoirienne ; et à tous les citoyens qui s'interrogent, sans toujours disposer des outils pour le faire, sur l'avenir économique et social de leur pays.

La Côte d'Ivoire se trouve aujourd'hui à l'un de ces moments que les économistes du développement appellent des « points de basculement » ; ces intersections où les trajectoires se fixent pour une génération. La fenêtre d'opportunité est ouverte. Elle ne le restera pas indéfiniment.

***C'est pourquoi ce livre a été écrit maintenant*.**

Guillaume Yé,
Juin 2025

Introduction générale

La Côte d'Ivoire a accompli, depuis 2012, une remontée économique que peu d'observateurs auraient anticipée au lendemain des crises politiques de la décennie précédente. Son PIB par habitant avoisine désormais 3 250 dollars US, et son taux de croissance figure parmi les plus soutenus du continent depuis plus d'une décennie. Et pourtant, avec un coefficient de Gini d'environ 35, une économie dont plus de 40 % des recettes d'exportation reposent encore sur un seul produit de base, et un Indice de développement humain qui la maintient dans le bas du classement mondial, le pays se trouve dans une configuration que les économistes du développement reconnaissent bien : celle de la trappe à revenu intermédiaire.

Ce concept désigne la situation d'une économie qui a réussi à dépasser le seuil de la pauvreté de masse, mais qui peine à franchir l'étape suivante : celle de la transformation structurelle profonde qui convertit la croissance en développement partagé, résilient et auto-entretenu. Ce n'est pas une fatalité, mais c'est un piège réel. Des économies aussi diverses que le Brésil, l'Afrique du Sud ou les Philippines y sont restées enfermées pendant des décennies. D'autres en sont sorties par des choix délibérés et une cohérence stratégique maintenue dans la durée et les ressorts de ces trajectoires constituent l'une des boussoles analytiques de cet ouvrage. La singularité du cas ivoirien tient à ceci : le pays réunit des atouts structurels que peu d'économies voisines possèdent, mais ces atouts ne valent rien sans les institutions, la gouvernance et la vision à long terme qui permettent de les mobiliser.

La question centrale n'est donc pas de savoir si la Côte d'Ivoire peut croître ; elle le fait avec constance. La question porte sur la nature et la qualité de cette croissance : est-elle suffisamment inclusive pour réduire les fractures spatiales et sociales héritées de décennies de déséquilibres ? Assez diversifiée pour échapper aux pièges de la dépendance aux matières premières ? Suffisamment ancrée dans le capital humain, l'innovation et une gouvernance moderne pour transformer une dynamique conjoncturelle en puissance économique durable ? Ces trois dimensions : inclusivité, résilience structurelle et transformation institutionnelle, définissent ce que cet ouvrage entend par prospérité durable, par opposition à une simple accélération conjoncturelle du PIB.

Pour instruire cette question, le livre déploie un raisonnement en trois mouvements. Le premier, « Les racines de la fragilité ivoirienne », ne se contente pas de retracer la chronologie économique du pays : il en dégage les mécanismes. De l'euphorie du miracle des années 1960–1970 aux effondrements de la décennie perdue et des crises de 1999–2011, jusqu'à la relance des années 2012–2024, la thèse défendue est que les crises ivoiriennes ne sont pas des accidents exogènes, mais les conséquences prévisibles d'un modèle de croissance qui a négligé ses propres fondations : diversification productive, capital humain, cohésion institutionnelle. Cette lecture historique est indispensable pour ne pas reconduire sous de nouvelles formes les erreurs du passé. Le deuxième mouvement, « Bâtir les fondations d'une prospérité durable », examine les leviers de la transformation structurelle : capital humain, diversification productive, révolution numérique, impératif écologique. La thèse qui guide cette partie est que ces dimensions ne constituent pas un menu d'options : elles forment un système interdépendant dans lequel les insuffisances de l'une compromettent l'efficacité des autres. Une politique de diversification industrielle sans base éducative suffisante échoue ; une ambition numérique sans infrastructure énergétique fiable reste inopérante ; une croissance agricole sans adaptation climatique est condamnée à court terme. Le troisième mouvement, « Les conditions d'une puissance économique africaine », s'attache aux conditions sociales et géopolitiques du projet collectif. La cohésion nationale, l'intégration de l'économie informelle qui mobilise entre 70 et 80 % de la main-d'œuvre, et le positionnement dans les chaînes de valeur africaines et mondiales ne sont pas des accessoires du développement : ils en sont les prérequis politiques. La Côte d'Ivoire ne consolidera pas son rôle de moteur régional sans avoir d'abord réduit ses tensions internes et transformé ses travailleurs informels en acteurs d'une économie productive et formalisée.

L'horizon 2040-2050 qui structure ces analyses n'est pas arbitraire. D'ici là, la Côte d'Ivoire comptera plus de 40 millions d'habitants, avec une pression accrue sur l'emploi, les services publics et les ressources naturelles. La Zone de libre-échange continentale africaine sera, si les conditions sont réunies, en régime de croisière, offrant à la fois des débouchés inédits et une concurrence régionale renforcée. Et les projections climatiques font peser sur la filière cacao une menace qui rend urgente une diversification que l'on différait jusqu'ici sans coût apparent. Les décisions prises au cours des prochaines années dans les domaines de l'éducation, de la politique industrielle, de la gouvernance et des institutions dessineront une trajectoire dont les effets seront encore visibles en 2050.

C'est à la mesure de cet enjeu que cet ouvrage a été conçu.

PARTIE I : Les racines de la fragilité ivoirienne : histoire, institutions et vulnérabilités structurelles

Avant de concevoir une stratégie, il faut comprendre le terrain sur lequel elle s'applique. C'est le rôle de cette première partie : non pas retracer l'histoire ivoirienne pour elle-même, mais en extraire la logique, les mécanismes qui ont produit les succès, les enchaînements qui ont conduit aux crises, et les leçons que ni les chiffres de croissance ni les espoirs sur l'émergence ne suffisent à formuler seuls.

Car la trajectoire économique de la Côte d'Ivoire depuis l'indépendance n'est pas une suite de phases accidentelles. Elle révèle des modèles récurrents : l'euphorie fondée sur des ressources abondantes, la vulnérabilité aux chocs exogènes quand les structures profondes n'ont pas été transformées, et la capacité de rebond lorsque des conditions institutionnelles et politiques minimales ont été réunies. Comprendre ces modèles, c'est se donner les moyens de ne pas les reproduire.

Le Chapitre 1 reconstitue les grandes phases économiques de 1960 à 2025 en cherchant à expliquer, plus qu'à décrire. Le « miracle ivoirien » des années 1960-1980 reposait sur des fondements réels, une base agricole productive, une ouverture commerciale précoce, une stabilité politique fonctionnelle, mais aussi sur des fragilités structurelles que la prospérité masquait. La décennie de crise et d'ajustements structurels (1980-1999) a révélé ces fragilités avec brutalité : chute des cours mondiaux, poids de la dette, effritement des institutions. La période 2000-2025, marquée par une relance remarquable malgré les turbulences politiques de la première décennie, pose à son tour une question décisive : cette reprise repose-t-elle sur des bases plus solides que le premier miracle, ou reproduit-elle, sous des formes renouvelées, les mêmes vulnérabilités ?

Le Chapitre 2 examine la fragilité institutionnelle ivoirienne, dimension que les indicateurs macroéconomiques tendent à occulter mais qui conditionne la durabilité de toute croissance. L'architecture formelle de l'État dissimule souvent des réalités de pouvoir informelles qui fragilisent l'action publique. Les déficits persistants en matière de justice et d'état de droit constituent des freins structurels au développement, en décourageant l'investissement et en perpétuant l'impunité. La corruption et la captation de l'État par des élites prédatrices détournent les ressources nationales de leur vocation productive. Enfin, la concentration du pouvoir politique, les tensions ethniques et la conflictualité des cycles électoraux ont régulièrement menacé la stabilité sans laquelle aucun projet de développement ne peut prospérer.

Le Chapitre 3 examine les moteurs qui ont alimenté les différentes périodes de croissance et leurs limites respectives. Le rôle des matières premières, héritage d'une économie de rente, constitue le fondement historique mais aussi la principale vulnérabilité structurelle du modèle ivoirien. Les réformes de libéralisation ont produit des effets ambivalents, stimulant certains secteurs tout en exposant l'industrie nationale à une concurrence pour laquelle elle n'était pas préparée. L'État bâtisseur a relancé la croissance par l'investissement public massif, mais au prix de nouveaux risques d'endettement. Des verrous structurels persistants : informalité, faible valeur ajoutée locale, tissu entrepreneurial fragile limitent la transformation productive. La Côte d'Ivoire demeure en outre une puissance exportatrice inachevée, dont les performances à l'international restent exposées aux aléas des marchés mondiaux et à une insertion insuffisante dans les chaînes de valeur.

Ensemble, ces trois chapitres construisent moins une chronologie qu'un diagnostic. Ils permettent de répondre à une question simple en apparence **: pourquoi la Côte d'Ivoire, dotée d'atouts comparatifs indéniables, n'a-t-elle pas encore accompli la transition vers un modèle de développement moins dépendant des cycles des matières premières, moins fragilisé par ses institutions et moins exposé aux chocs extérieurs ?** C'est à partir de cette réponse que la deuxième partie pourra tracer les fondations d'une transformation durable.

Chapitre 1 : Du miracle ivoirien à l'économie sous tension (1960–2025)

Depuis son accession à l'indépendance en 1960, la Côte d'Ivoire a connu une trajectoire économique singulière, marquée par des cycles contrastés de prospérité, de crises profondes et de renouveau. Cette évolution, loin d'être linéaire, reflète à la fois les choix stratégiques internes, les transformations sociales et les chocs externes qui ont façonné le pays au fil des décennies. Comprendre ces grandes phases n'est pas seulement un exercice rétrospectif : c'est une condition essentielle pour éclairer les dynamiques actuelles et anticiper les trajectoires futures.

Au cours des deux premières décennies postindépendance, la Côte d'Ivoire s'impose comme l'une des économies les plus dynamiques du continent africain, portée par un modèle fondé sur l'agriculture d'exportation, l'ouverture aux capitaux étrangers et une stabilité politique relative. Cette période, souvent qualifiée de « miracle ivoirien », pose les bases d'une croissance rapide et d'une transformation économique visible, tout en laissant émerger, en filigrane, des vulnérabilités structurelles liées à la spécialisation productive et à la dépendance aux marchés internationaux.

À partir des années 1980, ce modèle est mis à l'épreuve par une série de chocs économiques et financiers. L'effondrement des cours des matières premières, conjugué à une montée de l'endettement, plonge le pays dans une période de crises prolongées. Les ajustements structurels, la dévaluation du franc CFA et les politiques d'austérité qui s'ensuivent contribuent à rétablir certains équilibres macroéconomiques, mais au prix de profondes fractures sociales et d'une fragilisation du tissu économique et institutionnel.

Le tournant du XXIe siècle ouvre une nouvelle séquence, d'abord marquée par une décennie d'instabilité sociopolitique, puis par une phase de relance économique vigoureuse à partir de 2012. Cette renaissance s'appuie sur des réformes structurelles, un retour des investissements et une modernisation progressive des infrastructures. Toutefois, malgré des performances macroéconomiques remarquables, des défis persistants subsistent : diversification incomplète, poids de l'économie informelle, inégalités sociales et vulnérabilité aux chocs externes.

Ce chapitre analyse ces transformations en quatre temps : les promesses et les limites du miracle ivoirien, la longue crise et ses ajustements structurels, le retour de la croissance depuis 2012 et la question de sa fragilité, puis les leçons que soixante années de mutations économiques permettent de dégager. Il met en évidence une idée centrale : chaque période, qu'elle soit de prospérité ou de crise, façonne les conditions de la suivante et éclaire les enjeux actuels du développement ivoirien.

1.1 Le miracle ivoirien : les promesses d'une prospérité rapide

Au lendemain de l'indépendance en 1960, la Côte d'Ivoire s'engage dans une trajectoire économique singulière au sein du continent africain. Là où plusieurs États nouvellement souverains expérimentent des modèles centralisés ou autarciques, le pays fait le choix d'une économie ouverte, fondée sur le pragmatisme, l'intégration aux échanges internationaux et la stabilité institutionnelle. Cette orientation, impulsée par le président Félix Houphouët-Boigny, produit des résultats spectaculaires que les données macroéconomiques permettent aujourd'hui de mesurer avec précision.

Le premier pilier de cette réussite réside dans l'agriculture d'exportation. Le cacao et le café deviennent les vecteurs essentiels de l'intégration de la Côte d'Ivoire à l'économie mondiale. En deux décennies, la Côte d'Ivoire s'impose comme le premier producteur mondial de cacao, assurant à la fin des années 1970 entre 30 et 33 % de la production mondiale (Organisation Internationale du Cacao-ICCO, données historiques). À leur apogée en 1977, le cacao et le café représentent conjointement plus de 60 % des recettes d'exportation totales du pays (*CNUCED, UNCTADStat*).

La résultante macroéconomique est saisissante : le PIB réel croît en moyenne de 7,7 % par an entre 1960 et 1978, avec des pics à 11 % en 1971 et 9,8 % en 1975 (Banque mondiale, WDI). Le PIB par habitant en dollars courants passe de 243 USD en 1960 à environ 1 200 USD en 1978, multiplié par cinq en moins de vingt ans.

Tableau 1.1 - Principaux indicateurs macroéconomiques (1960–1978)

Indicateurs	1960	1970	1978
PIB réel (croissance ann. moy.)	—	~7,5 %	~7,7 % (moy. 1960-78)
PIB par habitant (USD courants)	243	~530	~1 200
Part du cacao+café / exportations	~55 %	~62 %	> 60 %
Part de la CIV dans prod. Mondiale cacao	~15 %	~25 %	~30-33 %

Source : Banque mondiale, WDI ; CNUCED, UNCTADStat ; ICCO.

Ce dynamisme agricole s'accompagne d'un encadrement institutionnel structurant. La mise en place de la Caisse de Stabilisation (CAISTAB) permet de lisser les revenus des producteurs face à la volatilité des prix internationaux. Toutefois, ce mécanisme comporte une dimension souvent minorée : dans les années 1970, le prix payé au planteur représentait parfois moins de 50 % du prix FOB à l'exportation (Tiéba Diallo, 'La CAISTAB et le modèle agricole ivoirien', 1993). L'État captait ainsi une rente considérable, qu'il redistribuait en partie via les dépenses publiques d'infrastructures, mais qui privait simultanément les producteurs d'une fraction importante de la valeur créée.

Le deuxième pilier du modèle repose sur l'ouverture économique et l'attractivité des investissements étrangers. La Côte d'Ivoire adopte une posture résolument libérale, permettant un afflux d'investissements directs, notamment dans les secteurs du commerce, des services et des premières industries de transformation. Abidjan devient progressivement un centre économique majeur en Afrique de l'Ouest.

À cette ouverture s'ajoute un troisième facteur : la stabilité politique. Dans un environnement africain souvent marqué par des coups d'État, la continuité du pouvoir favorise la visibilité et la confiance des acteurs économiques. Les recettes générées par l'agriculture sont massivement réinvesties dans la construction d'infrastructures économiques et sociales : routes, ports, barrages, écoles, hôpitaux.

Une prospérité réelle mais inégalement distribuée

Cette phase de croissance entraîne une augmentation notable du revenu national. Cependant, plusieurs dimensions structurelles limitent son caractère inclusif.

Premièrement, la main-d'œuvre agricole repose en grande partie sur l'immigration. Selon le recensement de 1975 (INS Côte d'Ivoire), les ressortissants étrangers représentent alors 26 % de la population totale, l'une des proportions les plus élevées d'Afrique subsaharienne (Jean-Pierre Dozon, ORSTOM, 1985). Cette structure démographique, si elle permet d'alimenter la production agricole, pose les bases de tensions foncières et identitaires qui se manifesteront ultérieurement.

Deuxièmement, les inégalités de revenu demeurent élevées. Les estimations de la Banque mondiale pour les années 1970 indiquent que les 20 % les plus riches captent environ 55 à 60 % du revenu national, traduisant une distribution très asymétrique des fruits de la croissance. Le développement se concentre principalement dans les zones forestières productrices et dans les centres urbains, en particulier Abidjan, accentuant les disparités territoriales.

Les fragilités structurelles d'un modèle dépendant

Derrière les performances remarquables du « miracle ivoirien » se dessinent progressivement des fragilités structurelles qui vont, à terme, en compromettre la soutenabilité.

La première tient à la concentration des exportations sur deux produits agricoles. En consacrant plus de 60 % de ses recettes d'exportation au cacao et au café, l'économie ivoirienne se rend structurellement vulnérable aux retournements de conjoncture sur les marchés de matières premières, sur lesquels, en tant que grand producteur, la Côte d'Ivoire exerce une influence à l'offre mais aucun contrôle à la demande.

La deuxième fragilité réside dans la faible transformation locale des productions. L'économie ivoirienne exporte majoritairement des produits bruts, captant une part limitée de la valeur ajoutée générée le long des chaînes de production. Cette insertion asymétrique dans l'économie mondiale limite les possibilités d'industrialisation et de montée en gamme. C'est d'ailleurs l'un des arguments centraux des économistes du développement : un pays ne s'enrichit pas nécessairement parce qu'il exporte beaucoup de matières premières. Il s'enrichit lorsque la valeur créée reste suffisamment dans l'économie nationale pour financer l'investissement, l'industrialisation et l'accumulation de réserves.

À cela s'ajoute une montée progressive de l'endettement à la fin des années 1970. Afin de soutenir les investissements publics et de maintenir un niveau élevé de dépenses, l'État recourt de plus en plus à l'emprunt extérieur dans un contexte de conditions financières internationales encore favorables, mais qui ne le resteront pas.

Enfin, des tensions sociales et foncières émergent en toile de fond. L'essor des plantations, alimenté par les migrations, crée des pressions sur les terres et pose les bases de conflits latents qui marqueront profondément l'histoire politique du pays.

Une phase fondatrice aux enseignements durables

Entre 1960 et 1980, la Côte d'Ivoire réussit à bâtir en un temps relativement court une économie dynamique, ouverte et influente à l'échelle régionale. Le « miracle ivoirien » repose sur une combinaison de facteurs : agriculture d'exportation, ouverture économique, stabilité politique et investissements publics qui ont permis une transformation rapide du pays. Mais cette réussite contient en germe ses propres limites : en s'appuyant sur un modèle peu diversifié et fortement dépendant de facteurs externes, l'économie ivoirienne se rend vulnérable aux chocs internationaux qui ne tarderont pas à se manifester.

1.2 Les crises et les ajustements structurels (1980–1999) : austérité, dévaluation, fractures sociales

Au tournant des années 1980, la Côte d'Ivoire entre dans une phase de rupture profonde qui met fin à l'élan du « miracle ivoirien ». Le modèle de croissance fondé sur l'agriculture d'exportation se heurte brutalement à une conjoncture mondiale défavorable dont l'ampleur est aujourd'hui précisément documentée.

Le choc des matières premières et l'effondrement des équilibres économiques

Au tournant des années 1980, la Côte d'Ivoire entre dans une phase de rupture profonde. Le choc des matières premières constitue le détonateur : les cours du cacao s'effondrent, passant de leur sommet historique à moins du tiers de leur valeur (cf. Graphique 1.2 ci-après).

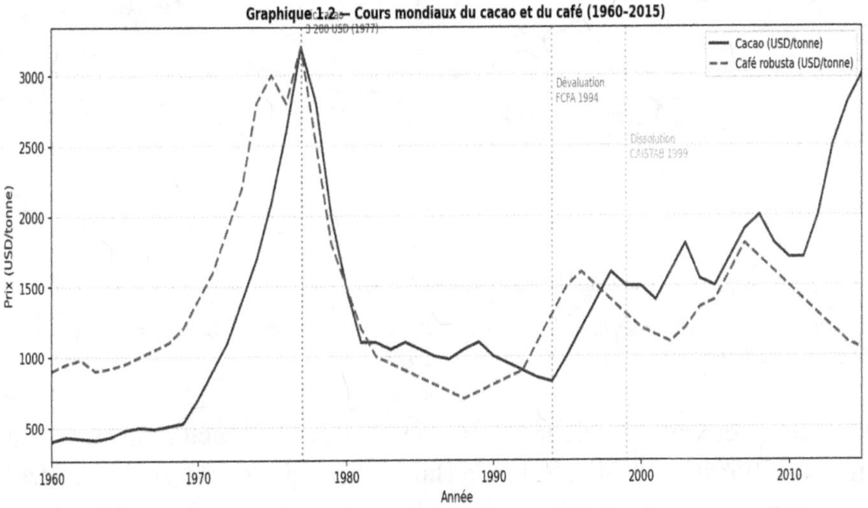

Graphique 1.1 - Cours mondiaux du cacao et du café (1960–2015), USD/tonne. Source : Banque mondiale, Pink Sheet (Commodity Markets Outlook).

Pour une économie dont ces deux produits représentaient plus de 60 % des recettes d'exportation, le choc sur les finances publiques est immédiat et massif. Les recettes de l'État s'effondrent, tandis que les engagements financiers contractés durant la période de forte croissance deviennent de plus en plus difficiles à honorer.

Selon les données de la Banque mondiale (WDI), le PIB par habitant en dollars constants passe d'environ 1 800 USD en 1978 à moins de 1 100 USD en 1994, une perte de richesse par tête de plus de 38 % en quinze ans. L'endettement extérieur atteint 140 % du RNB en 1994 (Banque mondiale, International Debt Statistics), conduisant à la suspension unilatérale du service de la dette en octobre 1987 (van de Walle, 2001). Le graphique ci-dessous synthétise l'évolution du PIB par habitant sur l'ensemble de la période.

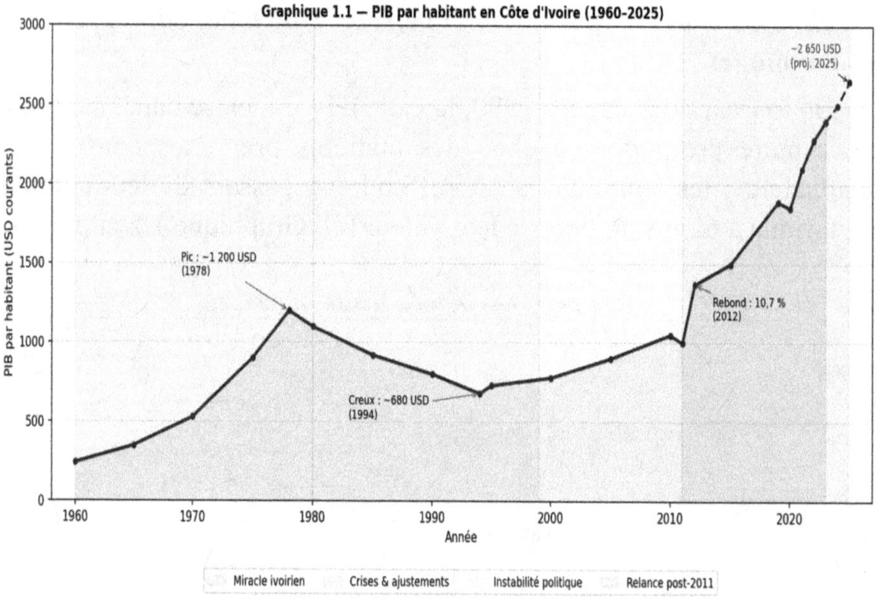

Graphique 1.2 — PIB par habitant en Côte d'Ivoire (1960–2023), USD courants. Source : Banque mondiale, WDI 2024 ; FMI, WEO oct. 2023.

L'endettement extérieur atteint des niveaux caractéristiques d'une insolvabilité structurelle. Selon la Banque mondiale (*International Debt Statistics*), la dette extérieure totale représente environ 140 % du Revenu National Brut en 1994, contre moins de 30 % au début des années 1970. Cette trajectoire rend compréhensible l'épisode, souvent occulté, de la suspension unilatérale du service de la dette en octobre 1987, lorsque le président Houphouët-Boigny annonce que la Côte d'Ivoire ne paiera plus ses créanciers (*van de Walle, African Economies and the Politics of Permanent Crisis, Cambridge University Press, 2001, p. 145).*

Les ajustements structurels : réformes économiques et austérité

À partir du milieu des années 1980, la Côte d'Ivoire s'engage dans une série de programmes d'ajustement structurel sous l'égide du Fonds monétaire international et de la Banque mondiale. Ces programmes visent à rétablir les équilibres macroéconomiques : réduction des dépenses publiques, gel des salaires dans la fonction publique, privatisation d'entreprises publiques, dérégulation et ouverture accrue à la concurrence internationale.

Le secteur agricole est lui aussi profondément restructuré. La libéralisation progressive de la filière cacao-café, qui aboutira à la dissolution de la CAISTAB en 1999, expose davantage les agriculteurs aux fluctuations des marchés internationaux, accentuant leur vulnérabilité économique.

Ces ajustements se font au prix de coûts sociaux considérables, mesurables dans les données de pauvreté. Selon une étude de la Banque mondiale ('*Poverty in* Côte d'Ivoire', 1997), le taux de pauvreté est passé d'environ 11 % en 1985 à 36,8 % en 1995, un triplement en dix ans qui traduit une déstructuration sociale profonde.

La dévaluation du franc CFA de 1994 : un tournant décisif

L'un des épisodes les plus marquants de cette période est la dévaluation du franc CFA en janvier 1994. Décidée conjointement par les pays de la zone franc et les institutions internationales, cette mesure consiste à diviser par deux la valeur de la monnaie par rapport au franc français.

Pour la Côte d'Ivoire, la dévaluation a des effets ambivalents précisément documentés par le FMI (Côte d'Ivoire : *Selected Issues, 1995*) :

- Côté négatif : l'inflation bondit à 32 % en 1994, avant de redescendre à 14 % en 1995. Le salaire réel des fonctionnaires chute de 20 à 25 % en un an, accentuant le sentiment de déclassement au sein des classes moyennes urbaines.
- Côté positif : la compétitivité des exportations est restaurée et la croissance du PIB rebondit à 7 % dès 1995 (Banque mondiale, WDI), illustrant l'efficacité partielle de l'ajustement du taux de change.

Tableau 1.2 - Indicateurs macroéconomiques autour de la dévaluation (1993–1995)

Indicateur	1993	1994	1995
Croissance du PIB réel	−0,2 %	2,0 %	7,1 %
Inflation (IPC)	2,2 %	32,0 %	14,2 %
Taux de pauvreté (est.)	~33 %	~37 %	~37 %
Dette ext. / RNB	~135 %	~140 %	~125 %

Source : FMI, Selected Issues 1995 ; Banque mondiale, WDI et IDS.

Fractures sociales et recompositions économiques

Les ajustements structurels et les chocs économiques des années 1980 et 1990 ont des répercussions profondes sur la société ivoirienne. Le recul de l'État fragilise les systèmes de santé, d'éducation et de protection sociale. Le gel des recrutements dans la fonction publique, autrefois principal débouché pour les diplômés, entraîne une montée du chômage et une expansion rapide de l'économie informelle qui constitue alors un refuge pour une grande partie de la population active.

Dans les zones rurales, la libéralisation agricole fragilise les revenus des producteurs. Les tensions foncières, déjà perceptibles durant la période précédente, s'intensifient sous l'effet de la pression démographique. Parallèlement, les frustrations économiques et sociales alimentent des tensions politiques croissantes. La fin du parti unique au début des années 1990 ouvre une période de pluralisme politique, mais aussi d'instabilité, préparant le terrain aux crises sociopolitiques de la fin de la décennie.

Entre 1980 et 1999, la Côte d'Ivoire traverse une période de transition marquée par l'effondrement d'un modèle économique, la mise en œuvre de réformes profondes et l'émergence de nouvelles dynamiques économiques et sociales. Cette décennie de transition apparaît comme un moment charnière : celui où les certitudes du passé s'effondrent et où se dessinent, dans la douleur, les contours d'un nouveau modèle économique encore en construction.

1.3 Le retour de la croissance : renaissance économique ou embellie fragile ?

À l'aube du XXIe siècle, la Côte d'Ivoire aborde une nouvelle phase dans un contexte profondément marqué par les séquelles des décennies précédentes. Le pays entre alors dans une décennie de crise (1999–2011) qui fragilise durablement son tissu économique, ses institutions et sa cohésion sociale, avant d'amorcer à partir de 2012 l'une des phases de relance les plus dynamiques du continent africain.

Une décennie de rupture : instabilité politique et désorganisation économique (1999–2011)

Le coup d'État de 1999, suivi de la rébellion armée de 2002, plonge la Côte d'Ivoire dans une situation de partition de facto du territoire. Cette fracture géopolitique désorganise les circuits économiques, perturbe les échanges commerciaux et affaiblit les capacités de l'État. Selon les estimations du FMI (*Côte d'Ivoire : Growth Recovery and Regional Leadership, 2013)*, la Côte d'Ivoire a perdu entre 15 et 20 points de PIB cumulés par rapport à sa trajectoire tendancielle durant cette décennie. Le PIB par habitant de 2011 était inférieur à celui de 1980, traduisant plus de trente ans de régression nette du niveau de vie.

Dans ce contexte, l'économie ivoirienne fonctionne en grande partie en mode dégradé, soutenue par la capacité d'adaptation des populations et l'essor de mécanismes informels. Cette résilience, bien que remarquable, ne compense pas les pertes de production, les destructions d'actifs et les coûts sociaux engendrés par une décennie d'instabilité.

Le tournant de 2011 : rétablissement de l'État et reprise économique

La crise post-électorale de 2010–2011 marque un point de bascule. À partir de 2012, la Côte d'Ivoire amorce un processus de stabilisation politique et de reconstruction économique. Les autorités mettent en œuvre un ensemble de réformes visant à restaurer la confiance des investisseurs, améliorer le climat des affaires et moderniser les institutions économiques.

Ce retour à la stabilité s'accompagne d'un regain massif des investissements. L'État engage des programmes ambitieux de modernisation des infrastructures : réhabilitation du réseau routier, extension du port d'Abidjan, développement du secteur énergétique. La performance macroéconomique qui s'ensuit est parmi les plus remarquables d'Afrique subsaharienne :

Tableau 1.3 - Croissance du PIB réel et PIB par habitant (2012–2023)

Année	Croissance PIB réel	PIB/hab. (USD courants)
2012	10,7 %	~1 370
2013	9,3 %	~1 520
2014	8,8 %	~1 620
2015	8,8 %	~1 500
2016	7,2 %	~1 590
2017	7,4 %	~1 680
2018	6,9 %	~1 780
2019	6,5 %	~1 890
2020	2,0 %	~1 850 (COVID-19)
2021	7,4 %	~2 100
2022	6,7 %	~2 280
2023	6,5 %	~2 400
2024	6,0 %	~2805
2025	6,5 %	~3250

Source : Banque Mondiale, WDI 2025 ; FMI, World Economic Outlook (oct. 2024).

Les moteurs de la croissance et leurs limites

Le secteur agricole demeure un pilier central, avec une production de cacao qui atteint des niveaux records (dépassant 2 millions de tonnes en 2016–2017, ICCO), consolidant la position de premier producteur mondial. Toutefois, malgré les progrès en matière de transformation locale, la Côte d'Ivoire est devenue le premier broyeur mondial de cacao. Le cacao et ses dérivés représentent encore environ 35 à 40 % des recettes d'exportation totales en 2022 (*CNUCED, UNCTADStat*). La valorisation au stade final (chocolat de marque) demeure quasi absente du territoire national.

La réduction de la pauvreté est réelle, mais insuffisante. Selon l'Institut National de la Statistique (INS, Enquêtes Niveau de Vie 2015 et 2018–2019), le taux de pauvreté monétaire est passé de 55,1 % en 2011 à 46,3 % en 2015, puis à 39,4 % en 2018. Ce recul significatif n'en laisse pas moins plus de 10 millions de personnes sous le seuil de pauvreté. L'Indice de Développement Humain de 0,582 en 2023 (PNUD, HDR 2024) classe la Côte d'Ivoire au 157e rang mondial sur

193, dans la catégorie « développement humain faible », en deçà du Ghana (0,610) ou du Maroc (0,705).

Tableau 1.4 - Pauvreté, développement humain et dette publique (2011–2022)

Indicateur	2011	2015	2018	2022	2023
Taux de pauvreté (seuil national)	55,1 %	46,3 %	39,4 %	n.d.	n.d.
IDH (PNUD)	0,432	0,478	0,516	0,534	0,582
Rang IDH mondial	n.d.	172e	170e	166e	157e
Dette publique / PIB (FMI)	~67 %	~47 %	~46 %	~56 %	~59 %

Source : INS Côte d'Ivoire, ENV ; PNUD, HDR 2024 ; FMI, Article IV 2024.

La question de la soutenabilité macroéconomique se pose avec acuité. Selon le FMI (Article IV Consultation, Côte d'Ivoire, 2023), la dette publique totale représente environ 57 % du PIB en 2023, contre 47 % en 2012. Plus préoccupant : le service de la dette absorbe désormais environ 35 % des recettes fiscales, un niveau que le FMI qualifie de « tendu » et qui restreint significativement les marges de manœuvre budgétaires pour financer les politiques sociales et d'investissement.

L'économie informelle continue de représenter une part majeure de l'activité économique : entre 40 et 50 % du PIB selon les estimations du FMI (*Informality and Inclusive Growth in Sub-Saharan Africa, 2019),* et plus de 80 % de l'emploi non agricole. Loin d'être une anomalie résiduelle, l'informel constitue le cœur du marché du travail ivoirien, ce qui pose des défis structurels en matière de productivité, de fiscalité et de protection sociale.

Le rôle structurant du numérique et de l'innovation

L'essor du numérique constitue l'un des traits marquants de cette phase de renaissance. L'expansion rapide de la téléphonie mobile, avec un taux de pénétration atteignant plus de 117 % en 2024 (GSMA Intelligence), et des services financiers numériques contribue à l'inclusion financière et à la fluidification des échanges. Un écosystème entrepreneurial dynamique se développe dans des secteurs variés (fintech, e-commerce, services numériques), bien qu'il reste encore embryonnaire.

Ainsi, la période 2000-2025 apparaît comme une phase de renaissance économique marquée par une sortie progressive de crise et une relance vigoureuse. Cependant, cette dynamique reste en construction : si les fondations d'une économie plus diversifiée sont désormais posées, leur consolidation dépendra de la capacité du pays à approfondir les réformes, à renforcer l'inclusion sociale et à anticiper les mutations économiques et environnementales à venir.

1.4 Les leçons de soixante années de mutations économiques

L'histoire économique de la Côte d'Ivoire, de l'indépendance à nos jours, se lit comme une succession de cycles où se mêlent phases d'expansion rapide, chocs exogènes et tentatives de rééquilibrage. Ces séquences révèlent une constante : la persistance de fragilités structurelles qui traversent les différentes périodes de croissance sous des formes renouvelées. Le Graphique 1.3 ci-après illustre l'évolution de la dette publique et du taux de pauvreté sur quatre décennies.

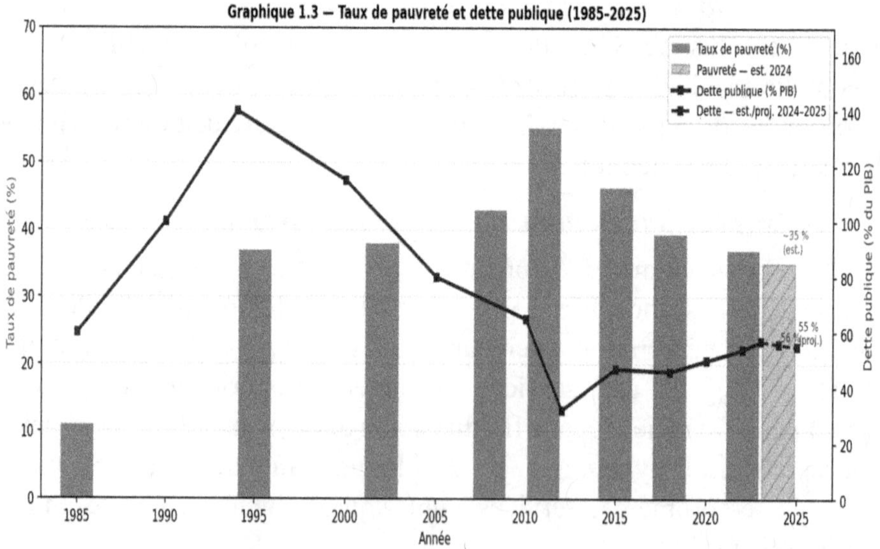

Graphique 1.3 - Taux de pauvreté et dette publique en Côte d'Ivoire (1985–2023). Source : INS CI, ENV ; Banque mondiale, WDI ; FMI, Article IV 2023.

La dépendance aux matières premières : une constante historique

La première leçon réside dans la dépendance persistante aux matières premières agricoles. En 1977, cacao et café représentaient plus de 60 % des recettes d'exportation ; en 2022, le cacao et ses dérivés représentent encore environ 35 à 40 % (CNUCED). Cette évolution est réelle mais insuffisante. La recherche en économie du développement apporte ici un éclairage structurant : Dani Rodrik (*'Premature Deindustrialization', NBER Working Paper, 2016)* montre que la Côte d'Ivoire, comme de nombreux pays africains, a connu une désindustrialisation prématurée, la part de l'industrie dans le PIB a reculé avant même que le niveau de revenu moyen atteigne les seuils observés lors de la transition industrielle des économies asiatiques (Corée du Sud, Malaisie, Vietnam). Cette trajectoire différencie fondamentalement l'expérience ivoirienne des succès d'industrialisation du XXe siècle.

La leçon est claire : une croissance fondée sur une spécialisation excessive, même performante à court terme, engendre une vulnérabilité structurelle. La diversification économique ne constitue pas une option, mais une condition indispensable à la stabilité et à la résilience.

Une industrialisation inachevée et une montée en gamme insuffisante

Le second enseignement concerne les limites de l'industrialisation. Dès les années 1970, les ambitions de transformation économique se sont heurtées à une réalité persistante : la difficulté à développer un tissu industriel robuste et compétitif. Aujourd'hui encore, malgré la relance économique, l'industrialisation reste partielle. Selon la Banque africaine de développement (*AfDB, African Economic Outlook 2023*), la part de l'industrie dans le PIB ivoirien reste inférieure à 25 %, contre 35 à 40 % pour des pays comme le Vietnam ou la Malaisie à des stades de développement comparables.

Le rôle ambivalent de l'État : entre moteur et contrainte

L'analyse historique révèle le rôle central, mais ambivalent, de l'État dans la trajectoire économique ivoirienne. Sous Houphouët-Boigny, l'État a joué un rôle moteur, mais cette intervention s'est accompagnée d'une concentration du pouvoir et d'une captation de la rente agricole (prix payé aux planteurs < 50 % du prix export). Durant les ajustements, le retrait de l'État a fragilisé les systèmes sociaux. Dans la période récente, l'État retrouve un rôle central, mais cette dynamique soulève de nouvelles interrogations, notamment celle de la soutenabilité de la dette (57 % du PIB, service de la dette à 35 % des recettes fiscales, FMI 2023).

La question de la gouvernance peut être objectivée par des indicateurs internationaux. Selon les Indicateurs de Gouvernance Mondiale de la Banque mondiale (WGI 2023), la Côte d'Ivoire se situe au 25e percentile pour le contrôle de la corruption et au 40e percentile pour l'efficacité gouvernementale. Ces scores ont progressé depuis 2012, traduisant des améliorations réelles, mais restent modestes. Transparency International (Indice de Perception de la Corruption 2024) classe le pays au 99e rang sur 180 (score : 36/100), en légère dégradation par rapport aux 37/100 de 2023. L'expérience ivoirienne montre que ni l'omniprésence de l'État ni son retrait excessif ne constituent des solutions durables : la véritable question réside dans la qualité de l'action publique.

Croissance et inclusion : une équation inachevée

Un autre enseignement majeur concerne le lien entre croissance économique et inclusion sociale. Les différentes phases d'expansion ont généré des gains macroéconomiques significatifs, mais ceux-ci ne se sont pas toujours traduits par une amélioration équitable des conditions de vie. Le taux de pauvreté, passé de 11 % en 1985 à 37 % en 1995 sous l'effet des ajustements, puis à 39 % en 2018 malgré une décennie de forte croissance, illustre la persistance d'une déconnexion entre performance macroéconomique et bien-être populaire.

L'ampleur de l'économie informelle 40 à 50 % du PIB, plus de 80 % de l'emploi non agricole, illustre cette réalité. Elle constitue à la fois un amortisseur social et le symptôme d'un modèle économique qui peine à offrir des opportunités formelles à une population en forte croissance.

Stabilité politique et confiance économique : un lien indissociable

L'histoire récente de la Côte d'Ivoire met en évidence le rôle déterminant de la stabilité politique dans la performance économique. Les périodes de crise (1999–2011) ont entraîné une perte estimée de 15 à 20 points de PIB cumulés (FMI, 2013). À l'inverse, le retour à la stabilité a immédiatement favorisé la reprise économique (10,7 % dès 2012), illustrant le lien étroit entre confiance, investissement et croissance. Toutefois, cette stabilité ne peut être uniquement institutionnelle ; elle doit être également sociale et inclusive pour être durable.

Soutenabilité et anticipation des mutations globales

Enfin, la trajectoire ivoirienne met en lumière un enjeu de plus en plus central : la soutenabilité du modèle de croissance dans un environnement mondial en mutation. Le recours à l'endettement pour financer les infrastructures, la pression sur les ressources naturelles et les effets du changement climatique posent la question de la viabilité à long terme. De même, les transformations liées au numérique, à la transition énergétique et à la recomposition des chaînes de valeur mondiales exigent une capacité d'adaptation rapide que les structures productives actuelles ne garantissent pas.

Conclusion - Soixante ans de cycles : entre miracles, ruptures et leçons à retenir

L'analyse des grandes phases de l'économie ivoirienne révèle une trajectoire marquée par une alternance de croissance rapide, de crises profondes et de relance. Si le pays a démontré une capacité réelle de résilience ; rebondissant à 10,7 % de croissance dès 2012 après une décennie d'instabilité, ces cycles ont également mis en évidence des limites structurelles persistantes. La chute de 71 % des cours du cacao entre 1977 et 1992, la perte de 38 % du PIB par habitant en quinze ans, le triplement du taux de pauvreté entre 1985 et 1995, et un IDH de 0,534 en 2022 malgré des années de forte croissance : ces chiffres racontent une histoire plus nuancée que les seuls agrégats macroéconomiques.

Ces enseignements convergent vers une exigence centrale : dépasser un modèle fondé sur l'expansion pour engager une transformation en profondeur de l'économie. La diversification productive, la montée en gamme industrielle, le renforcement du capital humain, l'amélioration de la gouvernance et la maîtrise de l'endettement public apparaissent comme les conditions essentielles d'une prospérité durable.

Cette réflexion appelle un prolongement essentiel : si les dynamiques économiques façonnent la trajectoire du pays, c'est la solidité ou la fragilité de ses institutions qui en conditionne la durabilité. Le chapitre suivant s'attache à analyser cette fragilité institutionnelle, architecture de l'État, déficits de l'état de droit, corruption et dynamiques politiques, qui constitue l'une des contraintes les plus profondes pesant sur le développement ivoirien.

Chapitre 2 : La fragilité institutionnelle ivoirienne : état des lieux

Le développement d'une nation ne repose pas uniquement sur la croissance économique, les infrastructures ou l'abondance des ressources naturelles. L'histoire des pays émergents enseigne qu'aucune prospérité durable ne se construit sans institutions solides, crédibles et capables de garantir l'intérêt général. Derrière chaque réussite économique pérenne se trouvent un État efficace, une justice indépendante, des règles stables et une gouvernance capable de limiter la prédation des élites. À l'inverse, la fragilité institutionnelle génère des cycles d'instabilité politique chronique et non l'inverse : c'est parce que les règles du jeu sont fragiles, contestées ou confisquées que les crises se répètent.

La Côte d'Ivoire illustre avec force cette réalité. Malgré un potentiel considérable, une position stratégique en Afrique de l'Ouest et des performances économiques remarquables depuis plus d'une décennie, le pays demeure confronté à des fragilités structurelles profondes qui freinent sa transformation. Selon les Indicateurs de Gouvernance Mondiale de la Banque mondiale (WGI 2023), la Côte d'Ivoire se classe au 160e rang sur 215 pays pour le contrôle de la corruption, au 150e rang pour l'état de droit, et au 129e rang pour l'efficacité gouvernementale ; des scores certes en progression depuis 2012, mais très en deçà des niveaux atteints par des économies comparables d'Asie ou d'Afrique du Nord. L'Indice de Perception de la Corruption de *Transparency International (IPC 2024)* confirme ce diagnostic : avec un score de 36 sur 100, le pays se classe 99e sur 180.

Ces chiffres traduisent une réalité plus profonde. Les crises politiques qui ont jalonné l'histoire ivoirienne, des tensions de succession aux conflits armés, ne sont pas des accidents de parcours : elles sont le produit d'un édifice institutionnel incapable d'arbitrer pacifiquement les compétitions pour le pouvoir. Un État dont la justice est perçue comme dépendante, dont les règles de redistribution sont opaques et dont les mécanismes de contrôle sont défaillants produit inévitablement des conflits, faute d'arbitres légitimes et de règles du jeu acceptées par tous.

La question institutionnelle est donc le véritable catalyseur de la trajectoire ivoirienne. Elle explique en grande partie pourquoi le pays, malgré des décennies de croissance et d'importantes ressources agricoles, humaines et minières, peine encore à atteindre un niveau de développement comparable à celui des grandes économies émergentes. Le retard industriel, la faiblesse des services publics et les inégalités régionales trouvent tous leurs racines dans cette fragilité durable. Daron Acemoglu et James Robinson (Why Nations Fail, Crown Publishers, 2012) démontrent de manière systématique que les institutions extractives, fondées sur la concentration du pouvoir et la prédation des ressources, constituent le principal obstacle au développement inclusif, quelle que soit la richesse naturelle d'un pays.

Ce chapitre propose une analyse critique des fragilités institutionnelles ivoiriennes et de leurs conséquences sur le développement du pays. Il examinera successivement l'architecture réelle du pouvoir, les limites de l'état de droit, les mécanismes de corruption et de captation de l'État, puis les tensions politiques récurrentes qui rythment la vie institutionnelle ivoirienne. Car comprendre les blocages institutionnels de la Côte d'Ivoire, c'est identifier les véritables ressorts de son retard de développement et les conditions indispensables de sa future prospérité.

2.1 L'architecture de l'État : entre apparence formelle et réalité du pouvoir

À première vue, l'État ivoirien possède tous les attributs institutionnels d'une démocratie moderne. La Constitution organise la séparation des pouvoirs, les institutions républicaines sont officiellement établies et l'administration couvre l'ensemble du territoire national. Sur le papier, l'architecture de l'État paraît relativement complète : un pouvoir exécutif structuré, un Parlement bicaméral, un appareil judiciaire, des institutions de contrôle, des collectivités territoriales et des organes indépendants chargés de garantir la transparence démocratique.

Au sommet de cette organisation se trouve le Président de la République, véritable centre de gravité du système politique ivoirien.

Chef de l'État, chef suprême des armées et détenteur d'importantes prérogatives constitutionnelles, il nomme le Premier ministre, les principaux responsables administratifs, les hauts gradés militaires ainsi qu'une partie des dirigeants des institutions stratégiques du pays. Autour de la présidence gravite un appareil exécutif fortement centralisé composé du gouvernement, des ministères techniques, des agences publiques, des entreprises d'État et des grandes administrations centrales.

Le pouvoir législatif repose officiellement sur deux chambres : l'Assemblée nationale et le Sénat. Ces institutions doivent théoriquement voter les lois, contrôler l'action gouvernementale et représenter la nation dans sa diversité. À cela s'ajoutent plusieurs institutions censées garantir l'équilibre démocratique : le Conseil constitutionnel, la Cour des comptes, l'Inspection générale d'État, la Haute Autorité pour la Bonne Gouvernance, la Commission électorale indépendante, ainsi que l'appareil judiciaire composé des tribunaux, des cours d'appel et de la Cour suprême.

Un écart structurel entre l'architecture formelle et la pratique du pouvoir

Pourtant, derrière cette architecture institutionnelle relativement sophistiquée se cache une réalité beaucoup plus déséquilibrée. En pratique, le fonctionnement de l'État ivoirien demeure fortement dominé par l'exécutif présidentiel. La concentration du pouvoir au sommet réduit considérablement l'autonomie réelle des institutions censées exercer un contrôle démocratique. Le Parlement, souvent dominé par une majorité présidentielle solide, peine à jouer pleinement son rôle de contre-pouvoir.

Les données internationales confirment ce diagnostic. L'indicateur 'Voix et responsabilité' des WGI qui mesure la liberté d'expression, d'association et la qualité des processus démocratiques, place la Côte d'Ivoire au 35e percentile mondial en 2022, contre 67e pour le Ghana et 62e pour le Sénégal (Banque mondiale, WGI 2022). L'indice V-Dem (*Varieties of Democracy, 2023*) de l'Université de Göteborg attribue à la Côte d'Ivoire un score de démocratie libérale de 0,22 sur 1,00, reflétant des déficits persistants en matière de pluralisme, d'indépendance judiciaire et de contrôle horizontal du pouvoir. À titre de comparaison, le Ghana obtient 0,55 et le Sénégal 0,38.

Tableau 2.1 - Indicateurs de gouvernance mondiale comparés (WGI 2023, percentile mondial)

Indicateur	Côte d'Ivoire	Ghana	Sénégal	Maroc
Contrôle de la corruption	25e	59e	48e	48e
État de droit	30e	57e	50e	53e
Efficacité gouvernementale	40e	56e	50e	61e
Stabilité politique	35e	62e	40e	47e
Voix et responsabilité	36e	66e	58e	26e
Qualité réglementaire	42e	55e	45e	56e

Source : Banque mondiale, Worldwide Governance Indicators (WGI), 2023.

Graphique 2.1 - Évolution des scores WGI de la Côte d'Ivoire (2002–2024)

Contrôle de la corruption, État de droit et Stabilité politique

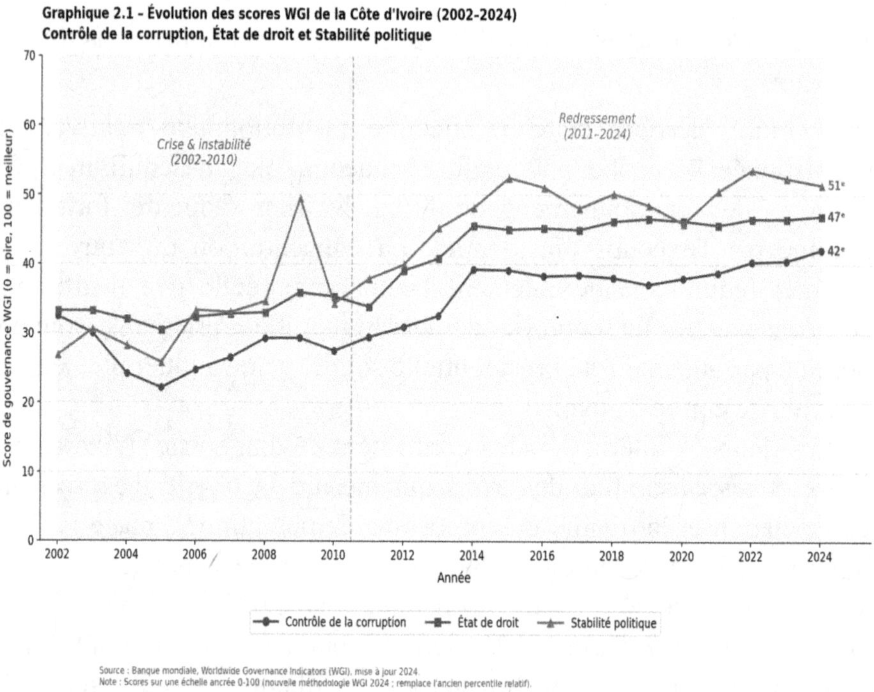

Source : Banque mondiale, Worldwide Governance Indicators (WGI), mise à jour 2024. Note : scores sur échelle ancrée 0–100 (nouvelle méthodologie WGI 2024).

La justice, quant à elle, souffre d'une dépendance historique vis-à-vis du pouvoir politique. Bien que des réformes institutionnelles aient été engagées depuis plusieurs années, l'indépendance effective du système judiciaire demeure régulièrement remise en question. Les nominations stratégiques, les pressions politiques implicites et les déséquilibres de pouvoir affaiblissent la capacité des institutions judiciaires à agir comme véritables gardiennes de l'état de droit.

La faiblesse des contre-pouvoirs et l'inefficacité territoriale

Les structures de contrôle illustrent ce paradoxe ivoirien : elles existent formellement, mais disposent souvent de moyens limités, d'une autonomie réduite ou d'une capacité d'action insuffisante face aux réseaux d'influence politiques et économiques. La Cour des comptes publie des observations importantes, mais les sanctions concrètes restent rares. Par exemple, dans son rapport annuel 2019, elle relevait ainsi des irrégularités systématiques dans l'exécution du Budget Spécial d'Investissement (BSI) : des décaissements réalisés sans pièces justificatives dans plusieurs ministères, des marchés conclus hors procédure et des écarts non expliqués entre crédits alloués et dépenses effectives.

Ces constats, reconduits d'un exercice à l'autre, n'ont pas donné lieu à des poursuites disciplinaires ou judiciaires, illustrant l'absence de mécanisme de suivi contraignant des recommandations de contrôle. La Haute Autorité pour la Bonne Gouvernance (HABG), créée par ordonnance en 2013 et chargée de la prévention de la corruption, du contrôle des déclarations de patrimoine des agents publics et de la promotion de l'éthique dans l'administration, peine à son tour à transformer durablement les pratiques : son pouvoir de sanction directe demeure limité, et ses saisines sont rarement suivies d'effets judiciaires. Ainsi, l'État produit de nombreux organes de contrôle sans parvenir à instaurer une véritable culture de responsabilité publique.

Cette faiblesse des contre-pouvoirs favorise progressivement une gouvernance fondée davantage sur les rapports de force que sur les règles institutionnelles. Les décisions majeures se concentrent autour de cercles restreints du pouvoir exécutif, tandis que l'administration développe souvent une culture de loyauté politique plutôt qu'une logique de performance publique. Dans un tel système, les institutions deviennent dépendantes des hommes qui les dirigent, au lieu de fonctionner selon des règles stables et impersonnelles.

Cette centralisation excessive produit également une profonde inefficacité territoriale. L'essentiel des décisions administratives, budgétaires et économiques est concentré à Abidjan. Selon l'OCDE (Gouvernance multiniveaux en Afrique de l'Ouest, 2022), moins de 8 % des recettes fiscales ivoiriennes sont gérées au niveau des collectivités territoriales, contre une moyenne de 15 à 20 % dans des pays comparables de la région. Les collectivités territoriales demeurent ainsi fortement dépendantes des transferts du pouvoir central, limitant leur capacité à conduire des politiques locales de développement. Cette organisation ralentit le développement de nombreuses régions de l'intérieur du pays, accentue les inégalités territoriales et renforce le sentiment de marginalisation de certaines populations.

L'inefficacité institutionnelle ivoirienne ne réside donc pas dans l'absence de structures administratives ; elle réside dans la faiblesse de leur autonomie réelle, dans la centralisation du pouvoir et dans l'incapacité des contre-pouvoirs à exercer pleinement leurs missions. L'État ivoirien souffre moins d'un déficit d'institutions que d'un déficit d'institutionnalisation. Or, aucun pays ne peut durablement atteindre le statut de puissance économique émergente avec des institutions dont le fonctionnement dépend principalement des équilibres politiques du moment. Le véritable défi de la Côte d'Ivoire n'est donc pas uniquement économique ; il est profondément institutionnel.

2.2 Justice, état de droit et impunité : les fondements manquants du développement

Dans toute nation aspirant à une prospérité durable, la justice constitue bien davantage qu'une institution juridique : elle représente le socle invisible de la confiance collective. Aucun développement économique solide ne peut émerger durablement dans un environnement où les règles sont instables, où les citoyens doutent de l'impartialité des tribunaux et où l'impunité affaiblit progressivement l'autorité de l'État. L'histoire des grandes puissances économiques démontre que la richesse des nations repose autant sur la qualité de leurs institutions judiciaires que sur leurs performances industrielles ou commerciales.

En Côte d'Ivoire, la question de la justice occupe une place centrale dans les fragilités institutionnelles du pays. Selon le World Justice Project (Rule of Law Index 2024), la Côte d'Ivoire obtient un score global de 0,41 sur 1,00 (111e rang sur 142 pays évalués), loin derrière le Ghana (0,56, 55e rang) et le Sénégal (0,52, 66e rang). Les dimensions les plus déficitaires concernent l'ordre civil (0,37), la justice criminelle (0,34) et les droits fondamentaux (0,39). Depuis plusieurs décennies, l'État ivoirien peine à construire un système judiciaire pleinement indépendant, accessible et capable d'incarner une véritable égalité devant la loi.

L'état des droits de l'Homme et des libertés fondamentales

La Côte d'Ivoire a enregistré des avancées réelles en matière de droits de l'Homme depuis la fin de la crise post-électorale de 2010-2011, sans pour autant atteindre les standards des démocraties consolidées de la sous-région. La Commission Nationale des Droits de l'Homme de Côte d'Ivoire (CNDHCI), instituée en 2012, constitue un cadre formel de surveillance, mais son indépendance opérationnelle et ses moyens d'action demeurent limités. Les libertés civiques fondamentales : liberté d'expression, de réunion et d'association sont formellement garanties par la Constitution de 2016 ; leur exercice effectif est cependant régulièrement mis en cause. Freedom House classe la Côte d'Ivoire dans la catégorie « Partiellement libre » (score de 54/100 en 2024), en raison de restrictions persistantes sur la presse, d'un espace civique qui se rétrécit et de déficits récurrents dans la protection des droits politiques des minorités.

La liberté de la presse constitue un indicateur particulièrement révélateur. Selon l'Indice mondial de la liberté de la presse de Reporters sans frontières (RSF, 2024), la Côte d'Ivoire recule au 73e rang mondial, en retrait par rapport au 64e rang de 2023, reflétant une pression accrue sur les médias indépendants : harcèlement judiciaire des journalistes critiques, autocensure largement répandue et concentration des médias entre les mains de groupes proches du pouvoir. Les droits économiques et sociaux présentent également des lacunes documentées : le travail des enfants dans les plantations cacaoyères, malgré les engagements répétés des autorités, reste attesté par l'OIT et les organisations non gouvernementales. Selon l'Afrobaromètre (Round 9, 2021–2022), 61 % des Ivoiriens estiment que leurs droits fondamentaux ne sont pas suffisamment protégés, un chiffre qui illustre le fossé entre l'affichage institutionnel et la perception citoyenne.

Impunité, coûts économiques et fracture sociale

L'impunité constitue l'un des plus puissants facteurs de fragilisation institutionnelle. Lorsqu'un système politique tolère que certaines catégories d'acteurs échappent régulièrement aux conséquences de leurs actes, il affaiblit progressivement la légitimité même de la loi. La corruption se banalise, les abus administratifs se multiplient et la population développe une relation de méfiance à l'égard des institutions publiques. Dans un tel environnement, le droit cesse d'être perçu comme une norme universelle ; il devient un instrument variable, appliqué avec rigueur aux plus faibles et avec prudence aux plus puissants.

Cette situation produit également des conséquences économiques considérables. Les investisseurs nationaux et internationaux accordent une importance essentielle à la sécurité juridique, à la protection des contrats et à la prévisibilité des décisions judiciaires. Selon l'enquête Doing Business de la Banque mondiale, résoudre un litige commercial en Côte d'Ivoire prend en moyenne 770 jours et représente 41,7 % de la valeur du contrat en frais de procédure ; des chiffres qui pénalisent directement la compétitivité économique du pays et freinent l'émergence d'un secteur privé formel solide. Une justice lente ou perçue comme partiale réduit l'attractivité économique du pays et alimente la préférence des acteurs économiques pour les règlements informels.

Au-delà des enjeux économiques, la faiblesse de l'état de droit fragilise profondément le contrat social ivoirien. Les lenteurs judiciaires, le coût des procédures, les insuffisances matérielles des tribunaux et les soupçons de corruption contribuent à éloigner une partie importante de la population du système judiciaire formel. Cette situation favorise parfois le recours aux médiations communautaires, aux rapports de force informels ou aux logiques d'influence au détriment de la règle de droit.

Pourtant, aucune nation ne peut durablement construire la stabilité politique et la prospérité économique sans une justice crédible. Les pays qui ont réussi leur transformation économique profonde, qu'il s'agisse des économies asiatiques ou des démocraties africaines les plus avancées comme Botswana ou Ghana ont progressivement consolidé des institutions judiciaires capables de limiter l'arbitraire, de protéger les libertés économiques et de garantir une égalité minimale devant la loi. Le défi ivoirien dépasse donc la simple modernisation administrative des tribunaux : il s'agit d'une transformation beaucoup plus profonde, celle d'un véritable État de droit dans lequel les institutions ne dépendent plus des rapports de force politiques.

2.3 Corruption, captation de l'État et prédation des élites

Dans les nations fragiles sur le plan institutionnel, la corruption ne constitue pas seulement une dérive morale ou administrative ; elle devient progressivement un mode de fonctionnement du système politique et économique. Lorsqu'elle s'installe durablement au cœur de l'appareil d'État, elle transforme profondément les rapports entre les citoyens, les institutions et les élites dirigeantes. L'intérêt général s'efface alors derrière les logiques de rente, les réseaux d'influence et les mécanismes de captation des ressources publiques.

La Côte d'Ivoire n'échappe pas à cette réalité. Malgré les réformes engagées depuis plusieurs années et les progrès réalisés dans certains domaines de gouvernance, la corruption demeure l'une des principales fragilités structurelles du pays. L'Indice de Perception de la Corruption (IPC) de *Transparency International* attribue à la Côte d'Ivoire un score de 37/100 en 2023, marquant certes une progression par rapport au score de 29/100 enregistré en 2012 au sortir de la crise postélectorale, mais laissant le pays loin derrière des économies comparables de la région.

Graphique 2.2 — Évolution comparée de l'IPC (2012-2025)
Côte d'Ivoire, Ghana, Sénégal, Maroc

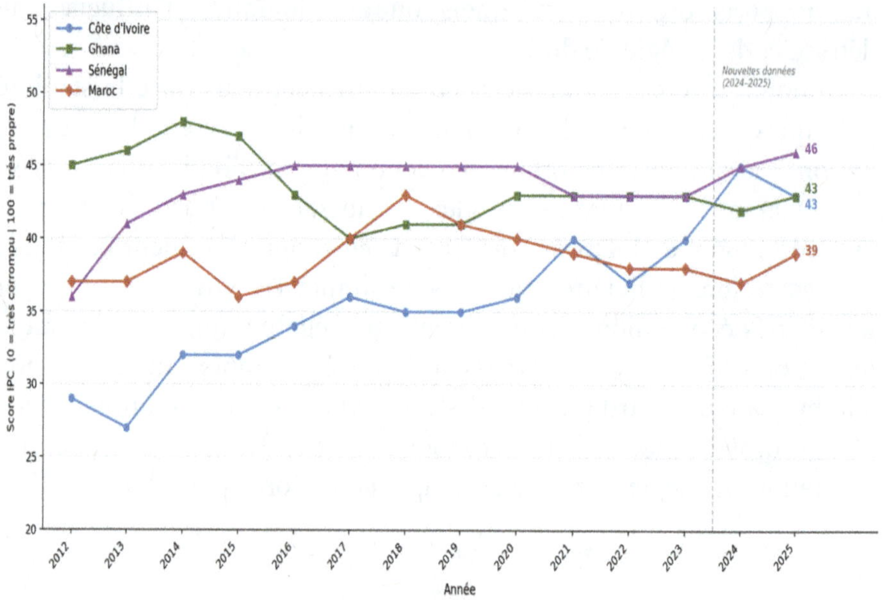

Source : Transparency International, Indice de Perception de la Corruption (IPC), Éditions 2012-2025.

Les mécanismes de la captation de l'État

L'histoire politique ivoirienne a progressivement favorisé l'émergence d'un système où l'accès au pouvoir ouvre souvent l'accès aux ressources économiques. Depuis les premières décennies de l'indépendance, l'État a occupé une place centrale dans la distribution des richesses, des postes administratifs, des marchés publics et des opportunités économiques. Cette forte centralisation du pouvoir économique autour de l'appareil étatique a progressivement créé une confusion entre la gestion de l'État et les intérêts des groupes dominants.

Au fil du temps, cette logique a nourri l'émergence de réseaux politico-économiques profondément enracinés dans les structures administratives. Les marchés publics, les concessions économiques, les nominations stratégiques ou encore l'attribution de certaines ressources nationales deviennent parfois des instruments de consolidation du pouvoir politique plutôt que des leviers d'efficacité économique. Selon l'enquête Entreprises de la Banque mondiale (Enterprise Survey Côte d'Ivoire, 2016), 29 % des entreprises ivoiriennes déclarent être confrontées à des demandes informelles de paiements lors de l'obtention de licences d'exploitation ou de marchés publics, un taux significativement supérieur à la moyenne régionale d'Afrique subsaharienne (22 %). Pour les petites entreprises, ce ratio peut atteindre 35 %, traduisant une vulnérabilité accrue des acteurs les moins bien protégés.

Cette captation progressive de l'État par des réseaux d'intérêts produit des conséquences considérables sur le développement du pays. Selon les estimations de la Commission économique pour l'Afrique des Nations unies (CEA, Rapport sur la gouvernance en Afrique, 2021), les pratiques de corruption représentent en moyenne l'équivalent de 25 % du montant des marchés publics dans les économies d'Afrique subsaharienne à gouvernance fragile, gonflant artificiellement les coûts des projets d'infrastructure et réduisant d'autant leur impact économique réel. Une partie importante des ressources publiques est ainsi orientée selon des logiques de préservation du pouvoir plutôt que selon les priorités nationales les plus urgentes.

Les effets économiques et sociaux de la corruption

La corruption agit comme une taxe invisible qui ralentit l'ensemble de l'économie. Elle augmente les coûts des projets publics, décourage les investisseurs, fragilise les petites entreprises et réduit l'efficacité des administrations. Selon le FMI (*Fiscal Affairs Department, 'Corruption : Costs and Mitigating Strategies'*, 2016), les pays dont le niveau de corruption est similaire à celui de la Côte d'Ivoire enregistrent un déficit d'investissement privé de l'ordre de 5 points de PIB par rapport aux économies comparables dotées d'une meilleure gouvernance. Lorsqu'un entrepreneur doit mobiliser des réseaux d'influence pour accéder à un marché, lorsqu'un citoyen doit contourner les procédures normales pour obtenir un service public ou lorsqu'une entreprise estime que les règles économiques ne s'appliquent pas équitablement à tous, c'est l'ensemble du climat économique qui se dégrade.

Mais les effets de la corruption dépassent largement le domaine économique. Elle altère profondément le contrat social. Dans les sociétés où les populations perçoivent que les élites politiques et économiques bénéficient d'un traitement privilégié, la confiance collective s'effondre lentement. Selon l'Afrobaromètre (Round 9, 2021–

2022), 72 % des Ivoiriens interrogés estiment que le gouvernement gère « mal » ou « très mal » la corruption, un chiffre en légère amélioration par rapport aux 81 % enregistrés en 2014, mais qui traduit une défiance persistante à l'égard des institutions. L'État cesse d'apparaître comme l'incarnation de l'intérêt général pour devenir, dans l'imaginaire populaire, un espace de compétition pour l'accès aux privilèges et aux ressources publiques.

Cette situation nourrit un cercle vicieux particulièrement dangereux. Plus les citoyens doutent de l'intégrité des institutions, plus ils développent eux-mêmes des stratégies individuelles de contournement du système : corruption administrative de survie, clientélisme, favoritisme communautaire ou recherche de protections politiques. La corruption cesse alors d'être uniquement un problème des élites ; elle devient une pratique diffuse qui fragilise l'ensemble du fonctionnement social et économique.

Pourtant, l'expérience internationale montre que les nations qui réussissent leur transformation économique durable sont celles qui parviennent progressivement à limiter la prédation des élites et à renforcer les mécanismes de transparence publique. La Corée du Sud, Singapour ou encore le Botswana ont construit leur développement sur des administrations relativement disciplinées, des institutions de contrôle crédibles et une capacité croissante à sanctionner les abus de pouvoir. Le défi ivoirien est profondément institutionnel et culturel : il ne s'agit pas seulement de créer de nouvelles agences de lutte contre la corruption, mais de transformer la relation entre l'État, les élites et les citoyens afin que le pouvoir soit progressivement perçu comme une responsabilité publique plutôt qu'un instrument d'enrichissement.

2.4 Le système politique ivoirien : concentration du pouvoir, tensions ethniques et cycles électoraux

Depuis l'indépendance, la vie politique ivoirienne oscille entre stabilité apparente et fragilité profonde. Derrière les institutions républicaines et les alternances constitutionnelles se dessine une réalité plus complexe : celle d'un système politique fortement centralisé, traversé par des tensions identitaires persistantes et rythmé par des cycles électoraux souvent porteurs de crispations nationales. Cette dynamique constitue l'un des principaux obstacles à la consolidation institutionnelle et à la construction d'une prospérité durable en Côte d'Ivoire.

L'histoire politique du pays a longtemps été dominée par une concentration exceptionnelle du pouvoir exécutif. Sous Félix Houphouët-Boigny, le système politique ivoirien reposait sur une forme de centralisation paternaliste où l'État incarnait simultanément l'autorité politique, l'arbitre social et le principal moteur économique du pays. Durant plusieurs décennies, cette organisation permit de préserver une relative stabilité dans un contexte régional souvent marqué par les coups d'État et les conflits internes.

Hyperprésidentialisme et fragilité de l'alternance

Depuis lors, la Côte d'Ivoire a retrouvé une relative stabilité politique et économique. Toutefois, les cycles électoraux continuent régulièrement de raviver les tensions latentes. Chaque échéance présidentielle demeure un moment de forte crispation politique où resurgissent les questions de succession, de représentativité régionale, d'équilibre communautaire et de contrôle de l'appareil d'État. Cette fragilité électorale permanente traduit l'insuffisante consolidation des institutions démocratiques ivoiriennes.

Cette hyperprésidentialisation du système politique produit plusieurs effets pervers. Elle affaiblit les contre-pouvoirs institutionnels, réduit la capacité des collectivités territoriales à agir de manière autonome et personnalise excessivement la vie politique nationale. Les débats publics se structurent davantage autour des figures politiques que des projets de société ou des réformes institutionnelles de long terme. La concentration du pouvoir contribue également à ralentir la construction d'une véritable citoyenneté républicaine : selon l'Afrobaromètre (Round 9, 2021–2022), seulement 47 % des Ivoiriens se déclarent satisfaits du fonctionnement de la démocratie dans leur pays, contre 71 % au Ghana et 58 % au Sénégal.

Un paradoxe régional : La seule grande économie d'Afrique de l'Ouest sans alternance pacifique

La Côte d'Ivoire est, à ce jour, la seule grande puissance économique d'Afrique de l'Ouest à n'avoir jamais réussi une alternance pacifique du pouvoir. Chaque transition majeure depuis l'indépendance a suivi le même schéma : le président fondateur mourut en décembre 1993 après trente-trois ans de règne ininterrompu ; son successeur désigné fut renversé par un coup d'État militaire en 1999 ; l'opposant historique qui lui succéda accéda à la présidence en 2000 à l'issue d'un scrutin contesté, puis refusa de reconnaître sa défaite de 2010 certifiée par la communauté internationale, déclenchant une guerre civile ; le chef d'État qui lui succéda modifia la Constitution en 2020 pour se porter candidat à un troisième mandat, une décision contestée par une partie de l'opposition et suivie de violences électorales ayant causé une centaine de morts selon les organisations de droits de l'Homme. À aucun moment dans l'histoire politique du pays, un dirigeant en exercice n'a transmis pacifiquement le pouvoir à un adversaire sorti vainqueur des urnes.

Ce constat est d'autant plus frappant que des pays aux défis bien plus lourds y sont parvenus. Le Nigeria, rongé par l'insécurité djihadiste au nord-est, les conflits intercommunautaires, une corruption structurelle massive et une dépendance au pétrole déstabilisatrice a réussi en 2015 ce que la Côte d'Ivoire n'a jamais accompli : le président Goodluck Jonathan, battu par Muhammadu Buhari, lui remit pacifiquement le pouvoir, une première historique saluée sur tout le continent. Le Sénégal a connu trois alternances sans violence depuis 2000 : Diouf, Wade, Sall, Faye et le Ghana six successions pacifiques depuis la même date. La Côte d'Ivoire est la première économie de l'UEMOA, dotée d'une administration ancienne et d'une classe de cadres formés : le contraste entre cette ambition économique et l'absence d'alternance pacifique avérée traduit un dysfonctionnement institutionnel structurel, dont ce chapitre s'attache à identifier les mécanismes.

L'hyperprésidentialisme comme facteur structurant des fragilités institutionnelles

La racine de cette impasse est l'hyperprésidentialisme. La Constitution ivoirienne confère au chef de l'État un contrôle quasi total sur l'ensemble des leviers de l'État : nomination du gouvernement, des hauts fonctionnaires, des ambassadeurs, des chefs militaires, des préfets régionaux et des membres du Conseil constitutionnel censé arbitrer les conflits électoraux. Cette architecture produit cinq effets pervers qui se renforcent mutuellement :

- elle annihile l'indépendance judiciaire en plaçant le président en position simultanée de juge et de partie ;
- elle paralyse le contrôle parlementaire en liant la carrière des élus aux réseaux présidentiels ;
- elle détruit les incitations à la compétence administrative en primant la loyauté sur le mérite ;
- elle transforme chaque élection en enjeu existentiel ; perdre le pouvoir, c'est perdre ses réseaux, ses marchés et ses garanties d'impunité rendant toute défaite électorale insupportable pour celui qui l'encourt ; et
- elle vide la décentralisation de sa substance, réduisant communes et régions à des appendices administratifs de l'État central.

Ces dysfonctionnements ont un coût économique direct. L'imprévisibilité du cadre juridique freine l'investissement privé de long terme ; l'allocation discrétionnaire de la dépense publique répond aux impératifs de fidélisation politique plutôt qu'à la maximisation du bien collectif. La Banque mondiale estimait en 2022 que les pays africains à meilleure gouvernance institutionnelle affichent en moyenne 1,5 à 2 points de croissance annuelle supplémentaires ; un différentiel qui, sur vingt ans, représente un écart de niveau de vie considérable pour les populations.

Indicateur	Côte d'Ivoire	Ghana	Sénégal	Nigeria
Alternances pacifiques depuis 1990	0	5	3	3
Indépendance judiciaire (WEF, 0–7)	2,9	4,8	3,7	2,6
Contrôle de la corruption (WGI percentile)	25e	59e	48e	15e
État de droit (WGI percentile)	30e	57e	50e	18e
Décentralisation fiscale (% dép. locales/total)	~8 %	~22 %	~18 %	~30 %

Tableau 2.4b - Hyperprésidentialisme et performance institutionnelle comparée (Afrique de l'Ouest, 2023) Sources : Banque mondiale, WGI 2023 ; Forum économique mondial, GCI 2023 ; OCDE/PEFA.

Vers une rupture institutionnelle

Pourtant, l'histoire des nations émergentes montre que le développement durable exige des institutions capables de **dépasser** les clivages communautaires et de garantir une alternance politique pacifique. Les États qui réussissent leur transformation économique profonde sont ceux qui parviennent progressivement à construire des institutions suffisamment fortes pour réduire la personnalisation du pouvoir, neutraliser les tensions identitaires et rendre les élections moins conflictuelles, moins existentielles et moins dépendantes des équilibres communautaires. Le Ghana militaire des années 1980 et le Sénégal à parti unique pendant quarante ans prouvent que cette évolution est possible.

Quatre réformes structurelles en constituent les préalables : réduire le pouvoir de nomination présidentiel et soumettre les hautes fonctions à confirmation **parlementaire** ; garantir l'indépendance effective du Conseil constitutionnel ; doter les collectivités territoriales de ressources fiscales propres et de compétences réelles ; enfin, construire une culture de l'alternance ; condition qui suppose une classe politique consciente que les règles du jeu démocratique protègent, à terme, tous les acteurs, y compris ceux qui gouvernent aujourd'hui.

L'avenir de la Côte d'Ivoire dépendra de sa capacité à transformer progressivement son système politique : passer d'une logique de conquête du pouvoir à une culture de gouvernance institutionnelle. Ce saut n'est pas seulement une exigence démocratique abstraite ; il est la condition matérielle d'une prospérité durable, équitable et résiliente pour les 30 millions d'Ivoiriens.

Conclusion - Des institutions formelles, un État de droit encore à bâtir

La fragilité institutionnelle ivoirienne apparaît ainsi comme l'un des principaux paradoxes du développement national. Malgré des performances économiques remarquables au cours des dernières années, l'État peine encore à construire des institutions suffisamment solides pour garantir une prospérité durable, inclusive et résiliente. Derrière les infrastructures modernes, les grands projets et les indicateurs de croissance se maintiennent des fragilités profondes : concentration du pouvoir au 39e percentile mondial d'efficacité gouvernementale, système judiciaire au 113e rang mondial selon le WJP, perception de la corruption à 37/100 selon Transparency International, et cycles électoraux encore vecteurs de tensions sociales.

Ces déséquilibres institutionnels ne constituent pas de simples dysfonctionnements administratifs ; ils influencent directement la trajectoire économique du pays. Car aucune économie ne peut durablement atteindre le statut de puissance émergente lorsque les règles demeurent fragiles, lorsque les institutions dépendent des rapports de force politiques et lorsque la confiance collective envers l'État reste incomplète. Les institutions représentent le socle invisible du développement : elles déterminent la qualité de la gouvernance, l'efficacité des politiques publiques, la crédibilité des marchés et la capacité d'une nation à transformer la croissance en progrès collectif.

Si la Côte d'Ivoire parvient à surmonter sa fragilité institutionnelle, elle sera probablement mieux armée à faire face à ses vulnérabilités économiques.

Car, la fragilité institutionnelle et la vulnérabilité économique apparaissent intimement liées. L'une nourrit l'autre dans un cercle historique qui freine la transformation profonde du pays. Comprendre les limites de la gouvernance ivoirienne conduit donc naturellement à interroger les fondements économiques du modèle de croissance national. C'est précisément l'objet du chapitre suivant, consacré aux moteurs de la croissance ivoirienne et aux pièges de la dépendance. Car pour bâtir une prospérité durable, la Côte d'Ivoire devra non seulement réformer ses institutions, mais également transformer en profondeur son modèle économique afin de sortir progressivement des vulnérabilités héritées de l'économie de rente. Le diagnostic institutionnel posé dans ce chapitre constitue ainsi le point de départ du Chapitre 8 qui après avoir examiné le capital humain, la diversification économique, la transition numérique et l'impératif écologique, traduit ce diagnostic en feuille de route de réformes concrètes : indépendance judiciaire, lutte systémique contre la corruption, décentralisation fiscale et renforcement des mécanismes de contrôle.

Chapitre 3 : Moteurs et limites de la croissance économique (1960-2025)

L'analyse de la trajectoire économique de la Côte d'Ivoire révèle une réalité plus nuancée que la simple alternance entre phases d'expansion et de crise décrite au chapitre précédent. Derrière ces cycles, une constante analytique s'impose : la Côte d'Ivoire a successivement mis en œuvre trois modèles de croissance distincts dont chacun, malgré ses performances à court ou moyen terme, a buté sur des limites structurelles profondes et souvent récurrentes.

Ce chapitre ne revient pas sur le récit historique des grandes phases déjà établi au chapitre 1. Il en propose une lecture analytique : pourquoi ces modèles ont-ils fonctionné, jusqu'où, et pourquoi n'ont-ils pas suffi à enclencher une transformation structurelle durable ? L'objectif est d'identifier les ressorts profonds des succès et des blocages, pour en tirer des enseignements stratégiques opérationnels.

Trois modèles successifs se distinguent. Le modèle de rente agro-exportatrice (1960–1980) repose sur la valorisation intensive des avantages comparatifs agricoles, incarnée par la Caisse de stabilisation (Caistab) et portée par le cacao, premier produit d'exportation représentant à lui seul 40 à 50 % des recettes d'exportation dans les années 1970. Le modèle de libéralisation contrariée (1980–2011) est marqué par les ajustements structurels, les crises politiques et l'informalisation croissante. Enfin, le modèle de croissance par l'investissement public (2012–2025) a produit des performances macroéconomiques remarquables, mais dont les limites structurelles commencent à se révéler. À ces trois modèles s'ajoutent des contraintes transversales : informalité, compétitivité insuffisante, capital humain inadapté, secteur privé sous-exploité qui traversent toutes les périodes et constituent le cœur du défi que les chapitres suivants s'attachent à résoudre.

3.1 Le modèle de rente agro-exportatrice (1960–1980) : efficacité productive et fragilités constitutives

Entre 1960 et 1980, la Côte d'Ivoire construit un modèle de croissance fondé sur la valorisation intensive de ses avantages comparatifs agricoles. Ce modèle, qui a généré les performances remarquables du « miracle ivoirien » analysé au chapitre 1, repose sur une logique de rente : extraire, stabiliser et redistribuer les revenus tirés des cultures d'exportation. Le pays connaît l'une des croissances les plus soutenues d'Afrique subsaharienne, tirée par un cacao qui représente 40 à 50 % des recettes d'exportation dans les années 1970, dont le cours atteint un sommet historique d'environ 3 200 USD la tonne en 1977. Les résultats sont réels : le niveau de vie s'améliore, les infrastructures se déploient, et la Côte d'Ivoire s'affirme comme une référence continentale. Mais le modèle porte en lui des fragilités qui ne sont pas accidentelles, elles sont constitutives de sa logique même.

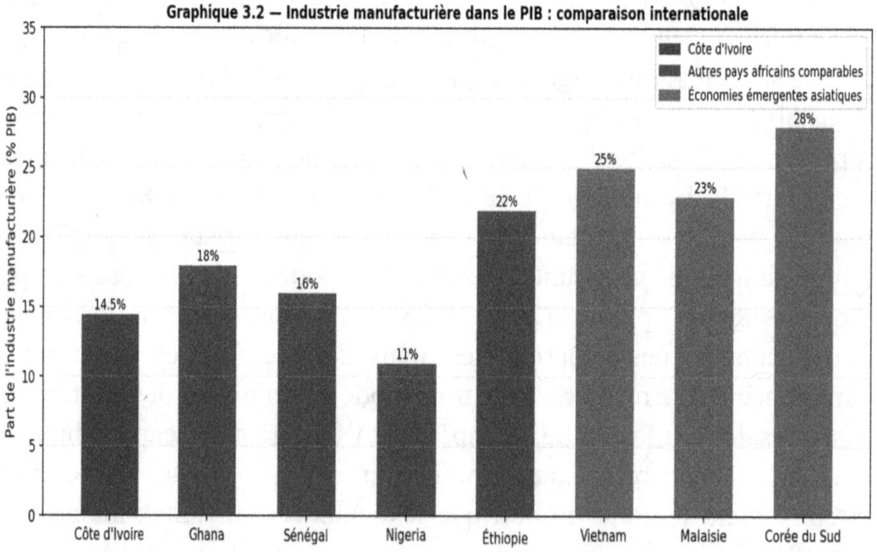

Graphique 3.2 - Part de l'industrie manufacturière dans le PIB : comparaison internationale. Source : Banque mondiale, WDI 2022 ; BAD, African Economic Outlook 2023.

La mécanique de la rente et ses instruments

Le moteur central est la Caisse de stabilisation et de soutien des prix des produits agricoles (Caistab), créée dès l'indépendance. La Caistab fixe les prix d'achat aux producteurs en dessous des cours mondiaux, capturant la différence comme rente fiscale pour financer le budget de l'État et les investissements publics. Dans les années fastes, ce mécanisme génère des ressources considérables qui financent la modernisation du pays. L'agriculture devient ainsi un levier d'accumulation du capital : les recettes d'exportation structurent un État en construction. Par ailleurs, l'expansion agricole s'appuie sur une main-d'œuvre immigrée abondante, au tournant des années 1970–1980, les ressortissants burkinabè, maliens et ghanéens représentent jusqu'à 25 % de la population totale, constituant l'essentiel de la force de travail dans les plantations cacaoyères. Ce modèle est efficace sur le plan productif, mais crée des tensions foncières latentes qui nourriront, des décennies plus tard, une partie de la conflictualité politique du pays.

Première limite - La dépendance intégrale aux marchés mondiaux. En concentrant ses recettes sur deux cultures d'exportation, le pays transfère sa souveraineté économique aux bourses de commerce internationales. Lorsque les cours du cacao s'effondrent de 3 200 USD/tonne en 1977 à moins de 1 000 USD/tonne en 1988–1990, les mécanismes de transmission se retournent instantanément : contraction des recettes, crise budgétaire, ajustements imposés. La Côte d'Ivoire, qui avait accumulé des dettes extérieures considérables sur la foi de revenus agricoles élevés, se retrouve en quasi-insolvabilité. La fragilité est inscrite dans l'architecture même du modèle.

Deuxième limite - L'absence d'intégration verticale. Le modèle capte la rente agricole mais ne crée pas les conditions d'une industrialisation en aval. L'essentiel de la valeur ajoutée est réalisé hors du territoire national : le cacao est exporté brut, le chocolat est fabriqué ailleurs. Cette asymétrie dans l'insertion dans les chaînes de valeur mondiales est une limite structurelle identifiée dès la première phase et jamais totalement résolue. Elle révèle l'incapacité du modèle à construire des filières intégrées générant de l'emploi industriel et des revenus durables (voir G3.3 et G3.4).

Troisième limite - La fragilité du substrat social et foncier. La croissance économique à court terme, fondée sur une main-d'œuvre immigrée et une expansion extensive des plantations a produit une fragilité sociale à long terme. Les tensions foncières et identitaires accumulées durant cette période nourriront, des décennies plus tard, l'instabilité politique. Un paradoxe structurel que le modèle ne pouvait résoudre par ses propres instruments.

Quatrième limite - L'effet d'éviction sur la diversification. Paradoxalement, le succès du modèle agro-exportateur a découragé toute diversification sérieuse. Les recettes abondantes réduisaient l'urgence de développer d'autres secteurs ; les investissements publics se concentraient sur les infrastructures d'exportation plutôt que sur le tissu industriel. Le modèle fonctionnait si bien que remettre en question sa logique semblait inutile jusqu'à ce que les chocs extérieurs l'imposent brutalement.

3.2 Le modèle de libéralisation contrariée (1980-2011) : ajustements, informalisation et capacités perdues

Sous la pression conjointe des chocs externes et des conditionnalités des institutions financières internationales, la Côte d'Ivoire s'engage à partir des années 1980 dans un modèle différent : libéralisation des marchés, retrait de l'État, discipline budgétaire. La dévaluation du franc CFA en 1994 offre un répit temporaire, améliorant la compétitivité des exportations et relançant brièvement la croissance. Mais ce changement de paradigme génère ses propres limites structurelles, plus profondes et plus durables que celles du modèle précédent.

Ce que les ajustements ont accompli et ce qu'ils ont raté

Les réformes de cette période ont rétabli la discipline budgétaire, contenu l'inflation et libéralisé les prix agricoles. Mais elles ont simultanément affaibli des capacités institutionnelles et sociales dont la reconstruction s'avère coûteuse et lente. L'ambition macroéconomique a masqué un déficit de stratégie productive : on a assaini les comptes sans définir ce que l'économie allait produire ensuite.

Première limite - L'informalisation accélérée. Le retrait de l'État et la contraction du secteur formel n'ont pas libéré les forces productives du marché, ils ont poussé une fraction croissante de la population active vers l'économie informelle. Cette informalisation n'est pas un phénomène transitoire : c'est une réponse structurelle à un environnement formel jugé hostile ou inaccessible. Une fois installée à grande échelle, elle crée ses propres logiques, réseaux et résistances à la formalisation. Le coût de cette informalisation massive sera payé sur plusieurs décennies (voir G3.2).

Deuxième limite - La destruction de capacités institutionnelles sans substitution. La dissolution de la Caistab en 1999, sous pression des bailleurs de fonds internationaux, a supprimé un mécanisme de régulation agricole sans le remplacer par une alternative efficace. Si cette libéralisation a amélioré la transmission des prix aux planteurs, elle a fragilisé leurs revenus et réduit la capacité de l'État à prélever une rente agricole structurée. Le contraste avec le Ghana qui a réformé son COCOBOD sans le démanteler et maintient à ce jour une meilleure régulation de sa filière cacaoyère illustre le coût d'une libéralisation sans accompagnement institutionnel.

Troisième limite - La stagnation industrielle pendant une fenêtre historique. Dans un contexte de contraction de l'investissement public et d'incertitude pour le secteur privé, aucune politique industrielle cohérente n'a pu émerger. La fenêtre historique des années 1990–2000 pendant laquelle le Vietnam portait son industrie manufacturière de 10 à 21 % du PIB et l'Indonésie dépassait 25 %, a été largement perdue. Ce retard s'avérera structurellement coûteux à mesure que la robotisation réduira les opportunités de rattrapage industriel traditionnel (voir G3.4).

Quatrième limite - La fragilisation des fondations politiques de la croissance. Les coûts sociaux des ajustements : recul du pouvoir d'achat, chômage des diplômés, dégradation des services publics ont alimenté des frustrations qui ont trouvé un exutoire dans les tensions politiques. La décennie de crise 2002–2011 n'est pas étrangère aux fractures économiques et sociales accumulées durant cette période. Un modèle économique qui érode sa propre base sociale de légitimité sape les conditions politiques d'une transformation durable.

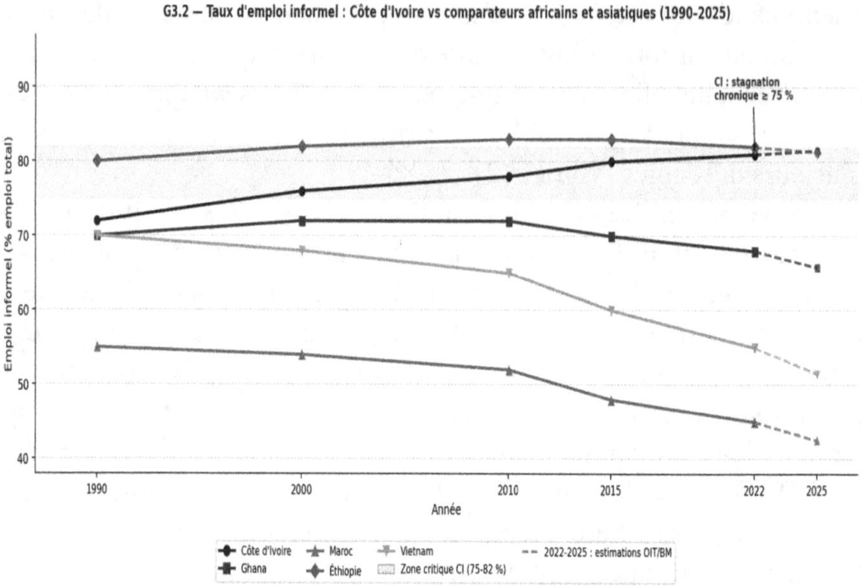

G3.2 - Taux d'emploi informel (% emploi total) : Côte d'Ivoire vs comparateurs africains et asiatiques (1990–2022). Sources : OIT, Banque mondiale, estimations.

3.3 Le modèle de croissance par l'investissement public (2012 - 2025) : relance spectaculaire, limites émergentes

Depuis 2012, la Côte d'Ivoire a renoué avec une croissance soutenue ; parmi les plus élevées du continent africain portée par une stratégie volontariste d'investissement public, une stabilisation politique et un retour de la confiance des investisseurs. Les résultats macroéconomiques sont indéniables : réduction du taux de pauvreté, renforcement du statut d'Abidjan comme hub régional, amélioration visible des conditions de vie urbaines. La construction de ponts et d'échangeurs à Abidjan, la réhabilitation du réseau routier, l'extension du port traitant désormais plus de 30 millions de tonnes par an et le développement du réseau électrique ont contribué à positionner la Côte d'Ivoire comme pôle économique régional de premier rang. Mais ce troisième modèle développe à son tour ses propres limites structurelles.

Les ressorts du modèle et leur logique

Le modèle repose sur trois leviers complémentaires : l'investissement public massif dans les infrastructures physiques (atteignant 8 à 9 % du PIB au pic), un cadre macroéconomique stabilisé qui attire l'investissement direct étranger passé de 300 millions USD à plus de 1 milliard USD par an entre 2015 et 2022 et la poursuite de la production agricole à des niveaux records : premier producteur mondial de cacao (environ 2,2 Mt, ~40 % de l'offre mondiale en 2022–2023) et d'anacarde (~1 Mt). Des partenariats public-privé (PPP) ont diversifié les sources de financement et amélioré l'efficacité des projets d'infrastructure, renforçant l'attractivité internationale du pays.

Première limite - Le financement par la dette sans transformation productive suffisante

Les investissements publics ont été largement financés par l'endettement : eurobonds, prêts bilatéraux, financements concessionnels. En janvier 2024, la Côte d'Ivoire a émis un eurobond de 1,5 milliard de dollars à 8,5 %, témoignant du coût croissant de l'accès aux marchés internationaux. La dette publique a atteint environ 57 % du PIB en 2024 selon les projections du FMI (Article IV, 2024), se maintenant à proximité du seuil d'alerte de 70 % fixé par la CEDEAO, mais dans un contexte de taux d'intérêt mondiaux élevés qui alourdissent le service de la dette. Cette trajectoire n'est soutenable que si l'investissement génère des gains de productivité et des recettes fiscales supplémentaires suffisants pour assurer le service de la dette. Or la transformation structurelle : industrialisation, montée en gamme, diversification des exportations, reste insuffisante pour garantir cette soutenabilité à long terme (voir G3.5).

Deuxième limite - La persistance du déficit de diversification

Malgré les efforts engagés, les exportations demeurent largement concentrées sur les produits agricoles peu transformés. La crise cacaoyère de 2023-2024 a mis en lumière, avec une acuité nouvelle, la vulnérabilité structurelle du modèle. Sous l'effet conjugué des aléas climatiques liés à El Niño et de maladies fongiques, la récolte ivoirienne a chuté d'environ 20 % en 2023-2024, propulsant les cours mondiaux au-delà de 10 000 dollars la tonne en avril 2024, un niveau inédit depuis quarante ans. Si cette flambée a momentanément amélioré les recettes d'exportation, elle a aussi révélé la fragilité du système de stabilisation des prix garanti aux producteurs. La transformation locale du cacao dépasse certes 36 à 38 % ; le pays demeure le premier transformateur mondial de fèves mais reste en deçà des objectifs du Plan national de transformation (cible : 50 % d'ici 2030). Cette concentration expose l'économie aux fluctuations des cours mondiaux, une vulnérabilité que ce troisième modèle partage, soixante ans plus tard, avec le premier (voir G3.3).

Troisième limite - Le secteur privé national sous-développé

La croissance de cette période a été portée davantage par l'investissement public et les multinationales que par un tissu de PME nationales dynamiques. Le secteur privé local demeure insuffisamment capitalisé, peu intégré dans les chaînes de valeur et confronté à des contraintes persistantes : accès au financement (taux directeur de la BCEAO porté à 3,5 % en 2023 pour contenir l'inflation, renchérissant le crédit aux entreprises), exigences de garanties incompatibles avec la réalité des PME, lourdeurs administratives, concurrence déloyale de l'informel. La Côte d'Ivoire se classe 97e sur 190 pays dans l'indice Doing Business 2024 de la Banque mondiale, en amélioration relative mais encore loin des standards qui attirent durablement l'investissement productif. Sans un secteur privé national solide, la croissance reste dépendante de décisions externes sur lesquelles le pays exerce un contrôle limité.

Quatrième limite - Les nouvelles vulnérabilités externes structurelles

Ce modèle affronte des risques que les précédents n'avaient pas connus à cette intensité. Le règlement européen sur la déforestation (EUDR) a été reporté d'un an en octobre 2024, sous pression des pays producteurs et de certains États membres : l'entrée en vigueur est désormais fixée au 30 décembre 2025 pour les grandes entreprises et au 30 juin 2026 pour les PME. Ce report ne supprime pas la contrainte, il en déplace l'échéance, laissant la Côte d'Ivoire face à l'obligation de tracer et certifier l'origine de ses exportations de cacao et d'huile de palme à destination de l'Union européenne. L'instabilité sahélienne s'est encore aggravée : le retrait formel du Mali, du Burkina Faso et du Niger de la CEDEAO, consommé en janvier 2025 avec la création de l'Alliance des États du Sahel (AES), fragilise durablement le rôle de hub régional du port d'Abidjan, dont 15 à 20 % des flux transitaient vers ces pays enclavés. La transition numérique et robotique mondiale risque enfin de comprimer la fenêtre d'industrialisation traditionnelle avant que la Côte d'Ivoire n'ait pu pleinement l'emprunter. Ces menaces ne sont pas cycliques ; elles sont structurelles.

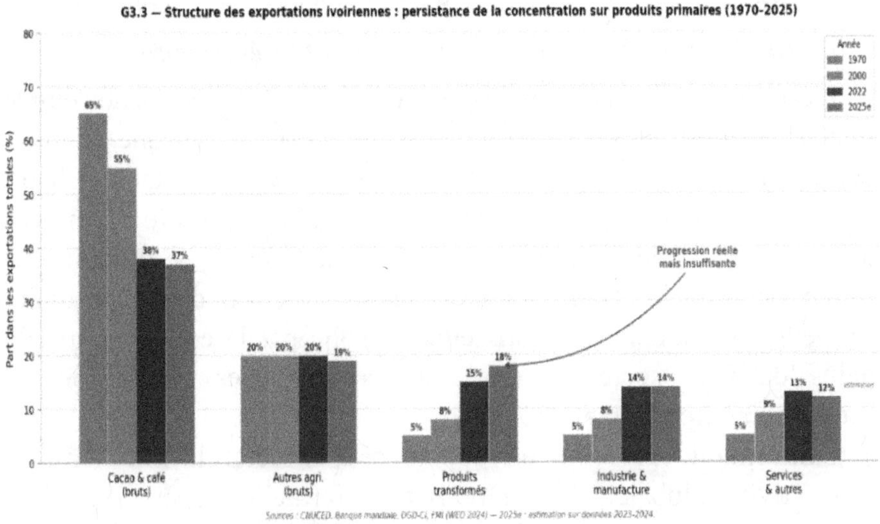

G3.3 — Structure des exportations ivoiriennes : persistance de la concentration sur produits primaires (1970–2025). Sources : CNUCED, Banque mondiale, DGD-CI.

3.4 Les verrous structurels transversaux : informalité, secteur privé, compétitivité et capital humain

Au-delà des limites propres à chacun des trois modèles, l'analyse révèle l'existence de contraintes structurelles transversales qui traversent toutes les périodes, persistent quelles que soient les orientations macroéconomiques et constituent le cœur du défi de transformation que la Côte d'Ivoire doit aujourd'hui résoudre.

L'informalité : un équilibre de bas niveau auto-entretenu

L'économie informelle représente aujourd'hui 75 à 82 % de l'emploi total et 35 à 40 % du PIB non agricole. Ce n'est pas une anomalie conjoncturelle, c'est le résultat d'un équilibre structurel stable. Chaque modèle de croissance a, à sa façon, renforcé cet équilibre : le modèle agro-exportateur par la faiblesse des incitations à la formalisation rurale, le modèle d'ajustement par la destruction des opportunités formelles, le modèle d'investissement public par la concentration des gains dans le secteur formel sans mécanismes d'inclusion des travailleurs informels.

L'informalité présente un double coût structurel. Elle limite la productivité globale ; les entreprises informelles opèrent à faible échelle, sans accès au crédit ni aux marchés structurés. Elle rétrécit simultanément l'assiette fiscale, contraignant les marges de manœuvre budgétaires de l'État et limitant sa capacité à investir dans les biens publics qui permettraient à terme de réduire l'informalité. Ce cercle est auto-entretenu.

Le secteur privé : un pilier stratégique encore sous-exploité

Le paysage économique ivoirien est marqué par une forte présence d'initiatives privées, des microentreprises informelles aux grandes sociétés nationales. Cette diversité témoigne d'un esprit entrepreneurial profondément ancré dans la société, nourri par une capacité d'adaptation remarquable, notamment durant les périodes de crise. Pourtant, ce potentiel reste largement confiné dans des activités à faible productivité. Le tissu productif est dominé par des activités commerciales et de services peu sophistiqués, tandis que le secteur industriel peine à se développer à grande échelle.

Le crédit au secteur privé, bien qu'en progression de 17 % du PIB en 2012 à 26 % en 2023, demeure insuffisant au regard des économies à transformation avancée (où il dépasse souvent 50 % du PIB). Plusieurs facteurs structurels expliquent cette sous-exploitation : accès limité au financement (taux d'intérêt élevés, exigences de garanties), lourdeurs administratives malgré les réformes, décalage entre les compétences disponibles et les besoins des entreprises, intégration insuffisante dans les chaînes de valeur régionales et internationales. La dynamisation du secteur privé suppose une politique industrielle cohérente, un accès facilité au crédit pour les PME et le développement de filières stratégiques, condition sine qua non pour accélérer la transformation économique (voir G3.5).

La compétitivité : un retard multidimensionnel et systémique

La compétitivité de l'économie ivoirienne ne se réduit pas au niveau des coûts, c'est une question d'écosystème productif. Le pays souffre simultanément d'un déficit de capital humain qualifié, d'une faible densité industrielle qui empêche les effets d'agglomération et les économies d'échelle, d'un accès au financement restrictif pour les PME et d'un cadre réglementaire encore perfectible.

Ces dimensions sont interdépendantes : un entrepreneur capable ne peut monter en gamme sans financement ; une PME financée ne peut exporter sans compétences techniques ; une industrie compétente ne peut émerger sans infrastructures logistiques adéquates. Cette interdépendance fait de la compétitivité un problème systémique, qui ne se résout pas par une intervention sectorielle isolée mais par une stratégie de développement cohérente et maintenue sur le long terme.

Le capital humain : le maillon chroniquement sous-investi

Transversale à tous les modèles, la sous-accumulation de capital humain adapté aux besoins d'une économie en transformation constitue une limite structurelle fondamentale. L'enseignement technique et professionnel, chroniquement sous-financé et sous-valorisé, ne produit pas en quantité ni en qualité suffisantes les compétences dont les entreprises ont besoin pour monter en gamme. Le décalage entre les diplômes délivrés et les besoins du marché du travail alimente un paradoxe structurel : le chômage des jeunes diplômés coexiste avec des pénuries de compétences dans les secteurs à fort potentiel.

Avec 400 000 jeunes (BAD (2023–2028)) entrant chaque année sur le marché du travail pour environ 80 000 emplois formels disponibles, ce déséquilibre ne peut être résolu par la croissance macroéconomique seule. Il exige une recomposition profonde du système éducatif et de formation, en phase avec les besoins réels des secteurs porteurs, une réforme qui se mesure en décennies, non en mandats présidentiels.

L'interdépendance des verrous et le cercle structurel

Ces contraintes ne fonctionnent pas isolément ; elles s'alimentent mutuellement. L'informalité limite les recettes fiscales, ce qui contraint l'investissement dans l'éducation, ce qui reproduit le déficit de capital humain, ce qui freine la compétitivité, ce qui décourage l'investissement privé formel, ce qui maintient l'informalité. Briser ce cercle suppose d'intervenir simultanément sur plusieurs maillons, avec une cohérence et une continuité que les cycles de chaque modèle économique ont jusqu'ici rendu difficiles à maintenir.

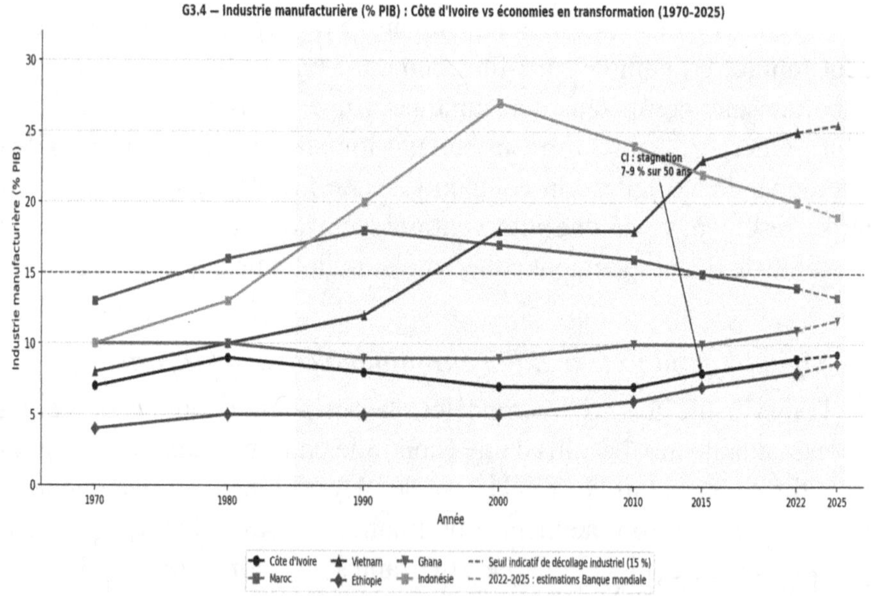

G3.4 - Valeur ajoutée manufacturière (% PIB) : Côte d'Ivoire vs économies en transformation (1970–2022). La CI stagne à 7-9 % sur cinq décennies. Sources : Banque mondiale, ONUDI.

Soutenabilité du modèle 3 : dette, crédit privé et investissement

Le graphique ci-dessous illustre la tension centrale du modèle actuel : la dette publique progresse plus vite que le crédit au secteur privé, témoignant d'une dynamique où l'État emprunte davantage pour investir dans les infrastructures, mais où le secteur privé national peine à s'approprier et à amplifier les effets multiplicateurs de cet investissement. La convergence vers le seuil CEDEAO de 70 % du PIB en 2023 souligne l'urgence d'une transformation productive qui élargisse l'assiette fiscale et réduise la dépendance à la dette externe.

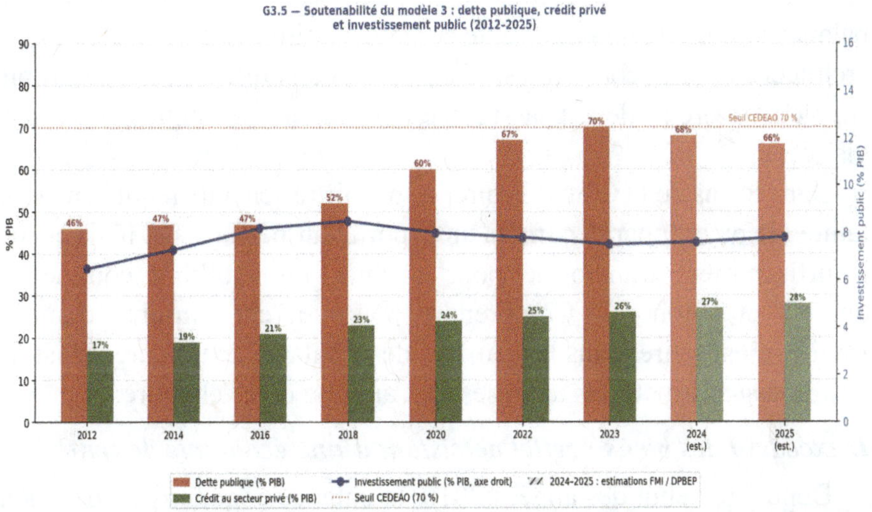

G3.5 - Soutenabilité du modèle 3 : dette publique, crédit au secteur privé et investissement public (2012–2023). Sources : FMI, Banque mondiale, BCEAO.

3.5 Une puissance exportatrice inachevée : la balance commerciale ivoirienne entre excédent apparent et fragilité structurelle

NB : Ce sous-chapitre est conçu comme la synthèse analytique du Chapitre 3 : il ne présente pas la balance commerciale comme un indicateur parmi d'autres, mais comme le révélateur qui cristallise, dans les soldes extérieurs, l'ensemble des limites structurelles identifiées en 3.1–3.4. Il clôt l'arc analytique du chapitre avant de projeter le lecteur vers les réponses développées aux Chapitres 5, 10 et dans la Conclusion générale.

Après avoir identifié, dans les sections 3.1 à 3.3, les limites propres à chacun des trois modèles de croissance ivoiriens, et après avoir mis en évidence, en 3.4, les verrous structurels transversaux qui les traversent tous : informalité, sous-développement du secteur privé national, déficit de compétitivité et insuffisance du capital humain, la balance commerciale se présente comme le miroir le plus fidèle de cette architecture de contraintes. Elle ne constitue pas une limite supplémentaire : elle est la surface sur laquelle les autres se rendent visibles.

Dans le cas de la Côte d'Ivoire, ce miroir reflète une réalité en demi-teinte : le pays apparaît comme un exportateur performant, mais encore insuffisamment transformé pour garantir un équilibre commercial durable et autonome. Comprendre pourquoi cet équilibre demeure fragile, c'est relire, dans les chiffres de la balance extérieure, l'histoire des blocages structurels analysés tout au long de ce chapitre.

L'excédent des biens : reflet persistant d'une économie de rente

Depuis le début des années 2010, la balance commerciale des biens affiche un solde globalement excédentaire. En 2022, les exportations de biens s'établissaient à 10 166,1 milliards de FCFA contre 9 495,8 milliards de FCFA d'importations, dégageant un excédent de 670,3 milliards de FCFA, en fort recul par rapport aux 1 693,1 milliards de 2021. En 2024, la flambée des cours du cacao (dépassant 10 000 USD/tonne en avril) a propulsé le solde commercial à +3,2 % du PIB, les exportations progressant de 16,7 % tandis que les importations ne croissaient que de 1,9 % (FMI, WEO octobre 2024).

Cet excédent des biens est réel mais sa nature le révèle immédiatement comme le prolongement direct du modèle de rente agro-exportatrice identifié en 3.1 : une économie qui capte la valeur des matières premières sans en maîtriser la transformation. Soixante ans après l'indépendance, le cacao représente encore 30,4 % des exportations totales, le pétrole brut et les noix de cajou complétant un trio qui couvre près de 55 % des ventes extérieures. La « deuxième limite » du modèle agro-exportateur l'absence d'intégration verticale, le cacao exporté brut, le chocolat fabriqué ailleurs demeure structurellement valide, malgré les efforts de transformation engagés depuis 2012 (la transformation locale de fèves dépasse 35 %, mais reste en deçà de la cible de 50 % du Plan national de transformation). La performance commerciale de 2024 ne contredit pas ce diagnostic : elle l'illustre. Une variation de cours de ±1 000 USD/tonne sur le cacao peut faire basculer le solde commercial de l'excédent au déficit, preuve que l'architecture reste celle d'une rente, non d'une puissance industrielle.

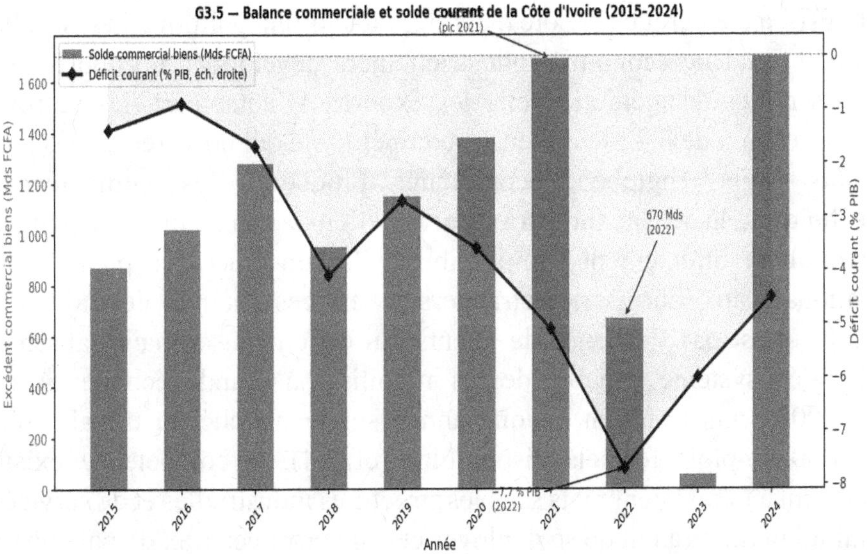

G3.6 - Balance commerciale des biens (Mds FCFA, barres) et déficit courant (% PIB, courbe) de la Côte d'Ivoire, 2015–2024.Sources : BCEAO, FMI WEO oct. 2024 ; 2024 = estimations.

Le déficit des services : révélateur du retard de transformation industrielle

C'est dans les échanges de services que le retard de transformation industrielle s'inscrit le plus lisiblement dans les comptes extérieurs. En 2022, le déficit des services atteignait -2 377,9 milliards de FCFA, un montant qui efface largement l'excédent commercial des biens et qui traduit une réalité concrète : la Côte d'Ivoire paie à des prestataires étrangers le transport maritime de ses marchandises, l'ingénierie de ses projets d'infrastructure, les services de conseil et d'assurance que son tissu productif ne peut encore fournir.

Ce déficit des services est la traduction comptable exacte de deux limites structurelles identifiées dans ce chapitre. D'une part, la « troisième limite » du modèle de libéralisation contrariée (3.2) : la « fenêtre historique » des années 1990–2000, pendant laquelle le Vietnam portait sa part de valeur ajoutée manufacturière de 10 à 21 % du PIB, a été perdue en Côte d'Ivoire, faute d'une politique industrielle cohérente. Une économie industriellement développée n'importe pas ses services d'ingénierie : elle les exporte. D'autre part, les verrous transversaux de 3.4 : le déficit de compétitivité qui ne se réduit pas aux coûts mais englobe l'écosystème productif, les compétences techniques, la densité industrielle et le déficit de capital humain qualifié expliquent directement l'impossibilité de substituer des prestataires nationaux aux fournisseurs étrangers de services à haute valeur ajoutée.

Ce n'est pas l'absence de talents qui est en cause, mais l'absence d'un écosystème capable de les mobiliser à grande échelle. Avec 400 000 jeunes entrant chaque année sur le marché du travail pour 80 000 emplois formels disponibles (cf. 3.4), la compétence existe souvent à l'état latent mais sans les structures industrielles et de services qui lui permettraient de se déployer et d'inverser ces flux de paiements extérieurs.

Les sorties de revenus primaires : symptôme d'un secteur privé national sous-développé

Le troisième niveau de déséquilibre extérieur est plus discret, mais structurellement significatif. En 2022, les sorties de revenus primaires atteignaient -1 434,0 milliards de FCFA, composées pour l'essentiel de rapatriements de profits par les entreprises multinationales et de paiements d'intérêts sur la dette extérieure.

Ces sorties sont le reflet direct de deux limites identifiées en 3.3 et 3.4. La « troisième limite » du modèle de croissance par l'investissement public (3.3) soulignait déjà que la croissance de la période 2012–2025 a été portée davantage par les multinationales et l'investissement public que par un tissu de PME nationales dynamiques. Quand ce sont des acteurs étrangers qui captent la valeur, une fraction substantielle de cette valeur quitte le territoire sous forme de dividendes et de profits rapatriés. En 3.4, il était montré que le crédit au secteur privé, bien qu'en progression (de 17 % à 26 % du PIB entre 2012 et 2023), demeure très en deçà des économies à transformation avancée (où il dépasse 50 % du PIB) précisément parce que les PME nationales ne peuvent pas accéder au financement nécessaire pour saisir les opportunités laissées aux multinationales.

La logique est circulaire : un secteur privé national sous-capitalisé ne peut pas concurrencer les multinationales dans les secteurs à forte valeur ajoutée, ce qui amplifie les sorties de revenus primaires, ce qui réduit l'épargne nationale disponible pour financer ce même secteur privé. La balance courante devient ainsi la caisse de résonance d'un piège de développement décrit en 3.4 sous l'angle du « cercle structurel auto-entretenu ».

En résultante, le déficit courant atteignait -7,7 % du PIB en 2022, et demeurait autour de -4,5 % du PIB en 2024 malgré une conjoncture commerciale exceptionnellement favorable. Cet excédent commercial « incomplet » compense les échanges de biens, mais ne suffit pas à absorber les déséquilibres structurels liés aux services, aux revenus et aux flux financiers.

Synthèse : la balance commerciale comme somme des blocages structurels

La lecture croisée des trois composantes de la balance extérieure ivoirienne : excédent commercial partiel, déficit des services, sorties de revenus primaires, produit une carte des blocages structurels qui recouvre exactement les contours tracés dans ce chapitre :

- L'excédent des biens, cyclique et concentré sur les matières premières brutes, reflète la persistance du modèle de rente (3.1) et l'inachèvement de la transformation productive (3.3, « deuxième limite »).
- Le déficit massif des services traduit l'absence d'une base industrielle et de services à haute valeur ajoutée, conséquence directe de la fenêtre industrielle perdue dans les années 1990–2000 (3.2) et du déficit systémique de compétitivité et de capital humain (3.4).
- Les sorties de revenus primaires révèlent la faiblesse du secteur privé national, incapable de retenir la valeur sur le territoire faute de financement et d'un écosystème productif suffisant (3.3, 3.4).

Ainsi se dessine une réalité fondamentale et cohérente avec l'ensemble du diagnostic analytique conduit dans ce chapitre : la Côte d'Ivoire dispose des fondements d'une puissance exportatrice : ressources agricoles abondantes, position logistique régionale, dynamisme entrepreneurial mais pas encore de l'architecture productive qui en ferait une réalité durable. L'excédent commercial est réel, mais il reste l'excédent d'une économie de rente, non d'une économie de transformation.

La question centrale n'est donc pas celle du solde en lui-même, mais de la qualité structurelle des échanges qui le composent : la nature des biens et services exportés, la valeur captée sur le territoire national, la résilience face aux chocs extérieurs. Ce sont précisément ces trois dimensions que les modèles successifs analysés dans ce chapitre n'ont pas su consolider.

La Côte d'Ivoire se trouve à un tournant précis : celui où un pays peut, s'il choisit de rompre avec les logiques de rente qui l'ont à la fois nourri et limité, basculer vers une économie capable de créer, transformer et retenir la valeur sur son propre territoire. C'est à ce prix et à ce prix seulement que l'excédent commercial deviendra un pilier durable de la prospérité nationale, et non le reflet cyclique d'une conjoncture favorable sur les marchés de matières premières

Conclusion - Une croissance solide, une transformation à consolider

Au terme de cette analyse, une lecture structurée de soixante-cinq ans de croissance ivoirienne s'impose : trois modèles successifs ont produit des performances réelles, mais chacun a buté sur des limites constitutives que le suivant n'a pas su résoudre. La dépendance aux matières premières, l'informatisation, l'industrialisation inachevée et le déficit de capital humain traversent toutes les périodes comme un fil structurel permanent. Le secteur privé, dont le dynamisme est avéré mais demeure confiné dans des activités à faible valeur ajoutée, reste le grand absent des trajectoires de transformation réussie.

Ce diagnostic ne conduit pas au pessimisme. Il conduit à la précision. Les instruments qui ont produit la croissance, stabilisation des prix agricoles, investissement public en infrastructures, attractivité des IDE, ne sont pas les mêmes que ceux qui produiraient la transformation structurelle. Diversifier, formaliser, industrialiser, libérer le secteur privé et former : telle est l'équation que les chapitres suivants de cet ouvrage s'attachent à résoudre, secteur par secteur, politique par politique.

La question fondamentale qui se dégage de ce chapitre n'est pas celle de la croissance en elle-même, mais de sa qualité. Il ne s'agit plus uniquement de croître, mais de transformer. Transformer la structure productive, renforcer la compétitivité, intégrer davantage de valeur localement et assurer une meilleure diffusion des fruits de la croissance au sein de la société. Cette exigence de transformation appelle une redéfinition des priorités économiques, un défi auquel la Partie II de cet ouvrage s'attache directement.

La Côte d'Ivoire n'a pas à inventer sa transformation. Elle a à comprendre pourquoi, malgré soixante-cinq ans de croissance intermittente, cette transformation n'est pas encore advenue et à s'organiser pour que dans les prochaines décennies, ne reproduisent pas les mêmes verrous structurels.

PARTIE II - Bâtir les fondations d'une prospérité durable

L'analyse des trajectoires historiques, des fragilités institutionnelles et des moteurs de croissance conduite en première partie permet désormais de formuler un défi concret : il ne s'agit plus seulement de comprendre les ressorts et les limites de la dynamique ivoirienne, mais d'identifier ce qu'il faudrait construire pour qu'elle tienne dans la durée. C'est l'objet de cette deuxième partie.

Construire, c'est ici agir sur les structures profondes de l'économie, celles qui conditionnent la résilience face aux chocs, l'appropriation des mutations technologiques et la capacité à répondre aux aspirations d'une population en pleine expansion démographique. Cinq leviers, interdépendants et complémentaires, organisent cette réflexion.

Le premier levier est le capital humain. La Côte d'Ivoire dispose d'une population jeune et abondante, mais le potentiel productif de cette démographie reste encore insuffisamment valorisé. Les déficits en matière de qualité éducative, d'adéquation formation-emploi et d'accès aux soins ne constituent pas des problèmes sociaux périphériques : ils sont des contraintes directes sur la productivité future. Le Chapitre 4 démontre que l'investissement dans les personnes est la bataille décisive du développement, non son simple accompagnement.

Le deuxième est la diversification productive. L'histoire ivoirienne a exhibé, avec une régularité troublante, les effets de la concentration sur quelques filières d'exportation : volatilité des recettes, faible transformation locale, dépendance aux cours mondiaux. Le Chapitre 5 explore les voies d'une diversification structurante, industrialisation, montée en gamme, services à forte valeur ajoutée ; capable de repositionner l'économie dans les chaînes de valeur régionales et mondiales.

Le troisième levier est la transition numérique. Les fintechs, plateformes et outils d'intelligence artificielle ouvrent en Côte d'Ivoire des perspectives d'inclusion financière et de transformation productive sans précédent, mais soulèvent simultanément des questions de régulation, de souveraineté de données et de fractures internes. Le Chapitre 6 analyse ces dynamiques dans leur double dimension : accélérateur de croissance et source de nouveaux déséquilibres si la transition demeure inégalement distribuée.

Le quatrième levier, enfin, est environnemental. L'économie ivoirienne, dont les piliers restent étroitement liés aux ressources naturelles, est directement exposée aux effets du changement climatique : dégradation des sols, variabilité agricole, pressions hydriques. La transition écologique n'est pas une contrainte importée : c'est un impératif de préservation du substrat même du modèle de développement. Le Chapitre 7 examine les conditions d'une croissance verte, articulant résilience climatique et continuité productive.

Le cinquième est institutionnel et macroéconomique. La qualité de la gouvernance, l'État de droit, l'efficacité de la mobilisation fiscale et la soutenabilité de la dette ne sont pas des variables d'ajustement : elles sont les conditions premières auxquelles toutes les transformations précédentes sont subordonnées. Le Chapitre 8 analyse comment réformer les institutions, consolider les équilibres macroéconomiques et mobiliser les ressources nationales de manière à doter l'État des capacités de financement et de régulation indispensables à toute ambition d'émergence durable.

Ces cinq dimensions ne se juxtaposent pas : elles se conditionnent mutuellement. Des institutions solides sans capital humain qualifié manquent de la matière première de la croissance ; un capital humain renforcé sans diversification productive génère du chômage qualifié ; une transition numérique sans gouvernance crée des rentes plutôt que de la concurrence ; une croissance verte sans financement adéquat reste lettre morte. C'est cette cohérence systémique, plus encore que la pertinence de chaque réforme prise isolément qui déterminera si les fondations bâties aujourd'hui sont celles d'une prospérité durable.

Chapitre 4 : Capital humain : la bataille décisive du développement

Dans l'économie mondiale du XXIe siècle, la prospérité d'une nation ne se mesure plus à l'aune de ses seules dotations en ressources naturelles ni à la seule ampleur de ses infrastructures physiques. Elle se construit, d'abord et avant tout, sur la qualité de son capital humain : la santé de ses populations, l'efficacité de son système éducatif, la pertinence de sa formation professionnelle, la vitalité de sa recherche et la densité de sa culture entrepreneuriale. Ce sont là les fondements invisibles mais irremplaçables d'une transformation économique durable.

La Côte d'Ivoire présente sur ce plan un paradoxe saisissant. D'un côté, une croissance soutenue depuis 2011, qui en fait l'une des économies les plus dynamiques d'Afrique subsaharienne. De l'autre, des indicateurs de capital humain qui demeurent en deçà du potentiel d'un pays de cette stature : un système éducatif dont les effectifs ont explosé sans que la qualité suive, des indicateurs sanitaires qui restent parmi les plus préoccupants du continent, une formation technique structurellement marginalisée, et une recherche scientifique dont les résultats peinent à irriguer l'économie productive.

Ce chapitre examine, section par section, les différentes composantes de ce capital humain : l'éducation (§ 4.1), la santé (§ 4.2), la formation professionnelle (§ 4.3), la recherche et l'innovation (§ 4.4), et enfin l'entrepreneuriat et les startups (§ 4.5). Pour chacune, le constat est nuancé : des avancées réelles, des réformes en cours, mais aussi des blocages structurels qui, si l'on n'y remédie pas, risquent de contraindre durablement les ambitions d'émergence du pays.

4.1 Système éducatif : entre expansion quantitative et déficits qualitatifs

Un accès à l'éducation en forte progression

Depuis les années 2000, la Côte d'Ivoire a consenti d'importants efforts pour élargir l'accès à l'éducation à tous les niveaux. Le taux brut de scolarisation dans le primaire a progressé de manière spectaculaire, atteignant 105,9 % en 2025 selon le MENA, un niveau qui dépasse 100 % du fait de l'intégration d'élèves hors de l'âge officiel, signe que les enfants autrefois non scolarisés sont désormais absorbés par le système. Le secondaire a suivi cette dynamique, avec un taux brut de 96,5 % en 2024 contre 58,6 % en 2020, porté par la construction de 648 collèges et lycées publics depuis 2011 ; des écarts persistent néanmoins entre garçons et filles, et entre milieux urbains et ruraux. L'enseignement supérieur a connu lui aussi une expansion rapide, avec une population étudiante passée de 66 000 en 2011 à près de 347 000 en 2025, dix universités publiques couvrant sept districts du pays, et plus de 600 établissements supérieurs au total.

Ces chiffres témoignent d'une volonté politique réelle de massifier l'accès à l'éducation, et d'un effort budgétaire significatif, le budget du MENA atteignant 1 440 milliards de FCFA en 2025. La gratuité de l'enseignement primaire public, les programmes de distribution de kits et manuels scolaires, plus de 4 millions de kits distribués à la rentrée 2024-2025, les cantines et les bourses étudiantes (40,8 milliards de FCFA en 2024, contre 11,5 milliards en 2011) constituent autant de leviers qui ont contribué à réduire les obstacles à la scolarisation.

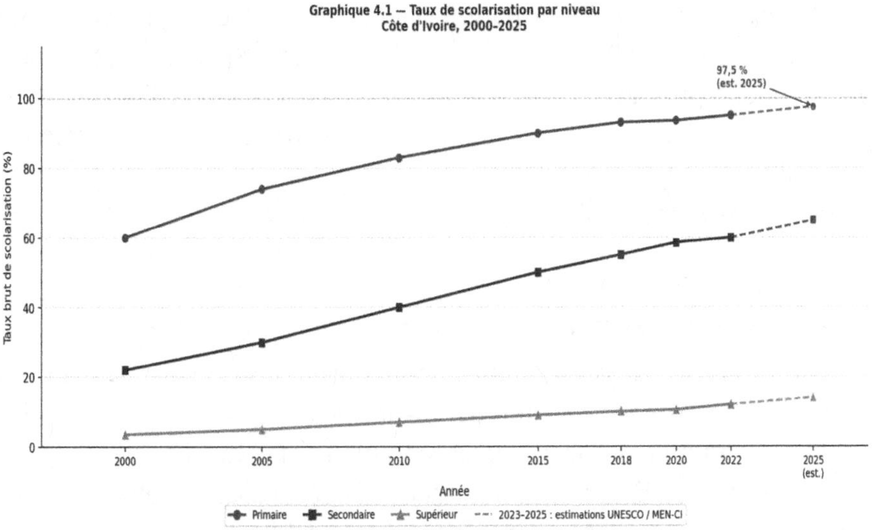

Graphique 4.1 - Taux brut de scolarisation par niveau, Côte d'Ivoire (2000–2025) Sources : UNESCO (2025), Ministère de l'Éducation Nationale (2025).

Un paradoxe structurel : la massification sans la qualité

Mais derrière ces performances quantitatives se profile un paradoxe structurel : la massification de l'enseignement ne s'est pas accompagnée d'une amélioration proportionnelle de la qualité. Les évaluations standardisées des apprentissages notamment les enquêtes PASEC (Programme d'Analyse des Systèmes Éducatifs de la CONFEMEN) et les données de la Banque mondiale révèlent que des proportions significatives d'élèves achèvent le cycle primaire sans maîtriser les compétences fondamentales en lecture et en calcul.

L'Université Félix Houphouët-Boigny de Cocody illustre emblématiquement ce phénomène : avec des promotions de plusieurs milliers d'étudiants par filière, la relation pédagogique individuelle devient structurellement impossible. Des milliers de jeunes diplômés sortent chaque année, porteurs de diplômes dont le contenu est mal aligné avec les attentes du marché du travail. Le secteur privé : agro-industrie, BTP, technologies de l'information, énergies renouvelables peine à recruter des profils opérationnels, tandis que le chômage des jeunes diplômés s'alourdit.

Même l'Institut National Polytechnique Félix Houphouët-Boigny (INP-HB), fleuron de la formation scientifique et technique ivoirienne, n'échappe pas entièrement à ce diagnostic. Si ses cursus sont globalement plus appliqués, ils intègrent encore insuffisamment les compétences d'avenir : intelligence artificielle, data science, cybersécurité, gestion de projet agile, ingénierie des systèmes énergétiques renouvelables.

Vers une réforme systémique de l'éducation

Réformer le système éducatif ivoirien est un impératif de compétitivité, pas seulement de justice sociale. Cette réforme doit s'articuler autour de trois axes complémentaires. Le premier est qualitatif : améliorer les résultats d'apprentissage aux niveaux fondamentaux, en renforçant la formation des enseignants et en introduisant des évaluations standardisées pilotant les politiques par les résultats. Le deuxième est structural : réorienter les filières universitaires vers des formations adaptées aux besoins économiques, en valorisant les sciences appliquées et le numérique. Le troisième est systémique : développer massivement l'enseignement technique et professionnel, aujourd'hui structurellement marginalisé (cf. § 4.3).

Avec une population de plus de 27 millions d'habitants dont plus de 60 % ont moins de 25 ans, la Côte d'Ivoire dispose d'un dividende démographique potentiellement immense. Mais ce potentiel ne se transformera en prospérité réelle que si le système éducatif parvient à convertir la masse en compétence, et la compétence en employabilité.

4.2 Santé et productivité : un levier trop longtemps négligé

Un paradoxe sanitaire au cœur de la croissance

Dans les récits classiques du développement, la santé des populations est souvent reléguée à la marge des priorités économiques. Pourtant, la santé n'est pas un simple corollaire du progrès, elle en est l'un des piliers les plus silencieux, mais aussi les plus structurants. La Côte d'Ivoire illustre ce paradoxe avec une acuité particulière. Alors même que la croissance du PIB s'est maintenue à 6,8 % en moyenne entre 2012 et 2019, les indicateurs de santé publique demeurent préoccupants. L'espérance de vie à la naissance est estimée à 61,8 ans en 2024 (Banque mondiale, WDI 2025), contre 65,2 ans en moyenne pour l'Afrique subsaharienne. La mortalité maternelle atteint environ 580 décès pour 100 000 naissances vivantes (OMS/UNFPA, 2023), en légère amélioration par rapport aux 617 de 2020. Le paludisme est responsable de 36 % des consultations médicales.

La nutrition constitue un autre déterminant économique sous-estimé. En 2022, le taux de retard de croissance chez les enfants de moins de cinq ans s'élevait à 21,6 % (INS, MICS6), signe d'une malnutrition chronique aux conséquences développementales irréversibles. Selon l'OMS, les pertes de productivité liées aux problèmes de santé peuvent représenter jusqu'à 6 % du PIB dans certains pays d'Afrique subsaharienne.

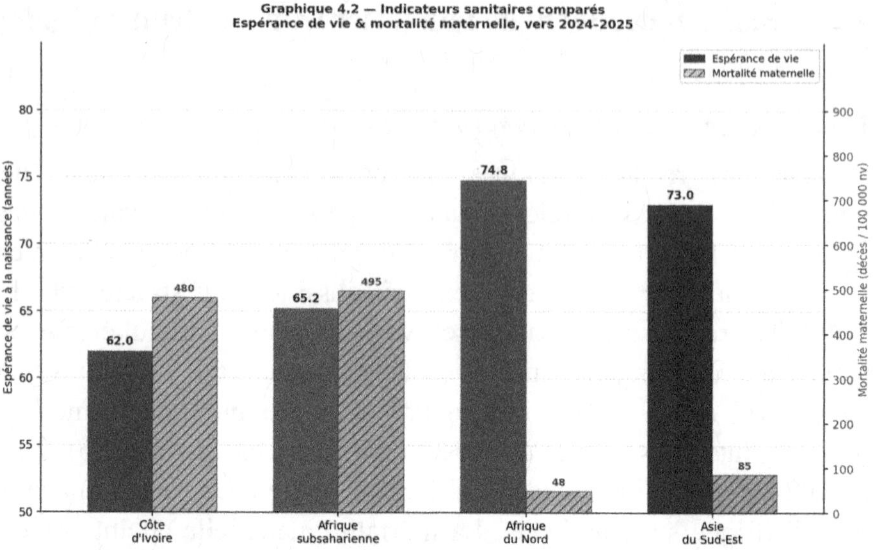

Graphique 4.2 - Indicateurs sanitaires comparés : espérance de vie & mortalité maternelle
Sources : Banque mondiale (2024–2025), UNFPA (2024–2025), OMS (2024–2025).

Un effort budgétaire insuffisant et une gouvernance à réformer

Avec des dépenses publiques de santé représentant environ 6,5 % du budget de l'État, la Côte d'Ivoire reste bien en deçà de l'objectif de 15 % fixé par la Déclaration d'Abuja de 2001. Ce sous-investissement chronique se traduit par des infrastructures hospitalières défaillantes, un personnel de santé insuffisant et inégalement réparti, et un accès aux médicaments essentiels lacunaire dans les zones rurales. La Couverture Maladie Universelle (CMU), initiée par le gouvernement, constitue une avancée structurelle majeure, mais son déploiement reste inégal et sa communication insuffisante.

La santé n'est pas une dépense ; c'est un investissement dont le rendement, comme l'ont montré Bloom, Canning et Sevilla (2004), est parmi les plus élevés dans l'ensemble des investissements publics. Pour la Côte d'Ivoire, reconnaître ce principe dans l'allocation réelle des ressources publiques est un impératif de prospérité autant que de justice.

4.3 Formation professionnelle et adéquation avec le marché du travail

Un déficit quantitatif et qualitatif criant

L'enseignement technique et professionnel représente moins de 10 % des effectifs scolaires en Côte d'Ivoire, contre plus de 40 % en Allemagne, environ 30 % en Chine, et 25 % au Maroc. Ce déséquilibre se traduit directement en pénuries de compétences dans les secteurs les plus dynamiques de l'économie ivoirienne.

Dans le secteur du Bâtiment et des Travaux Publics (BTP), une large part de la main-d'œuvre spécialisée : maçons, soudeurs, coffreurs, électriciens, conducteurs d'engins est aujourd'hui recrutée à l'étranger, principalement au Burkina Faso et au Mali, faute de travailleurs locaux qualifiés. Ce paradoxe, un pays qui investit massivement dans son propre développement tout en important la compétence nécessaire à sa réalisation illustre l'urgence de réformer la formation professionnelle.

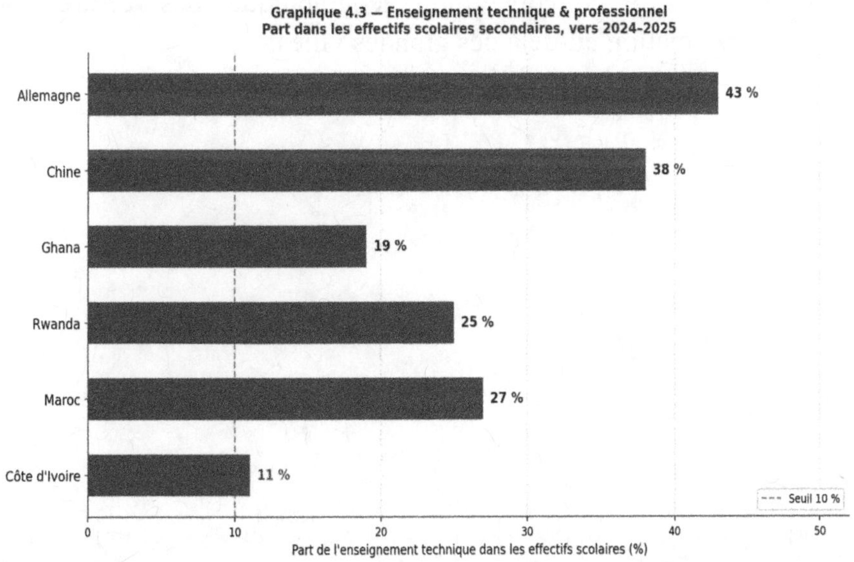

Graphique 4.3 - Part de l'enseignement technique dans les effectifs scolaires secondaires Côte d'Ivoire et pays de référence, vers 2024–2025.
Sources : UNESCO (2024–2025), OCDE (2024–2025), estimations nationales.

La dévalorisation sociale des métiers techniques

Un obstacle culturel majeur alimente ce sous-développement de la formation technique : la perception sociale négative des métiers manuels. Dans l'imaginaire collectif ivoirien, ces filières sont souvent perçues comme des voies de recours pour les élèves n'ayant pas réussi dans le cursus général. L'Allemagne et la Suisse ont réussi à faire des formations en alternance des voies d'excellence reconnues et valorisées. Ce changement de regard n'est pas advenu spontanément ; il a été le fruit d'une stratégie délibérée impliquant les entreprises, les syndicats et les politiques publiques.

Réformes nécessaires

- Moderniser les équipements des lycées techniques pour les conformer aux standards actuels du marché.
- Institutionnaliser l'apprentissage par alternance, en créant un cadre légal et fiscal incitatif pour les entreprises accueillant des apprentis.
- Créer des certifications professionnelles reconnues nationalement et dans l'espace CEDEAO.
- Étendre la couverture géographique des centres de formation au-delà des grandes villes.

4.4 Recherche, développement et innovation : construire l'économie de la connaissance

Un secteur R&D (Recherche et Développement) encore marginal

Les dépenses ivoiriennes en R&D représentent moins de 0,3 % du PIB, contre 0,8 % pour le Maroc, 0,7 % pour l'Afrique du Sud, 1,1 % pour la Chine en 2000, et plus de 4 % pour Israël et la Corée du Sud. La Côte d'Ivoire se situe au plus bas de l'échelle des efforts en R&D, à un moment où les transformations technologiques mondiales s'accélèrent. Les universités et instituts de recherche ivoiriens produisent chaque année des travaux scientifiques, mais ces productions demeurent confinées au milieu académique, faute de passerelles structurées avec le monde de l'entreprise.

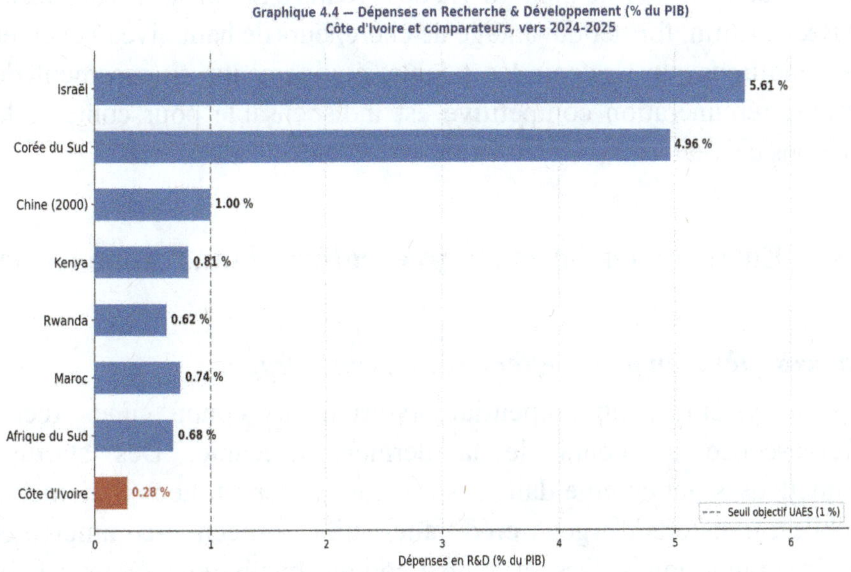

Graphique 4.4 - Dépenses en Recherche & Développement (% du PIB) Côte d'Ivoire et comparateurs, vers 2024–2025.
Sources : Banque mondiale (2024–2025), UNESCO Institute for Statistics (2024–2025).

Les domaines prioritaires pour la recherche appliquée

Dans l'agriculture, les travaux sur l'amélioration variétale du cacao face aux maladies (swollen shoot, pourriture brune) et sur les techniques culturales durables constituent des axes à fort rendement socio-économique. Le Centre National de Recherche Agronomique (CNRA) dispose des compétences pour piloter cette recherche à condition de lui en donner les moyens. Dans le domaine de la santé, une recherche pharmaceutique nationale permettrait de réduire la dépendance aux importations de médicaments et de préparer une éventuelle production locale de vaccins.

Créer un écosystème favorable à l'innovation

Des pôles d'innovation spécialisés permettraient de concentrer compétences académiques, ressources industrielles et fonds d'amorçage autour des filières stratégiques : agro-industrie et cacao, énergies renouvelables, technologies numériques, santé tropicale. Le système fiscal peut jouer un rôle incitatif via des crédits d'impôt sur les dépenses de R&D. Enfin, former davantage de chercheurs de haut niveau et créer les conditions pour retenir les talents, équipements, financement de projets, rémunération compétitive est indispensable pour contenir la fuite des cerveaux.

4.5 Entrepreneuriat, startups et culture d'innovation locale

Un écosystème en pleine effervescence, mais fragile

L'écosystème entrepreneurial ivoirien a connu une réelle effervescence au cours de la dernière décennie. Des startups prometteuses ont émergé dans des secteurs variés : fintech (paiements mobiles, transferts d'argent, crédit alternatif), agritech, e-commerce et services numériques. Des structures comme Incub'Ivoir, Orange Fab, Seedstars Abidjan et Jokkolabs accompagnent des entrepreneurs en phase de lancement. Mais elles restent concentrées à Abidjan et peinent à générer des startups scalables.

L'accès au financement : le goulot d'étranglement

La principale contrainte des startups ivoiriennes est l'accès au financement. Le système bancaire classique, réticent aux risques liés aux jeunes entreprises sans historique financier ni garanties tangibles, est rarement une option pour les entrepreneurs en phase d'amorçage. L'écosystème de capital-risque reste embryonnaire. Développer le capital-risque local et démocratiser le financement participatif (crowdfunding) constituent deux leviers à activer en priorité.

Un cadre réglementaire à adapter

L'introduction d'un « *Startup Act* » ivoirien sur le modèle tunisien qui a fait école en Afrique francophone, et du Sénégal qui l'a adopté en 2019 offrirait un cadre légal dédié, avec des avantages fiscaux ciblés pour les premières années d'activité, un statut simplifié, et une reconnaissance institutionnelle de l'innovation comme activité économique à part entière.

Former des entrepreneurs, pas seulement des diplômés

Intégrer l'esprit d'entreprise dans les cursus dès le secondaire et développer des formations courtes et pratiques destinées aux entrepreneurs en activité constituent des investissements à fort rendement social. L'extension des incubateurs au-delà d'Abidjan, vers Bouaké, Daloa, San Pedro, Man et Korhogo, permettrait d'ancrer l'entrepreneuriat dans toutes les régions du pays. L'entrepreneuriat n'est pas un palliatif au chômage : c'est un moteur de transformation économique structurelle.

Conclusion - Des progrès réels, un capital humain encore sous-exploité

Le capital humain est la ressource la plus décisive et la plus sous-exploitée de la Côte d'Ivoire. Ce chapitre en a examiné les cinq composantes essentielles : l'éducation, la santé, la formation professionnelle, la recherche et l'entrepreneuriat. Dans chacun de ces domaines, le constat est nuancé : des avancées réelles, des réformes en cours, mais aussi des blocages persistants.

Ces cinq déficits ne sont pas indépendants. Ils se renforcent mutuellement dans une logique de trappe : un système éducatif inadapté produit peu d'entrepreneurs ; un système de santé défaillant réduit la productivité des travailleurs formés ; une recherche sous-financée prive l'industrie des innovations dont elle a besoin pour monter en gamme. Briser cette logique de trappe requiert une vision intégrée du capital humain et un engagement budgétaire et politique à la hauteur des ambitions d'émergence proclamées.

La Côte d'Ivoire dispose de tous les atouts pour réussir cette transformation : une jeunesse nombreuse et connectée, une diaspora qualifiée et engagée, un secteur privé dynamique, et une stabilité politique retrouvée qui permet d'envisager des réformes structurelles de long terme. Ce qui manque, ce n'est pas le potentiel ; c'est la cohérence et la constance dans la mise en œuvre des politiques. C'est à cette condition que le capital humain ivoirien deviendra le levier de la prospérité durable que le pays appelle de ses vœux.

Chapitre 5 : Diversifier l'économie : sortir du piège des matières premières

La prospérité économique durable n'est jamais le produit d'un seul secteur. Elle naît de la capacité d'un pays à construire une structure productive diversifiée, où l'agriculture, l'industrie et les services se renforcent mutuellement, créant des emplois à tous les niveaux de qualification et réduisant la vulnérabilité aux chocs exogènes. Or, depuis son indépendance, la Côte d'Ivoire a bâti sa croissance sur un modèle productif certes performant mais structurellement étroit : l'exportation de matières premières agricoles brutes. Ce modèle, qui a alimenté le « miracle ivoirien » des années 1960–1980, a aussi engendré la fragilité révélée lors de chaque chute des cours mondiaux. Les économistes parlent de la « malédiction des ressources » (resource curse) et du syndrome hollandais pour décrire ce piège dans lequel s'enfoncent les pays qui renoncent à diversifier leur base productive. La thèse de *Prebisch-Singer* sur la détérioration tendancielle des termes de l'échange des matières premières face aux produits manufacturés en a dessiné les contours dès les années 1950 : dépendre des commodités, c'est structurellement perdre du pouvoir d'achat. Soixante ans plus tard, l'avertissement reste d'une actualité troublante pour la Côte d'Ivoire.

Aujourd'hui, le pays se trouve à un tournant décisif. Il dispose d'atouts remarquables : une base agricole diversifiée, un réseau d'infrastructures en expansion, une démographie jeune et un positionnement géographique stratégique mais il doit opérer une transformation profonde de sa structure économique. Cette transformation implique trois mutations simultanées : moderniser et sécuriser l'agriculture pour garantir la souveraineté alimentaire, notion qui va plus loin que la simple sécurité alimentaire et renvoie à la capacité d'un pays à produire et contrôler sa propre alimentation sans dépendance structurelle aux marchés mondiaux ; industrialiser la transformation des matières premières afin de capter la valeur ajoutée qui s'évapore aujourd'hui vers l'étranger ; et développer un secteur des services compétitif, capable de soutenir l'ensemble de l'économie et d'absorber une main-d'œuvre de plus en plus qualifiée.

Ce chapitre explore les leviers et les conditions de cette triple mutation. La section 5.1 analyse les défis et les réformes nécessaires à la modernisation agricole et à la garantie de la souveraineté alimentaire, en distinguant ce concept de la simple sécurité alimentaire. La section 5.2 examine la stratégie d'industrialisation sous l'angle d'un choix politique assumé : transformer plutôt qu'exporter, en levant les obstacles tarifaires, énergétiques et financiers qui freinent cette transition. La section 5.3 détaille le rôle des zones industrielles et de l'agro-industrie dans la construction d'un tissu productif national intégré, au-delà des seules enclaves d'exportation. La section 5.4 analyse le potentiel d'Abidjan comme hub régional de services pour l'Afrique de l'Ouest. Enfin, la section 5.5 pose les termes de la bataille de la montée en gamme, dans un contexte de compétition internationale accrue et de nouvelles exigences réglementaires européennes qui constituent à la fois une menace et une opportunité.

5.1 Moderniser l'agriculture et garantir la souveraineté alimentaire

Souveraineté alimentaire ou sécurité alimentaire ? Une distinction fondamentale

Les débats de politique agricole confondent fréquemment deux notions aux implications radicalement différentes. La sécurité alimentaire, telle que définie par la FAO, désigne l'accès physique et économique de tous à une alimentation suffisante, sans préjuger de l'origine de cette nourriture. Un pays peut être en sécurité alimentaire en important massivement ses besoins. La souveraineté alimentaire va plus loin : elle renvoie au droit et à la capacité d'un pays à définir sa propre politique alimentaire et agricole, à produire une part substantielle de sa nourriture sur son territoire et à ne pas dépendre de fournisseurs extérieurs pour des produits stratégiques. Pour la Côte d'Ivoire, la distinction est capitale : un pays dont 50 % du riz consommé est importé et dont la facture alimentaire extérieure dépasse un milliard de dollars annuels est en situation de sécurité alimentaire relative aux prix actuels mais dans une vulnérabilité souveraine réelle. La crise alimentaire de 2007–2008, qui a provoqué des émeutes dans plusieurs capitales africaines, a rappelé à quel point cette dépendance peut se muer en instabilité sociale en quelques semaines.

Un paradoxe productif persistant

La Côte d'Ivoire est une puissance agricole incontestable : premier producteur mondial de cacao, premier exportateur mondial de noix de cajou, acteur majeur dans les filières café, coton, huile de palme, hévéa et banane. L'agriculture contribue à environ 20 % du PIB, emploie plus de 60 % de la population active et génère plus de 40 % des recettes d'exportation. Ces chiffres traduisent une réalité productive réelle, mais ils masquent un paradoxe criant : malgré cette puissance agricole, la Côte d'Ivoire reste fortement dépendante des importations pour nourrir sa population.

Le pays importe plus de 50 % de sa consommation en riz, alors qu'il dispose de terres rizicoles fertiles et d'un réseau hydrographique abondant. La facture des importations de blé, de produits laitiers, de viande bovine et de poisson représente plusieurs centaines de millions de dollars annuels. L'élevage, la pisciculture et les cultures vivrières sont restés les parents pauvres d'une politique agricole historiquement tournée vers les cultures de rente destinées à l'exportation.

Ce déséquilibre structurel produit une double vulnérabilité : aux fluctuations des cours mondiaux des matières premières d'exportation, d'une part ; et aux variations des prix alimentaires internationaux, d'autre part. La crise alimentaire mondiale de 2007–2008, qui a touché de plein fouet des pays africains dépendants des importations de céréales, constitue un avertissement que la Côte d'Ivoire ne peut pas se permettre d'ignorer.

Pourquoi la Côte d'Ivoire a-t-elle négligé ses cultures vivrières ?

Comprendre le paradoxe ivoirien suppose d'en identifier les causes historiques. La priorité accordée aux cultures de rente : cacao, café, coton, hévéa, huile de palme n'est pas le fruit d'un hasard agricole : elle reflète des choix politiques délibérés, hérités de la période coloniale et prolongés après l'indépendance. La Caisse de stabilisation (CAISTAB) des prix agricoles a longtemps capté une part substantielle de la rente cacaoyère pour financer les dépenses publiques, sans mécanisme comparable pour les filières vivrières. Les conditionnalités des programmes d'ajustement structurel des années 1980–1990, imposées par le FMI et la Banque mondiale, ont explicitement découragé les subventions à l'agriculture vivrière et les politiques de prix administrés. L'argument de la spécialisation comparative, produire ce que l'on fait le mieux, acheter le reste, a longtemps prévalu, reléguant la riziculture et l'élevage au second plan. Cette logique, cohérente en théorie, oublie les coûts de la dépendance quand les chaînes d'approvisionnement mondiales se perturbent. La réorientation vers la souveraineté alimentaire suppose donc une rupture explicite avec ces arbitrages historiques.

Cibles 2030 et réserves stratégiques : matérialiser la garantie

Garantir la souveraineté alimentaire ne peut rester un vœu pieux : il faut des cibles chiffrées et des instruments concrets. Trois objectifs méritent d'être inscrits dans le prochain Plan National de Développement Agricole (PNDA) : ramener la dépendance aux importations de riz de 50 % à 25 % d'ici 2030, atteindre l'autosuffisance en volaille et en produits d'aviculture à l'horizon 2032, et réduire les pertes post-récoltes de moitié en cinq ans grâce à l'extension des infrastructures de stockage et de transformation de proximité. Ces objectifs sont ambitieux mais documentés : les potentiels irrigables disponibles et les rendements actuellement sous les niveaux régionaux attestent d'une marge de progression réelle.

La constitution de réserves alimentaires stratégiques est le corollaire indispensable de ces cibles. Une réserve nationale de céréales, représentant au minimum trois mois de consommation nationale en riz et maïs, permettrait d'amortir les chocs d'approvisionnement mondiaux sans recourir à des importations d'urgence à des prix de crise. L'ECOWAS a esquissé une démarche régionale (Réserve Alimentaire Régionale de l'Afrique de l'Ouest - RERAOW) que la Côte d'Ivoire peut compléter par un dispositif national. Le financement de ce stock peut être adossé à un prélèvement partiel sur la rente cacaoyère en période de prix élevés, réorientant une fraction de la richesse des cultures de rente vers la sécurisation de l'alimentation nationale.

La mécanisation : un levier sous-utilisé

Moins de 5 % des exploitations agricoles ivoiriennes utilisent des équipements mécanisés. La majorité des agriculteurs travaillent encore avec des outils manuels, ce qui limite les rendements, aggrave les pertes post-récoltes et rend le travail agricole peu attractif pour la jeunesse. Des modèles intermédiaires motoculteurs, batteuses mécaniques, pompes d'irrigation solaires, adaptés aux parcelles de taille moyenne, peuvent être diffusés à travers des coopératives d'équipements partagés, réduisant les coûts unitaires tout en renforçant la cohésion des organisations paysannes.

Ces pertes considérables atteignant 40 % pour la mangue et la banane plantain reflètent l'absence d'infrastructures de stockage, de conservation et de transformation de proximité. La construction de silos modernes, d'entrepôts frigorifiques et d'unités de séchage solaire dans les zones de production constituerait un investissement à retour rapide, à la fois pour les producteurs et pour l'industrie agroalimentaire.

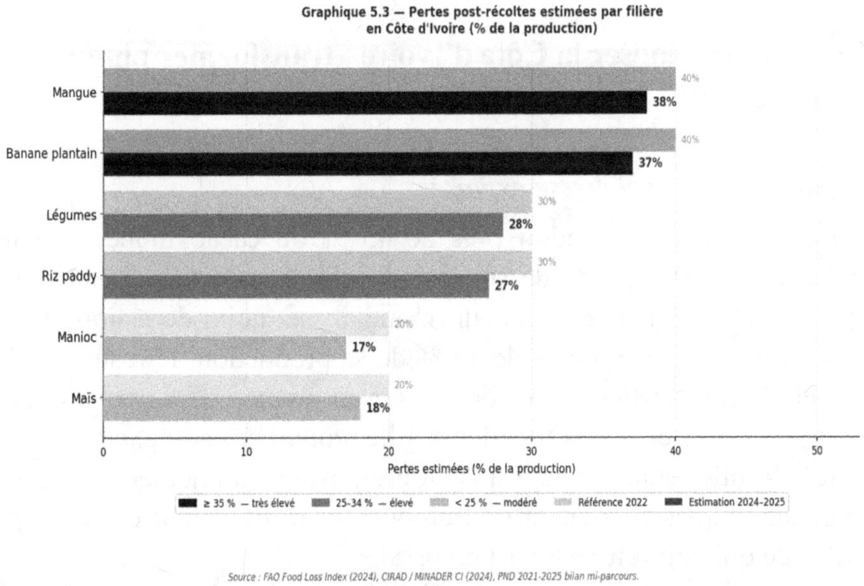

Graphique 5.3 - Pertes post-récoltes estimées par filière en Côte d'Ivoire (% de la production). Source : Ministère du Commerce et de l'Industrie de Côte d'Ivoire ; FAO (2024-2025).

La recherche agronomique au service de la résilience

Face au changement climatique qui menace déjà les zones cacaoyères du Sud et perturbe les cycles pluviométriques dans le Nord, la recherche agronomique devient un enjeu de souveraineté. Le Centre national de recherche agronomique (CNRA) dispose d'une expertise reconnue dans la mise au point de variétés améliorées de cacao, d'hévéa et de café. Cette expertise doit être élargie aux cultures vivrières et aux techniques agroécologiques permettant de maintenir la fertilité des sols tout en réduisant la dépendance aux intrants chimiques importés.

Le financement de l'agriculture reste insuffisant et inadapté aux cycles agricoles. Des mécanismes innovants s'imposent : fonds de garantie agricole appuyés par l'État, crédit-bail pour les équipements pour permettre aux producteurs d'accéder à la liquidité sans brader leur récolte. Le développement des fintechs spécialisées dans le crédit agricole mobile ouvre des perspectives prometteuses pour inclure les agriculteurs ruraux dans le circuit financier formel.

5.2 Industrialiser la Côte d'Ivoire : transformer plutôt qu'exporter

Le paradoxe de la richesse exportée

La Côte d'Ivoire produit près de 45 % du cacao mondial, mais seulement environ 35 % de cette récolte est transformée localement. Elle est le premier exportateur mondial de noix de cajou, mais transforme sur place moins de 15 % de sa production, le reste partant vers l'Inde et le Vietnam avant de revenir sur les marchés internationaux à des prix trois à cinq fois supérieurs. Elle produit un caoutchouc naturel dont l'essentiel quitte le pays à l'état brut, avant d'alimenter des usines de pneumatiques en Asie et en Europe. L'écart de valeur entre ce qui part et ce qui pourrait rester est colossal.

Ce paradoxe n'est pas une fatalité. Il est le produit d'une histoire économique qui a longtemps découragé l'industrialisation locale notamment à travers les politiques d'ajustement structurel des années 1980–1990 et d'une absence de stratégie industrielle cohérente sur le long terme. Il est aussi la conséquence d'asymétries de pouvoir dans les chaînes de valeur mondiales. Mais la tendance internationale évolue : la pression en faveur d'une plus grande transformation locale s'intensifie, soutenue par les négociations commerciales africaines et la demande croissante des consommateurs pour des produits d'origine certifiée.

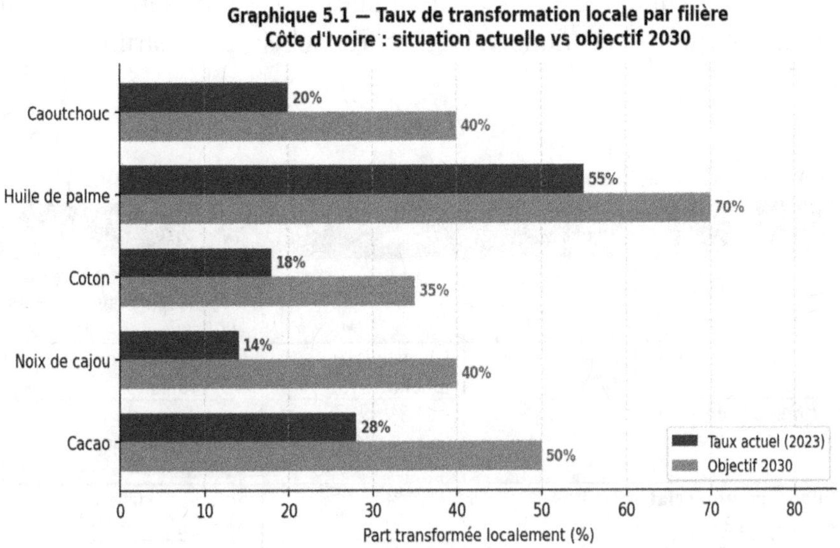

Graphique 5.1 - Taux de transformation locale par filière en Côte d'Ivoire : situation actuelle (2023) versus objectif 2030 (%). Sources : Conseil Café-Cacao, Conseil du Coton et de l'Anacarde, FAO, estimations de l'auteur.

La trajectoire vietnamienne : ce que l'industrialisation produit dans les comptes extérieurs

La comparaison avec le Vietnam prend ici une signification particulièrement précise. Dans les années 2000, les deux économies présentaient des profils comparables : dominante agricole, forte dépendance aux matières premières, faible industrialisation. En 3.2, il était noté que la fenêtre historique des années 1990–2000 avait été « largement perdue » en Côte d'Ivoire alors que le Vietnam opérait sa montée en gamme industrielle. La balance commerciale vietnamienne d'aujourd'hui illustre précisément ce que cette transformation produit dans les comptes extérieurs : un solde commercial de +5,5 % du PIB en

2023, porté par une industrie manufacturière représentant 85 % des exportations totales contre 15 % pour la Côte d'Ivoire.

Ce n'est pas une comparaison abstraite : c'est la représentation de ce qu'aurait pu être la structure exportatrice ivoirienne si les choix d'industrialisation avaient été faits plus tôt. La balance extérieure vietnamienne n'est pas le fruit d'une ressource naturelle favorable, c'est le produit d'une stratégie de transformation structurelle délibérée, cohérente et maintenue sur deux décennies. C'est précisément ce type de stratégie que les sections suivantes s'attachent à construire pour la Côte d'Ivoire.

Tableau 5.1 - Comparaison structurelle : Côte d'Ivoire et Vietnam (2023)

Indicateur	Côte d'Ivoire (2023)	Vietnam (2023)	Écart / Lecture
PIB (Mds USD)	~40	~430	Vietnam ~11× plus grand, mais départ similaire en 2000
Principal produit d'export	Cacao (30,4 %)	Électronique & machines (33 %)	CI toujours dominé par MP brutes
Part manuf. dans les exports	~15 %	~85 %	Transformation industrielle profonde au Vietnam
Solde commercial biens (% PIB)	+0,1 %	+5,5 %	Solde structurellement plus solide au Vietnam
Déficit courant (% PIB)	−6,0 %	−3,8 %	CI vulnérable aux sorties de revenus et services
Concentration des exports (top 3 produits)	Cacao, pétrole, noix de cajou ≈ 55 %	Électron., textiles, chaussures ≈ 48 %	Vietnam plus diversifié dans manuf.
Transformation locale des MP agric.	Faible : ~30 % du cacao transformé localement	Élevée : >80 % du café/riz valorisé local.	Levier fort à saisir pour la CI
Dépendance aux importations énergétiques	Oui : pétrole = 31,8 % des imports	Non : exportateur net d'énergie (gaz, pétrole)	CI exposée aux chocs énergétiques
Investissements étrangers (IED, % PIB)	~3,8 %	~5,8 %	IED Vietnam orientés vers export manufact.
Trajectoire (2000–2023)	Croissance forte mais structure peu transformée	Montée en gamme : riz/textile → high-tech	Vietnam : modèle de diversification réussie

Sources: Banque Mondial, FMI WEO 2024, CCI Trade Map, General Statistics Office of Vietnam. Note : données 2023 sauf mention contraire ; certaines valeurs sont des estimations.

Les obstacles à la transformation locale : pourquoi le choix ne s'impose pas seul

Si la logique économique plaide si clairement pour la transformation locale, pourquoi la Côte d'Ivoire ne l'a-t-elle pas généralisée ? La réponse tient à plusieurs obstacles structurels qu'une stratégie industrielle explicite doit impérativement lever.

Le premier est la tarification escalatoire de l'Union européenne. Les droits de douane du Système de Préférences Généralisées (SPG) européen augmentent avec le degré de transformation du produit : les fèves de cacao brutes entrent à 0 % de droit, alors que le beurre et la poudre de cacao sont soumis à des droits de 7,7 % et 8 %, et le chocolat à plus de 30 %. Ce mécanisme de protection escalatoire, baptisé « tariff escalation » dans la littérature commerciale, est précisément conçu pour dissuader les pays producteurs de transformer avant d'exporter. Il constitue l'un des principaux freins structurels à l'industrialisation des filières agricoles africaines. Les négociations de l'Accord de Partenariat Économique (APE) entre la CEDEAO et l'UE offrent un levier pour renégocier ces barrières ; les réformes commerciales de la ZLECAf ouvrent des marchés alternatifs moins discriminatoires.

Le second obstacle est le coût de l'énergie. L'industrie de transformation est énergivore. Le broyage du cacao, le décorticage de l'anacarde ou la fabrication d'alumine requièrent une alimentation électrique fiable et abordable. Or le coût du kilowattheure industriel en Côte d'Ivoire reste supérieur à la moyenne mondiale, et les coupures de courant représentent un risque opérationnel significatif pour les unités de transformation. Développer l'énergie renouvelable industrielle : solaire thermique, biomasse agricole est une condition préalable à la compétitivité de la transformation locale (cf. Chapitre 7).

Le troisième est l'accès au financement à long terme. Les industries de transformation requièrent des investissements initiaux lourds avec des retours à cinq ou dix ans, incompatibles avec les conditions du crédit bancaire ivoirien (taux élevés, maturités courtes). Des mécanismes de financement dédiés : fonds d'investissement industriel de la BAD, garanties de la Société financière internationale (IFC), PPP avec les multinationales du cacao, sont nécessaires pour réduire le risque perçu et abaisser le coût du capital. Avec ces leviers financiers, la création d'emploi est substantielle : chaque tranche de 10 % de hausse du taux de transformation du cacao génère, selon les estimations de la CNUCED, entre 40 000 et 60 000 emplois directs et indirects dans la filière.

Les filières à fort potentiel de transformation

Le cacao représente le levier industriel le plus immédiat. La montée du taux de transformation local de 30 % aujourd'hui à un objectif de 50 % à l'horizon 2030, déjà inscrit dans les politiques publiques implique l'installation de nouvelles capacités de broyage à San-Pédro, Daloa et Abidjan, la montée en gamme vers la fabrication de poudre, beurre et masse de cacao, voire de chocolat fini. L'accord sur le différentiel de revenu décent (DRD) négocié par la Côte d'Ivoire et le Ghana en 2019 avec les grands acheteurs internationaux constitue un précédent important pour rééquilibrer le partage de la valeur dans cette filière.

La noix de cajou offre peut-être l'opportunité de transformation la plus accessible à court terme. Les investissements nécessaires pour les unités de décorticage et de conditionnement sont moins lourds que dans la filière cacao. Des agglomérations comme Korhogo, Man et Bouaké, situées au cœur des zones de production, pourraient accueillir des pôles de transformation créant plusieurs milliers d'emplois locaux. L'Éthiopie, qui a développé une industrie de transformation du cajou à partir de presque rien en une décennie, offre un exemple inspirant.

Le coton et le textile constituent une filière déjà partiellement intégrée, mais dont le potentiel reste largement sous-exploité. L'aval de la filière : filature, tissage, confection est quasi inexistant. Dans un contexte où plusieurs pays africains (Éthiopie, Rwanda, Maroc) attirent des investissements importants dans l'industrie textile, la Côte d'Ivoire dispose d'une fenêtre d'opportunité à ne pas laisser passer. L'huile de palme, le caoutchouc et leurs dérivés complètent le panorama des filières prioritaires, avec des opportunités dans l'huile raffinée, le savon industriel, les biocarburants et les produits en latex.

La transformation minière : un potentiel encore embryonnaire

Avec des ressources prouvées en or, manganèse, bauxite, nickel et fer, la Côte d'Ivoire dispose d'un potentiel minier significatif mais largement sous-valorisé. L'or est exporté essentiellement sous forme de lingots ou de concentrés, sans raffinage local. La bauxite, matière première de l'aluminium, est exportée brute vers des raffineries étrangères. L'installation de fonderies et de raffineries locales, combinée à une révision du cadre contractuel d'exploitation minière, permettrait à la Côte d'Ivoire de suivre l'exemple botswanais et de capter une valeur ajoutée aujourd'hui capturée à l'étranger.

5.3 Zones industrielles et agro-industrie : vers un nouveau tissu productif

Les ZES comme accélérateurs de l'industrialisation

Les Zones Économiques Spéciales (ZES) constituent un outil éprouvé pour attirer les investissements industriels, concentrer les synergies entre entreprises et offrir un environnement réglementaire et fiscal favorable. L'expérience internationale des ZES chinoises aux zones franches mauriciennes, en passant par les parcs industriels éthiopiens montre que ces espaces peuvent fonctionner comme des catalyseurs de la transformation structurelle, à condition d'être bien conçus, bien gérés et profondément connectés à l'économie nationale.

En Côte d'Ivoire, la zone industrielle de PK24 (Abidjan), la ZES de San-Pédro et la ZES de Ferkessédougou constituent les principaux dispositifs en place ou en développement. Ces zones présentent des atouts réels, mais leur performance reste en deçà de leur potentiel. Plusieurs lacunes récurrentes freinent leur essor : alimentation électrique insuffisante ou coûteuse, routes d'accès dégradées, procédures administratives lentes et manque de main-d'œuvre technique qualifiée. Ces obstacles requièrent une gouvernance rigoureuse et des mécanismes de redevabilité clairs entre gestionnaires de ZES, investisseurs et autorités publiques.

Le risque d'économie-enclave : construire des liens, pas des îlots

L'expérience africaine des zones économiques spéciales est jalonnée d'échecs relatifs liés à un même défaut de conception : les ZES se sont développées comme des enclaves d'exportation déconnectées de l'économie locale, sans générer les effets d'entraînement que leurs promoteurs escomptaient. Des entreprises y produisent, exportent, embauchent une main-d'œuvre peu qualifiée et importent la quasi-totalité de leurs intrants. Le tissu productif local, lui, ne s'enrichit pas. Pour éviter ce piège, la conception des ZES ivoiriennes doit intégrer dès l'origine des exigences de contenu local : obligation pour les entreprises installées d'atteindre un seuil progressif d'approvisionnement auprès de fournisseurs ivoiriens (30 % à cinq ans, 50 % à dix ans), mécanismes de sous-traitance formalisés avec les PME nationales, programmes de développement des fournisseurs (supplier development programs) à l'image de ce que pratiquent les ZES mauriciennes et rwandaises les plus performantes.

La logique du « tissu productif » est celle des interconnexions : les grandes unités industrielles créent de la demande pour des fournisseurs de composants, des prestataires de services de maintenance, des logisticiens, des bureaux d'ingénierie, des structures de formation. Ce maillage ne se crée pas spontanément ; il requiert une politique délibérée d'animation économique territoriale autour des zones industrielles. Les centres de formation professionnelle de proximité, orientés vers les métiers requis par les industries installées, sont le premier investissement structurant, car l'absence de main-d'œuvre qualifiée locale est régulièrement citée comme premier frein à l'expansion industrielle dans les ZES ivoiriennes.

Les pôles industriels spécialisés

Le pôle de transformation du cacao de San-Pédro est le plus avancé. Il rassemble des broyeurs et des unités de production de beurre et de poudre de cacao à proximité immédiate du port. Son développement vers la fabrication de chocolat fini est une étape logique. Le pôle agro-industriel du Nord (Korhogo–Ferkessédougou) a vocation à devenir le centre de traitement de l'anacarde et du coton du Grand Nord. Le pôle minier de l'Ouest (région de Man), avec ses réserves en nickel et en manganèse, constitue un horizon de moyen terme, conditionné au développement préalable des infrastructures énergétiques régionales.

Les infrastructures logistiques comme colonne vertébrale

L'industrialisation la plus ambitieuse restera inefficace si les matières premières ne peuvent pas atteindre les usines dans des délais et à des coûts raisonnables. Les coûts de transport intérieur représentent souvent 20 à 30 % du prix de revient des produits agricoles livrés en usine. Des corridors stratégiques Abidjan–San-Pédro, Abidjan–Bouaké–Korhogo et les liaisons vers l'Ouest sont prioritaires.

La réhabilitation du réseau ferroviaire constitue un investissement structurant. La ligne reliant Abidjan à Ouagadougou via Bouaké et Ferkessédougou, largement hors service depuis la décennie de crise, permettrait de réduire drastiquement les coûts de transport des matières premières volumineuses (coton, anacarde, cacao, minerais). Les centres de stockage, de conservation et de transformation intermédiaire complètent ce dispositif : silos à céréales, entrepôts frigorifiques, stations de décorticage de proximité, unités de séchage solaire des fruits et légumes.

5.4 L'essor des services et la montée de l'économie tertiaire

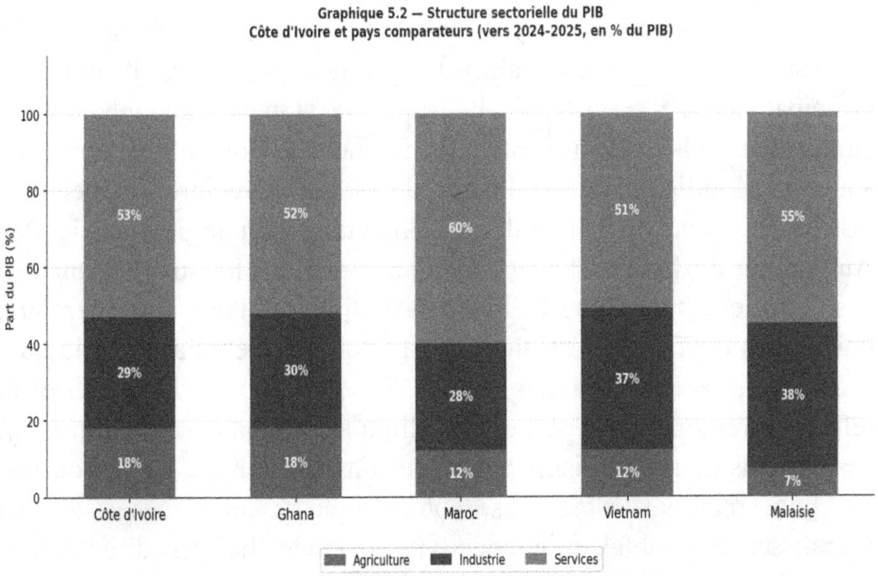

Graphique 5.2 - Structure sectorielle du PIB : agriculture, industrie et services. Côte d'Ivoire et pays comparateurs (vers 2024–2025, en % du PIB). Sources : Banque mondiale, BAD, comptes nationaux (estimations de l'auteur pour 2024–2025).

Un secteur sous-analysé dans les débats sur la transformation ivoirienne

Le secteur tertiaire représente déjà environ 52 % du PIB ivoirien et emploie une part croissante de la population urbaine. Plus fondamentalement, il constitue le socle de compétitivité sur lequel repose l'ensemble de l'économie : sans logistique efficace, sans services financiers accessibles, sans télécommunications fiables, l'industrialisation agricole et la transformation minière restent des ambitions sans fondements. Comme en témoigne le Graphique 5.2, la Côte d'Ivoire a encore une marge de progression dans l'industrialisation de son économie par rapport à des pays comme le Vietnam ou la Malaisie, mais sa base de services est déjà comparable à celle du Ghana et du Maroc.

Abidjan, hub de services pour l'Afrique de l'Ouest

La Côte d'Ivoire ne dispose pas seulement d'un secteur tertiaire domestique : elle a les conditions objectives pour faire d'Abidjan le principal hub de services de l'Afrique de l'Ouest francophone. Les atouts sont réels et documentés. En finance, la Bourse Régionale des Valeurs Mobilières (BRVM) fait d'Abidjan le centre financier de l'UEMOA, zone de 160 millions d'habitants. En logistique, le Port Autonome d'Abidjan est le premier port de la sous-région. En enseignement supérieur, l'UFHB d'Abidjan est l'une des premières universités d'Afrique de l'Ouest par le nombre d'étudiants, et le pays accueille plusieurs grandes écoles de gestion et d'ingénierie de référence régionale. En santé, des cliniques abidjanaises attirent déjà des patients de pays voisins pour des soins spécialisés. Cette vocation de hub régional n'est pas automatique : elle nécessite des investissements ciblés en connectivité aérienne (liaisons directes vers les capitales régionales), en infrastructure numérique (data centers, fibre), et en attractivité pour les talents régionaux (régimes fiscaux, cadre de vie, services aux expatriés). Singapour, Dubaï ou Nairobi (pour l'Afrique de l'Est) démontrent que la stratégie de hub de services peut générer une croissance économique puissante et durable, indépendante des ressources naturelles.

La finance et les services bancaires : accélérer l'inclusion

Le secteur bancaire ivoirien est le plus développé d'Afrique de l'Ouest francophone. La Bourse Régionale des Valeurs Mobilières (BRVM), établie à Abidjan, est le marché financier de référence pour l'UEMOA. Pourtant, le taux de bancarisation reste insuffisant : environ 25 % de la population adulte dispose d'un compte bancaire formel. Le développement du mobile money où la Côte d'Ivoire est un pionnier africain a permis d'élargir considérablement l'accès aux services de paiement de base. L'enjeu est désormais de transformer cette inclusion dans les paiements en inclusion dans le crédit, l'épargne et l'assurance. Les fintechs et la révolution numérique des services financiers sont examinés plus en détail au Chapitre 6.

Le transport et la logistique : capitaliser sur la position de hub

La position géographique de la Côte d'Ivoire, façade maritime au cœur de l'Afrique de l'Ouest, frontières avec six pays dont plusieurs enclavés lui confère un avantage comparatif naturel dans les services de transport et de logistique. Le Port Autonome d'Abidjan est le premier port de la sous-région, traitant plus de 26 millions de tonnes de marchandises par an. Ce potentiel de hub logistique reste néanmoins sous-exploité en raison de la congestion portuaire, des délais de dédouanement et des coûts des corridors terrestres vers les pays enclavés. Des investissements dans la modernisation portuaire et la numérisation des procédures douanières sont indispensables pour conforter cette position face à la concurrence des ports de Tema (Ghana) et de Lomé (Togo).

Le tourisme et l'économie culturelle

La Côte d'Ivoire dispose d'un potentiel touristique sous-valorisé : un littoral de 550 km, des parcs nationaux d'envergure (Taï, Comoé), des sites culturels riches et une vie culturelle abidjanaise dynamique reconnue à l'échelle du continent. Le tourisme ne représente aujourd'hui qu'une fraction modeste du PIB, largement en dessous de son potentiel. Des obstacles structurels expliquent cette faible performance : offre hôtelière insuffisante en dehors d'Abidjan, accessibilité interne limitée vers les sites naturels, image de marque peu développée à l'international. Un plan touristique ambitieux pourrait faire du tourisme un secteur contribuant à 5 % du PIB à l'horizon 2035.

L'économie culturelle : production musicale, cinéma, mode, artisanat d'art, gastronomie représente un secteur en pleine effervescence. Le coupé-décalé et les nouvelles scènes musicales ivoiriennes rayonnent bien au-delà des frontières du pays. Structurer ces filières : droits de propriété intellectuelle, accès aux financements, formation des créateurs, distribution internationale permettrait de transformer une richesse culturelle diffuse en une industrie créative créatrice de valeur et d'emplois qualifiés.

5.5 Créer davantage de valeur : la bataille de la montée en gamme

Le syndrome des matières premières et ses coûts

La dépendance aux exportations de matières premières brutes génère trois types de coûts économiques bien documentés. Le premier est la perte de valeur ajoutée : la différence de prix entre une fève de cacao brute et une tablette de chocolat représente un multiple de deux à cinq fois la valeur initiale. Le second est la volatilité : les prix des matières premières suivent des cycles longs et brutaux, rendant la planification budgétaire aléatoire. Le troisième est le syndrome hollandais latent : dans les périodes de prix élevés, les afflux de devises tendent à apprécier le taux de change réel, réduisant la compétitivité des exportations non traditionnelles et décourageant la diversification industrielle.

La pression concurrentielle mondiale : la bataille est globale

La Côte d'Ivoire n'est pas seule à vouloir monter en gamme sur ses matières premières. Le Ghana, son voisin et rival cacaoyer, a renforcé ses incitations à la transformation locale et développé sa marque nationale de chocolat (COCO-GHANA). L'Équateur, deuxième producteur mondial de cacao fin de saveur, a développé une filière chocolatière nationale reconnue à l'international, captant des marchés premium européens et nord-américains. L'Éthiopie a protégé les appellations d'origine de ses cafés, *Yirgacheffe, Sidama, Harrar* permettant à ses exportateurs de multiplier par trois leurs revenus sur certaines origines. La bataille pour la montée en gamme est donc une compétition active entre producteurs de matières premières tropicales, qui cherchent tous à remonter les mêmes chaînes de valeur. La Côte d'Ivoire dispose d'un avantage naturel de premier rang : volume, régularité, qualité du cacao qu'elle doit transformer en avantage industriel et commercial avant ses concurrents.

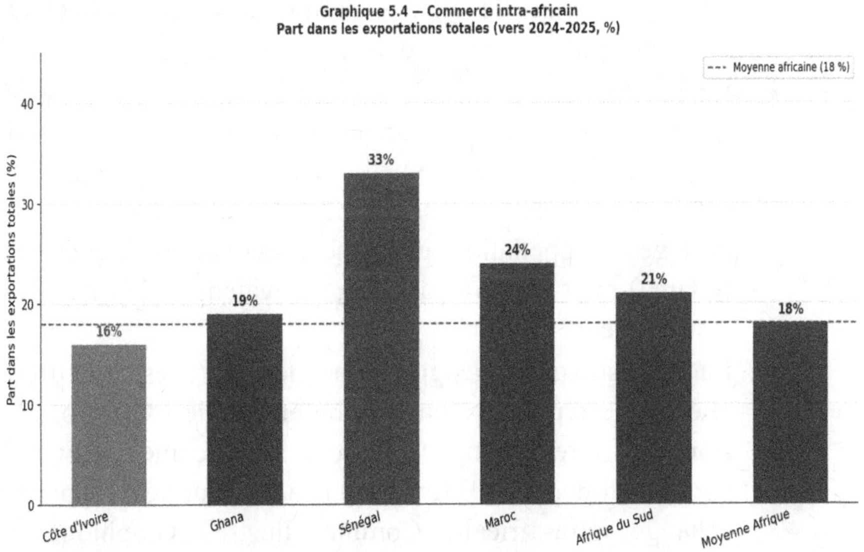

Graphique 5.4 - Part du commerce intra-africain dans les exportations totales (vers 2024–2025, %). Sources : Union africaine, CNUCED, Banque africaine de développement.

Une stratégie de montée en gamme cohérente : cinq axes

Réduire la dépendance aux exportations brutes ne signifie pas renoncer aux avantages comparatifs de la Côte d'Ivoire, mais les exploiter plus intelligemment en remontant les chaînes de valeur. Cette stratégie repose sur cinq axes complémentaires :

- Le renforcement du cadre incitatif à la transformation locale : des taxes à l'exportation différenciées plus élevées sur les produits bruts, nulles ou négatives sur les produits transformés orientent les décisions d'investissement. L'Indonésie a utilisé cet outil avec succès dans la filière nickel, générant en quelques années une industrie de raffinage de premier plan mondial.
- La certification et la qualification des produits : les marchés internationaux à haute valeur ajoutée : chocolat haut de gamme, noix de cajou biologiques, coton équitable, huile de palme certifiée RSPO imposent des exigences croissantes de traçabilité et de durabilité. Ces exigences représentent une opportunité de différenciation pour les producteurs ivoiriens qui investissent dans la certification.
- Le développement de marques ivoiriennes : la Côte d'Ivoire produit le meilleur cacao du monde, mais aucune marque de chocolat ivoirienne ne figure dans les rayons des supermarchés européens. L'expérience de l'Éthiopie, qui a protégé les appellations d'origine de ses cafés (Yirgacheffe, Sidama) pour extraire davantage de valeur de la filière, est instructive.
- La diversification géographique des marchés : l'Afrique elle-même représente un marché en rapide expansion. La Zone de Libre-Échange Continentale Africaine (ZLECAf), en vigueur depuis 2021, offre un cadre pour développer les échanges intra-africains. Comme l'illustre le Graphique 5.4, la Côte d'Ivoire est encore en dessous du potentiel que représentent ses voisins et partenaires africains. Ce sujet sera approfondi au Chapitre 10.

La stabilisation des revenus agricoles par des mécanismes de couverture des risques de prix : fonds de stabilisation abondés en période de prix élevés, accès aux instruments de couverture sur les marchés à terme via des coopératives, assurance-récolte indexée sur les rendements. Ces mécanismes modernes peuvent reconstituer une protection comparable à celle de la CAISTAB sans ses distorsions (cf. Chapitre 3).

Conclusion - Une économie de rente à transformer en économie de valeur

La diversification économique de la Côte d'Ivoire n'est pas une option parmi d'autres : c'est la condition sine qua non d'une prospérité durable. Tant que le pays restera tributaire de l'exportation brute de quelques matières premières, sa trajectoire de développement sera suspendue aux aléas d'un marché mondial incontrôlable et incapable de générer la quantité et la qualité d'emplois que requiert une démographie jeune et croissante. Le « piège des matières premières » est documenté, ses mécanismes sont connus : malédiction des ressources, syndrome hollandais, tarification escalatoire des partenaires commerciaux, découragement de l'industrialisation. La Côte d'Ivoire ne manque pas d'analyses ; elle a besoin de décisions.

Ce chapitre a montré que les leviers de la transformation existent et que la Côte d'Ivoire dispose des atouts pour les activer. La souveraineté alimentaire, distincte de la simple sécurité alimentaire est atteignable à travers des cibles ambitieuses mais réalistes sur le riz, l'élevage et les réserves stratégiques. L'industrialisation de la transformation des matières premières peut créer des dizaines de milliers d'emplois qualifiés et multiplier la valeur captée, à condition de lever les obstacles tarifaires, énergétiques et financiers qui la freinent. Les zones industrielles et l'agro-industrie peuvent devenir les nœuds d'un véritable tissu productif national, à condition d'éviter le piège de l'économie-enclave. Abidjan peut s'imposer comme hub régional de services. Et la montée en gamme, catalysée par les nouvelles exigences réglementaires européennes et la concurrence mondiale croissante, ouvre une fenêtre stratégique que la Côte d'Ivoire doit saisir avec ambition et méthode.

Tableau 5.2 - Tableau de bord 2030 - Indicateurs cibles de la transformation économique

Domaine	Indicateur	Situation 2023	Cible 2030
Souveraineté alimentaire	Part du riz importé	~50 %	≤ 25 %
Souveraineté alimentaire	Autosuffisance volaille/aviculture	~30 %	≥ 80 %
Transformation industrielle	Taux de transf. cacao	~30 %	≥ 50 %
Transformation industrielle	Taux de transf. cajou	~15 %	≥ 40 %
Tissu productif	Part achats locaux dans ZES	N.D.	≥ 30 %
Montée en gamme	Cacao certifié zéro déforestation	~20 %	≥ 70 %
Services	Part services dans les exportations	~18 %	≥ 25 %

Sources et cibles : estimations de l'auteur à partir des données INS, Banque mondiale, Conseil Café-Cacao, CNUCED (2023). Les cibles 2030 sont des objectifs ambitieux alignés sur le PND 2021–2025 et ses projections post-2025.

Cette transformation ne se réalisera pas spontanément. Elle requiert une stratégie industrielle explicite, des investissements publics dans les infrastructures et la formation, et un dialogue permanent entre l'État, le secteur privé et les partenaires internationaux. Elle suppose aussi une gouvernance économique rigoureuse, capable de maintenir le cap sur le long terme par-delà les alternances politiques et les fluctuations conjoncturelles, thème au cœur du Chapitre 8 consacré à la gouvernance et à la soutenabilité macroéconomique. Elle mobilise par ailleurs le capital humain formé au Chapitre 4, les outils numériques analysés au Chapitre 6, et la résilience climatique du Chapitre 7. La diversification économique n'est pas un chapitre du livre : c'est la trame qui relie l'ensemble de ses parties. La Côte d'Ivoire dispose d'une fenêtre d'opportunité historique. Il appartient aux décideurs publics et aux entrepreneurs privés de la saisir avec l'ambition et la rigueur qu'elle mérite.

Chapitre 6 : Économie numérique et innovation technologique

À l'ère de la transformation numérique, les économies émergentes disposent d'un levier inédit pour accélérer leur développement et redéfinir leur insertion dans l'économie mondiale. La Côte d'Ivoire, engagée dans une trajectoire de croissance soutenue, se trouve aujourd'hui à un tournant décisif où le numérique peut devenir un catalyseur de transformation structurelle. L'expansion des infrastructures télécoms, la diffusion rapide des technologies mobiles et l'essor des services digitaux ont amorcé la construction d'un écosystème numérique dynamique, bien que marqué par des inégalités d'accès persistantes.

Au cœur de cette mutation, les fintechs et les paiements mobiles ont profondément renouvelé les usages économiques, favorisant une inclusion financière élargie et stimulant l'activité entrepreneuriale. Parallèlement, l'émergence de technologies avancées, notamment l'intelligence artificielle, ouvre des perspectives significatives en matière de productivité, d'innovation et de modernisation des secteurs clés. L'économie des plateformes, quant à elle, redéfinit les modèles d'affaires et les modes d'interaction économique, en phase avec les réalités africaines.

Cependant, ces opportunités s'accompagnent de défis majeurs : fracture digitale, dépendance technologique, régulation des nouveaux acteurs et adaptation du capital humain. Dans ce contexte, la capacité de l'État à structurer un cadre stratégique cohérent apparaît déterminante. Ce chapitre analyse ainsi les dynamiques, les enjeux et les conditions d'une transformation numérique inclusive, souveraine et durable en Côte d'Ivoire.

6.1 État des lieux : infrastructures numériques, connectivité et fracture digitale

Au fil de la dernière décennie, la Côte d'Ivoire a progressivement amorcé son entrée dans l'ère numérique, inscrivant la connectivité et les infrastructures digitales au cœur de sa stratégie de modernisation économique. À Abidjan, les antennes relais se multiplient, les câbles de fibre optique serpentent sous les artères urbaines, et les smartphones deviennent les nouveaux outils du quotidien. Le numérique n'est plus une promesse lointaine : il s'incarne désormais dans les usages, les échanges et les aspirations d'une société en pleine mutation.

La Côte d'Ivoire occupe le 141e rang mondial sur 176 pays dans l'Indice de Développement des TIC de l'UIT (2023), et se classe 30e sur 54 pays africains selon le Speedtest Global Index d'Ookla, avec un débit mobile médian inférieur à 18 Mbps soit moins du tiers du seuil recommandé par l'UIT pour les usages numériques avancés. Ces chiffres ne sont pas anecdotiques : ils traduisent un retard structurel profond, aggravé par l'absence d'une véritable politique nationale de câblage.

Car si le pays dispose de points d'atterrissage sur deux câbles sous-marins internationaux : le câble ACE (Africa Coast to Europe) et le SAT-3(South Africa Transit 3), la fibre optique terrestre reste embryonnaire et concentrée sur quelques artères urbaines. Aucun plan directeur national contraignant n'a, à ce jour, imposé aux opérateurs une obligation de déploiement en dehors des zones rentables. L'État a délégué l'extension du réseau aux seules logiques de marché, avec le résultat prévisible : la rentabilité prime sur l'équité territoriale.

Cette défaillance de pilotage public produit une fracture géographique béante. À Abidjan, plus de 80 % des abonnements à la fibre fixe et à l'internet haut débit sont concentrés dans les communes de Plateau, Cocody et Marcory. À Bouaké, deuxième ville du pays, le débit moyen chute en dessous de 8 Mbps. Dans les régions du Nord : Korhogo, Odienné, Boundiali et de l'Ouest : Man, Danané, Guiglo, la couverture repose quasi exclusivement sur la 2G et une 3G instable. Les zones rurales, qui abritent encore plus de 40 % de la population, sont, pour l'essentiel, abandonnées à la déconnexion numérique. Ce n'est pas une fracture conjoncturelle : c'est une inégalité territoriale structurelle d'accès, produite par l'absence de mécanismes correcteurs contraignants et l'abandon de la couverture des zones non rentables aux seules logiques de marché.

Pour y remédier, trois leviers sont indispensables. D'abord, l'État doit adopter un Schéma National du Câblage fixant des objectifs contraignants de couverture fibre pour chaque région, à l'image du Plan France Très Haut Débit ou du National Broadband Plan nigérian, avec des pénalités effectives pour les opérateurs défaillants. Ensuite, un Fonds de Service Universel Numérique alimenté par une redevance sur les revenus des opérateurs télécoms doit financer le déploiement dans les zones non rentables, notamment les corridors ruraux et les villes secondaires. Enfin, la Côte d'Ivoire doit conditionner les nouvelles licences d'exploitation à des engagements géographiques vérifiables, en s'appuyant sur l'ARTCI comme régulateur effectif et non comme chambre d'enregistrement. Sans ces mesures, la promesse d'un numérique inclusif restera ce qu'elle est aujourd'hui : un slogan de capitale, inaudible à l'intérieur du pays.

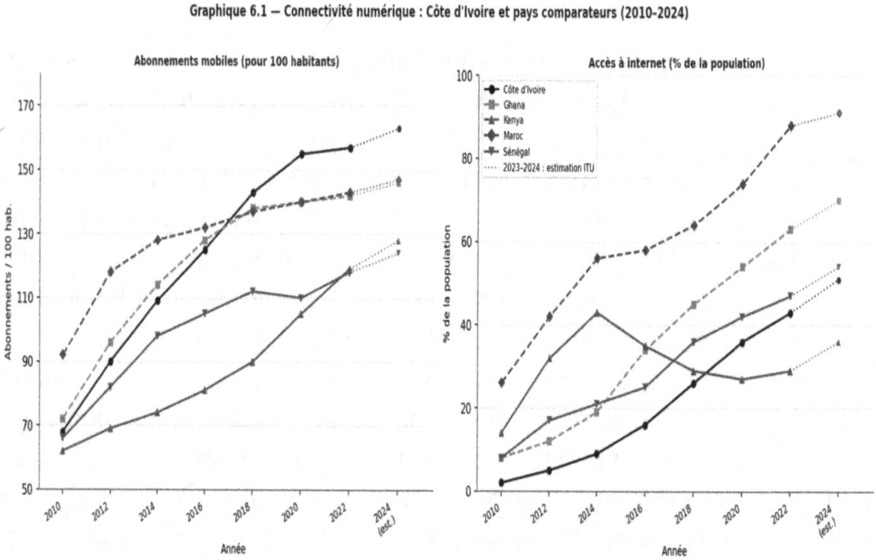

Graphique 6.1 - Connectivité numérique : Côte d'Ivoire et pays comparateurs (2010–2024)
Sources : UIT, Banque mondiale, ITU Facts & Figures 2023.

6.2 Fintechs et inclusion financière : la révolution des paiements mobiles

Partout dans le pays, une transformation silencieuse s'opère depuis plusieurs années. Elle ne se lit pas dans les grands projets d'infrastructures ni dans les statistiques macroéconomiques, mais dans des gestes devenus quotidiens : un transfert d'argent par téléphone, un paiement de facture via une application, un microcrédit obtenu en quelques clics. Cette révolution discrète porte un nom : celle des fintechs, et plus particulièrement des paiements mobiles.

La révolution fintech en Côte d'Ivoire ne se raconte pas dans l'abstrait : elle a des noms, des visages et des modèles précis. Wave, arrivé sur le marché ivoirien en 2021 avec des frais de transfert inférieurs à 1 % contre 3 à 5 % pour ses concurrents, a imposé une disruption tarifaire qui a contraint MTN Mobile Money et Orange Money qui contrôlent ensemble plus de 85 % des transactions à réviser leur politique de prix. Djamo, néobanque abidjanaise fondée en 2020, offre une carte Visa adossée au mobile money sans compte bancaire préalable, ciblant les 18-35 ans urbains jusque-là exclus du système de cartes. Julaya digitalise les paiements B2B et la paie des travailleurs informels : maçons, vendeuses de marché, journaliers agricoles en traitant les virements en masse via mobile money, formalisant ainsi des flux qui échappaient totalement à la traçabilité. CinetPay, agrégateur de paiements fondé à Abidjan, est devenu la colonne vertébrale technique de l'e-commerce ivoirien, connectant plus de 300 marchands à l'ensemble des opérateurs mobiles en une seule API. Enfin, Bizao et Hub2 construisent les infrastructures d'interopérabilité panafricaine qui permettent à une PME ivoirienne d'accepter des paiements depuis le Sénégal, le Ghana ou le Cameroun sans friction technique.

L'apport collectif de ces acteurs est structurel. En dix ans, le taux de bancarisation élargie incluant le mobile money est passé de 34 % à plus de 75 % de la population adulte en 2024. Le volume des transactions mobile money a dépassé 25 000 milliards de FCFA en 2023 (BCEAO, Rapport annuel 2024), soit près de trois fois le budget de l'État. Pour les agriculteurs cacaoculteurs du Centre-Ouest, les transferts d'intrants et les paiements de récolte via mobile money ont réduit les délais de règlement de plusieurs semaines à quelques heures, améliorant directement leur trésorerie et leur capacité d'investissement.

Pourtant, ces fintechs demeurent des acteurs de marché sans ancrage stratégique national. L'État ivoirien doit passer du rôle de spectateur bienveillant à celui d'architecte stratégique. Quatre orientations sont décisives. Premièrement, l'État doit imposer une interopérabilité totale et obligatoire entre tous les portefeuilles mobiles : Orange Money, MTN Money, Wave, Djamo, de sorte qu'aucun opérateur ne puisse capturer l'écosystème par des effets de réseau exclusifs. La BCEAO a posé les bases, mais l'application reste partielle. Deuxièmement, les transferts sociaux de l'État : bourses scolaires, filets sociaux, subventions agricoles doivent être intégralement numérisés via les fintechs locales, ce qui génère à la fois de l'inclusion, de la traçabilité et un marché d'ancrage pour ces entreprises. Troisièmement, un Bac à Sable Réglementaire (Regulatory Sandbox) piloté conjointement par la BCEAO et le ministère de l'Économie Numérique doit permettre aux fintechs ivoiriennes d'expérimenter des produits comme microassurance agricole, crédit scoring alternatif, obligations vertes tokenisées sans les contraintes réglementaires conçues pour les banques traditionnelles. Quatrièmement, l'État doit orienter les fintechs vers les chaînes de valeur agricoles stratégiques : cacao, anacarde, caoutchouc en leur offrant des contrats de digitalisation des filières en échange d'engagements tarifaires préférentiels pour les petits producteurs. Faire de la Côte d'Ivoire un hub fintech pour l'Afrique de l'Ouest n'est pas une utopie : c'est une décision politique.

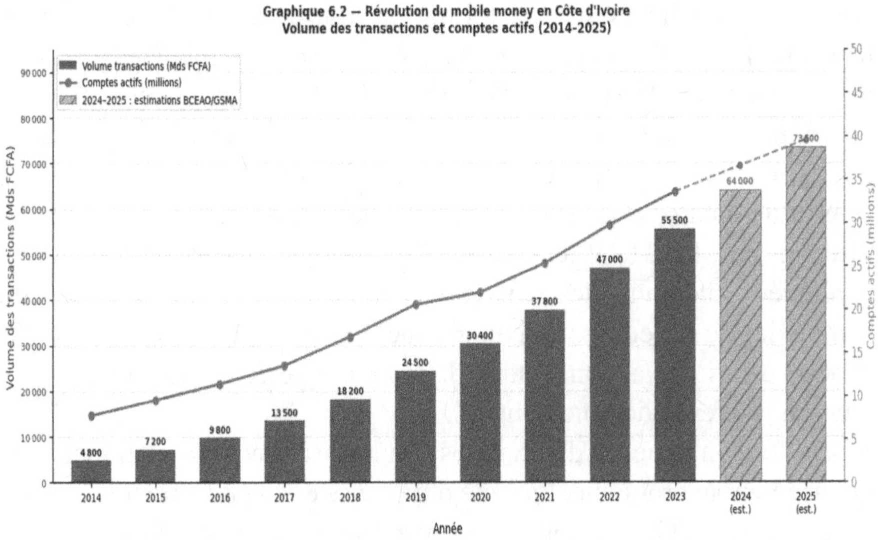

Graphique 6.2 - Révolution du mobile money en Côte d'Ivoire : volume des transactions et comptes actifs (2014–2025). Sources : BCEAO, BCEAO (2024), GSMA Intelligence 2024.

6.3 Intelligence artificielle : opportunités et risques pour l'économie ivoirienne

Au cœur de la révolution numérique mondiale, l'intelligence artificielle s'impose désormais comme une technologie de rupture, capable de transformer en profondeur les économies, les sociétés et les modes de production. Longtemps perçue comme l'apanage des grandes puissances technologiques, elle s'invite progressivement dans les économies émergentes, ouvrant des perspectives inédites pour des pays comme la Côte d'Ivoire.

La Côte d'Ivoire n'est pas vierge d'initiatives en intelligence artificielle mais elles restent dispersées, sous-capitalisées et sans fil directeur. Dans le secteur agricole, Appy Farmer et CropIn déploient des outils d'analyse satellite et de recommandation agronomique basés sur le machine learning pour les producteurs de cacao et d'anacarde, réduisant les pertes de récolte de 15 à 20 % sur les parcelles pilotes. Orange Money et MTN MoMo utilisent des algorithmes de scoring comportemental pour détecter la fraude en temps réel et proposer des microcrédits calibrés sur l'historique de transactions. Dans le secteur bancaire, Ecobank CI et Bridge Bank ont intégré des modèles prédictifs de risque de crédit, permettant de traiter des demandes de prêts pour des emprunteurs sans historique bancaire formel. Côté formation, l'Orange Digital Center d'Abidjan et l'INPHB de Yamoussoukro ont ouvert des filières de data science et d'IA, tandis que le programme AI4D Africa, soutenu par le CRDI canadien, finance des projets de recherche appliquée intégrant des chercheurs ivoiriens. Enfin, la Stratégie Nationale de l'Économie Numérique (SEN 2025) mentionne l'IA comme priorité mais sans feuille de route budgétée ni institution dédiée pour en piloter le déploiement.

Ce foisonnement d'initiatives sans architecture nationale est précisément le problème. La Côte d'Ivoire se classe 82e mondiale et 11e africaine dans l'Oxford Insights Government AI Readiness Index 2023 derrière le Kenya, le Rwanda, l'Égypte et l'Afrique du Sud non par manque de talent, mais par manque de vision structurante. L'enjeu central est l'infrastructure : le pays ne dispose que de deux data centers de taille significative : le Data Center de CI Télécom et celui d'Orange Business Services, insuffisants pour héberger des charges de travail IA sérieuses. L'essentiel des données des entreprises ivoiriennes est stocké en France ou en Afrique du Sud, créant une dépendance coûteuse et une vulnérabilité souveraine.

Pour anticiper et structurer ce secteur, plusieurs décisions stratégiques s'imposent. Premièrement, la Côte d'Ivoire doit adopter une loi de localisation des données imposant que les données publiques, bancaires et de télécommunications des citoyens ivoiriens soient hébergées sur le territoire national à l'image du Cloud Act rwandais ou de la politique de souveraineté numérique du Nigeria. Cette loi créerait immédiatement une demande locale captive pour des data centers, rendant l'investissement privé viable. Deuxièmement, l'État doit créer des zones franches numériques à Abidjan (Port Bouët, Plateau Technique) et à Yamoussoukro, avec exonération fiscale sur dix ans, accès prioritaire à la fibre optique et tarif électrique préférentiel pour attirer des opérateurs comme Equinix, DataProphet ou Africa Data Centres dont la capacité s'étend déjà au Ghana voisin. Troisièmement, un Institut National de l'Intelligence Artificielle (INAI), adossé à l'INPHB, doit centraliser la recherche appliquée, former 2 000 ingénieurs data par an et servir d'interface entre les entreprises, l'État et les universités, sur le modèle du Carnegie Mellon Africa implanté au Rwanda. Quatrièmement, l'État doit orienter les marchés publics numériques ; cadastre, santé, agriculture, fiscalité vers des solutions IA développées localement, créant un marché d'ancrage qui rend les startups ivoiriennes bancables. Un data center de taille régionale génère entre 300 et 800 emplois directs hautement qualifiés et plusieurs milliers d'emplois indirects en maintenance, sécurité et logistique. La fenêtre pour positionner Abidjan comme hub IA francophone ouest-africain est ouverte mais elle ne le restera pas indéfiniment face à la montée en puissance de Dakar et Accra.

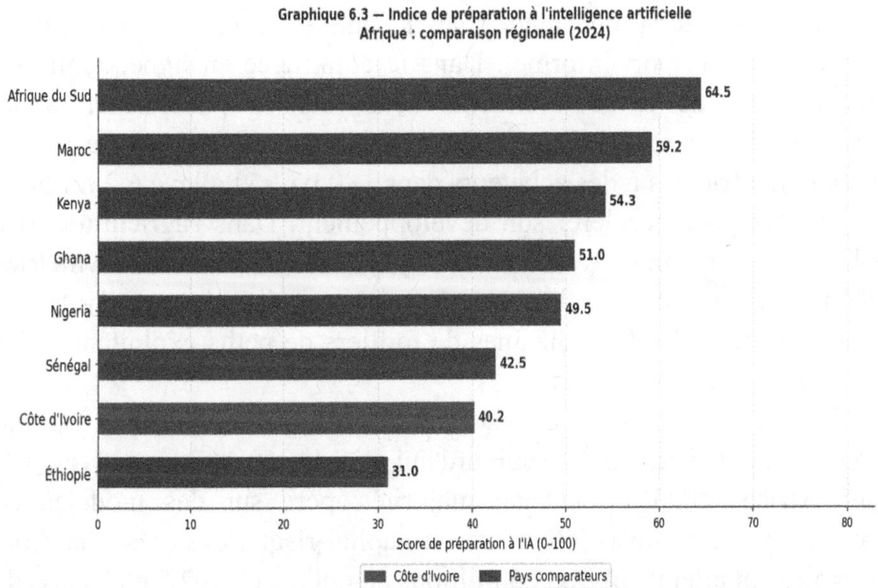

Graphique 6.3 - Indice de préparation à l'intelligence artificielle : Afrique (2024)
Sources : Oxford Insights Government AI Readiness Index 2024 ; ITU.

6.4 Économie des plateformes et nouveaux modèles d'affaires africains

Petit à petit, une nouvelle économie se déploie, discrète mais profondément transformative. Elle ne repose ni sur des usines visibles ni sur des infrastructures lourdes, mais sur des interfaces numériques, des applications mobiles et des réseaux d'utilisateurs interconnectés. Cette mutation porte le sceau de l'économie des plateformes et la Côte d'Ivoire en est déjà un terrain d'expérimentation actif.

Dans la mobilité urbaine, Yango (Yandex) et Bolt comptabilisent ensemble plus de 60 000 conducteurs enregistrés à Abidjan et plusieurs centaines de milliers de courses mensuelles, redéfinissant les déplacements dans une métropole de plus de 6 millions d'habitants saturée de transport informel. Dans le commerce en ligne, Jumia CI fédère plus de 8 000 vendeurs actifs sur sa plateforme, tandis qu'*Afrikrea néomarketplace* fondée à Abidjan en 2016 connecte 50 000 créateurs africains à des acheteurs dans 180 pays et a levé 6,2 millions de dollars pour accélérer son développement. Dans l'agriculture, des plateformes comme *Agricheck et DigiFarm* réduisent les asymétries d'information entre producteurs, acheteurs et fournisseurs d'intrants, touchant déjà plusieurs dizaines de milliers de petits exploitants dans les filières cacao et anacarde.

L'impact économique est mesurable. L'écosystème startup numérique ivoirien compte aujourd'hui plus de 250 startups actives (VC for Africa, 2023), dont une majorité opère sur des modèles de plateforme. Les investissements en capital-risque destinés à la Côte d'Ivoire ont atteint environ 65 millions de dollars en 2022, en hausse de 40 % sur deux ans encore loin du Nigeria (2,2 milliards) ou du Kenya (1,1 milliard), mais sur une trajectoire ascendante significative. La gig economy emploie déjà entre 80 000 et 120 000 travailleurs de plateforme dans le Grand Abidjan, offrant un revenu complémentaire ou principal à une jeunesse urbaine (60 % de la population a moins de 25 ans) insuffisamment absorbée par l'économie formelle.

L'enjeu de souveraineté est cependant réel. Les plateformes internationales comme Bolt, Glovo, Jumia (coté au NYSE) captent des commissions de 20 à 30 % sur chaque transaction et rapatrient l'essentiel de leurs profits hors du territoire. Sans politique d'ancrage, la

Côte d'Ivoire risque de devenir un marché de consommation pour des modèles conçus ailleurs. La réponse passe par trois leviers : un Fonds National des Plateformes Numériques abondé à hauteur de 20 milliards de FCFA pour co-investir dans les champions locaux ; une obligation de siège social et de données en Côte d'Ivoire pour toute plateforme dépassant 100 000 utilisateurs actifs sur le territoire ; et un programme de labellisation « Plateforme Ivoirienne Stratégique » donnant accès à des marchés publics et à des avantages fiscaux ciblés. L'économie des plateformes ne se régule pas après coup : elle se structure dès le départ, ou elle échappe définitivement.

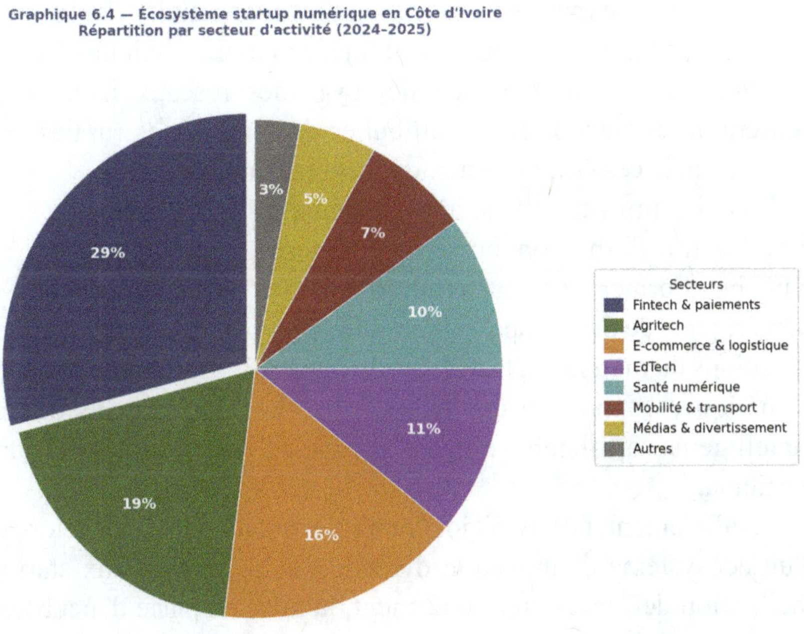

Graphique 6.4 - Écosystème startup numérique en Côte d'Ivoire par secteur (2024–2025)
Sources : Venture Capital for Africa 2024 ; estimations de l'auteur.

6.5 Politiques publiques pour une transformation numérique inclusive et souveraine

À mesure que le numérique s'impose comme un pilier structurant de l'économie contemporaine, une évidence s'impose avec force : aucune transformation digitale durable ne peut se construire sans une vision publique claire, cohérente et résolument stratégique. En Côte d'Ivoire, où les dynamiques d'innovation coexistent avec des fragilités structurelles persistantes, le rôle de l'État devient celui d'un architecte, chargé d'orienter, de réguler et de catalyser une mutation profonde de l'économie et de la société.

La première exigence réside dans l'investissement massif dans les infrastructures numériques. L'accès à une connectivité fiable, rapide et abordable constitue le socle de toute économie digitale. Réduire la fracture digitale implique de déployer des réseaux haut débit sur l'ensemble du territoire, en particulier dans les zones rurales, afin de garantir un accès équitable aux opportunités numériques.

Mais les infrastructures, aussi essentielles soient-elles, ne suffisent pas. La transformation numérique repose avant tout sur le capital humain. Former une génération capable de maîtriser les outils numériques, de développer des solutions innovantes et de s'adapter aux mutations du marché du travail est un impératif stratégique. L'éducation numérique, l'apprentissage du codage, la data science ou encore l'intelligence artificielle doivent progressivement s'intégrer dans les curricula.

Parallèlement, l'État doit jouer un rôle moteur dans le développement d'un écosystème d'innovation dynamique. Le soutien aux startups, la facilitation de l'accès au financement, la mise en place d'incubateurs et de pôles technologiques sont autant de leviers pour encourager l'émergence de solutions locales. Dans un environnement dominé par des acteurs internationaux, la promotion d'un tissu entrepreneurial national est essentielle.

La question de la régulation occupe également une place centrale. L'essor des fintechs, des plateformes et des technologies avancées comme l'intelligence artificielle nécessite un cadre juridique adapté, capable de concilier innovation et protection. Il s'agit de garantir la sécurité des transactions, la protection des données personnelles, la transparence des algorithmes et les droits des utilisateurs.

Au-delà de ces dimensions techniques et économiques, la transformation numérique soulève une question fondamentale : celle de la souveraineté. Pour la Côte d'Ivoire, cela implique de développer des infrastructures de stockage locales, de renforcer les capacités en cybersécurité et de promouvoir des standards nationaux et régionaux en matière de gouvernance des données. Cette quête de souveraineté ne doit pas être interprétée comme un repli, mais comme une stratégie d'intégration maîtrisée dans l'économie mondiale.

Enfin, la dimension inclusive de la transformation numérique doit rester au cœur des politiques publiques. L'accès aux services numériques, le développement de solutions adaptées aux populations rurales, l'accompagnement des petites entreprises et la réduction des inégalités d'accès aux technologies sont autant de conditions pour éviter une fracture numérique qui viendrait se superposer aux fractures sociales existantes.

Conclusion - Une révolution numérique en marche, une souveraineté digitale à construire

Au terme de ce chapitre, l'économie numérique apparaît comme l'un des leviers les plus puissants de transformation de la Côte d'Ivoire contemporaine. L'essor des infrastructures, la diffusion rapide des services digitaux, la montée en puissance des fintechs et l'émergence de nouveaux modèles économiques témoignent d'une mutation déjà engagée, mais encore inachevée. Le numérique ne constitue plus un secteur périphérique : il irrigue désormais l'ensemble des activités économiques et redéfinit les conditions mêmes de la croissance.

Cette transformation offre des perspectives considérables. Elle permet d'accélérer l'inclusion financière, de stimuler l'innovation, d'améliorer l'efficacité des services publics et de favoriser l'émergence d'un tissu entrepreneurial dynamique. Le numérique devient ainsi un vecteur potentiel de montée en gamme, capable de réduire la dépendance aux matières premières et de repositionner le pays dans les chaînes de valeur mondiales.

Cependant, ces opportunités s'accompagnent de fragilités structurelles qu'il serait imprudent d'ignorer. La fracture digitale, les inégalités d'accès aux technologies, la dépendance vis-à-vis des solutions étrangères et les mutations du marché du travail constituent autant de défis majeurs.

Dès lors, l'enjeu central réside dans la capacité de la Côte d'Ivoire à transformer cette dynamique technologique en un véritable projet de développement. Cela suppose une vision stratégique claire, fondée sur l'investissement dans le capital humain, le développement d'infrastructures accessibles à tous, le soutien à l'innovation locale et la mise en place d'un cadre de régulation adapté.

Ainsi, la révolution numérique en Côte d'Ivoire ne saurait être appréhendée comme une simple modernisation technique. Elle constitue un choix structurant, qui engage l'avenir du pays. Si elle est maîtrisée, elle peut devenir un pilier de prospérité durable, fondé sur l'innovation, la compétitivité et l'inclusion. L'avenir numérique de la Côte d'Ivoire dépendra de sa capacité à conjuguer ambition et lucidité, ouverture et souveraineté, innovation et justice sociale.

Chapitre 7 : Transition écologique et résilience climatique

La Côte d'Ivoire se trouve à une croisée des chemins environnementale. Pendant six décennies, le pays a bâti sa prospérité sur l'exploitation intensive de ses ressources naturelles : forêts, terres agricoles, cours d'eau sans toujours mesurer le coût écologique de cette trajectoire. Aujourd'hui, la facture se présente sous la forme d'un dérèglement climatique tangible : hivernages décalés, sécheresses prolongées dans le nord, inondations récurrentes à Abidjan, érosion côtière accélérée et recul dramatique du couvert forestier, passé de 16 millions d'hectares à l'indépendance à moins de 2,5 millions en 2020. Ces évolutions ne sont pas que des préoccupations environnementales abstraites ; elles menacent directement les fondements économiques du pays, notamment son agriculture d'exportation, sa capacité hydroélectrique et sa sécurité alimentaire.

Car le paradoxe ivoirien est saisissant : le pays est à la fois faible émetteur de gaz à effet de serre à l'échelle mondiale et l'un des plus exposés à ses conséquences, du fait de sa dépendance aux aléas climatiques. Cette vulnérabilité constitue un frein croissant à la croissance et un facteur aggravant des inégalités, les populations rurales et périurbaines portant le poids le plus lourd de l'instabilité climatique.

Pourtant, la transition écologique n'est pas qu'une contrainte : elle ouvre des opportunités considérables pour réorienter le modèle de développement ivoirien vers plus de résilience et de valeur ajoutée. La conversion vers les énergies renouvelables, l'agroforesterie, l'économie verte et les marchés de carbone représentent autant de leviers pour générer des emplois, attirer des financements internationaux et préserver un patrimoine naturel qui reste l'un des plus riches d'Afrique de l'Ouest.

Ce chapitre explore les cinq dimensions de ce défi : les impacts concrets du changement climatique sur les secteurs vitaux du pays (§7.1) ; les stratégies d'adaptation et de gestion durable des ressources (§7.2) ; la transition énergétique en cours et ses perspectives (§7.3) ; les mécanismes d'économie verte et de financement climatique (§7.4) ;

enfin, la lutte contre la déforestation et la préservation de la biodiversité (§7.5).

7.1 Impacts du changement climatique sur l'agriculture, l'eau et les infrastructures

Le changement climatique s'impose désormais comme l'un des déterminants majeurs de la trajectoire économique ivoirienne. Longtemps perçu comme un risque diffus, il se manifeste aujourd'hui avec une intensité croissante, affectant simultanément les systèmes agricoles, les ressources hydriques et les infrastructures ; les trois piliers sur lesquels repose la dynamique de développement du pays.

L'agriculture, qui représente environ 20 % du PIB et occupe près de 60 % de la population active, est particulièrement vulnérable. La variabilité des précipitations entraîne des périodes de sécheresse prolongée et des inondations plus fréquentes, compromettant les rendements agricoles. Selon le GIEC (Groupe d'experts intergouvernemental sur l'évolution du climat), les régions tropicales humides comme la Côte d'Ivoire pourraient subir une baisse des rendements céréaliers de 8 à 15 % d'ici 2050 sans mesures d'adaptation.

Les cultures de rente : cacao, café, hévéa qui constituent la colonne vertébrale des exportations ivoiriennes, sont directement menacées. Le cacao, première source de devises du pays, est particulièrement sensible : les modèles climatiques anticipent une réduction progressive des zones propices à sa culture dans le sud-ouest du pays d'ici 2050, forçant les plantations à migrer vers des altitudes plus élevées ou vers d'autres régions.

Les ressources en eau subissent elles aussi une pression croissante. Les barrages hydroélectriques de Kossou, Taabo et Buyo qui fournissent plus de 60 % de l'électricité nationale voient leurs réservoirs fragilisés par l'irrégularité des pluies et l'envasement accéléré dû à la déforestation des bassins versants. Les sécheresses prolongées dans le nord réduisent drastiquement la disponibilité de l'eau pour l'irrigation, menaçant la production vivrière dans les zones sahéliennes du pays.

Le dérèglement climatique met aussi à rude épreuve les infrastructures. Les fortes pluies provoquent des inondations récurrentes dans les grandes villes, notamment Abidjan où les quartiers précaires souvent construits sur des zones marécageuses sont les plus touchés. En 2018, les inondations d'Abidjan ont causé plusieurs dizaines de morts et détruit pour plusieurs milliards de FCFA d'infrastructures. De nombreuses routes, construites sans intégrer les nouveaux paramètres climatiques, se dégradent prématurément sous l'effet de l'érosion et des crues soudaines.

Sur le littoral, la montée du niveau de la mer menace les infrastructures portuaires, notamment le port autonome d'Abidjan, poumon économique du pays qui traite plus de 70 % du commerce extérieur ivoirien. L'érosion côtière affecte déjà plusieurs localités balnéaires Grand-Bassam, Assinie, Jacqueville provoquant des déplacements de populations et mettant en péril le tourisme et les activités maritimes.

Au-delà des secteurs spécifiques, les répercussions économiques globales sont substantielles. La Banque mondiale estime que, sans adaptation, les pertes liées au changement climatique pourraient atteindre 1 à 2 % du PIB ivoirien annuellement d'ici 2030. Les catastrophes naturelles nécessitent des dépenses publiques croissantes pour la reconstruction, limitant les investissements dans d'autres secteurs. L'incertitude climatique affecte par ailleurs l'attractivité des investissements étrangers, notamment dans l'agriculture et le tourisme.

Le changement climatique agit ainsi comme un multiplicateur de vulnérabilités. Il ne crée pas uniquement de nouveaux risques, mais amplifie les fragilités existantes : dépendance agricole, pression sur les ressources naturelles, insuffisance des infrastructures. Dans ce contexte, la question n'est plus de savoir si la Côte d'Ivoire sera affectée, mais dans quelle mesure elle saura anticiper, s'adapter et transformer ces contraintes en opportunités.

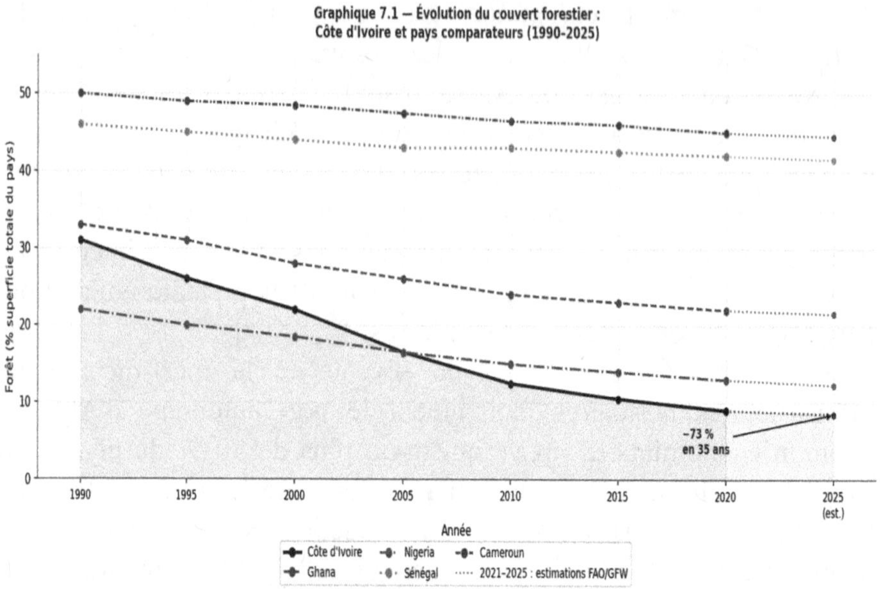

Graphique 7.1 - Évolution du couvert forestier (% de la superficie totale) : Côte d'Ivoire et pays comparateurs (1990–2025). Sources : FAO Global Forest Resources Assessment 2020 ; Banque mondiale, World Development Indicators.

7.2 Ressources naturelles, forêts et biodiversité : préserver le capital écologique

Face à l'intensification des dérèglements climatiques et à l'érosion accélérée de la biodiversité, la Côte d'Ivoire se trouve confrontée à une exigence nouvelle : celle de préserver et de valoriser durablement son capital écologique. Cette démarche ne peut plus être envisagée comme une réponse ponctuelle aux crises, mais comme une transformation structurelle du modèle de développement, fondée sur la protection des écosystèmes, la restauration de la biodiversité et l'optimisation des usages.

L'amélioration de la gestion hydrique est un axe prioritaire. La construction de petits barrages de retenue d'eau dans les zones semi-arides du nord et du centre permettrait de sécuriser l'irrigation en saison sèche. La réhabilitation des réseaux d'adduction d'eau et la généralisation des systèmes d'irrigation économes notamment le goutte-à-goutte réduiraient la pression sur les nappes phréatiques. La protection des bassins versants, via la reforestation des zones de captage, est indissociable de la préservation du potentiel hydroélectrique national.

Dans les zones urbaines, où les inondations sont de plus en plus fréquentes, une planification intégrée s'impose. L'amélioration des systèmes de drainage, la préservation des zones humides en tant que tampons naturels et l'adoption de normes de construction résilientes sont des mesures urgentes. Abidjan, dont la population dépasse les 6 millions d'habitants, doit revoir son schéma directeur d'urbanisme pour intégrer explicitement le risque climatique.

La transition vers une agriculture durable est indispensable pour concilier production et préservation des écosystèmes. L'agroforesterie : intégration d'arbres au sein des parcelles cultivées occupe une place centrale. Elle contribue à restaurer la fertilité des sols, à réguler le microclimat, à stocker du carbone, à protéger la biodiversité des sols et des canopées, et à renforcer la résistance des cultures aux aléas météorologiques. Dans les plantations de cacao, des initiatives d'agroforesterie pionnières commencent à porter leurs fruits, avec des gains de rendement à long terme et une meilleure résistance aux périodes sèches.

La lutte contre l'utilisation excessive des pesticides est également prioritaire. La Côte d'Ivoire importe environ 4 500 tonnes de pesticides par an, dont 68 % sont absorbés par la seule filière cacao (MINADER/FAO, 2023). Or, une proportion alarmante de ces intrants comprend des substances formellement prohibées par les conventions internationales, mais dont l'usage reste massif sur le terrain faute de contrôle effectif.

Parmi les produits les plus préoccupants figurent le chlorpyrifos, un insecticide organophosphoré neurotoxique pouvant altérer le développement cérébral des enfants et causer des empoisonnements chez les travailleurs, interdit dans l'Union européenne depuis 2020 et détecté dans 43 % des échantillons analysés en zones cacaoyères ; le paraquat, herbicide extrêmement toxique prohibé dans plus de 50 pays, retrouvé dans 31 % des prélèvements ; l'endosulfan, insecticide organochloré interdit au titre de la Convention de Stockholm depuis 2011, encore présent dans 22 % des échantillons de sol ; le carbofuran, carbamâte hautement toxique banni de l'UE et des États-Unis, détecté dans 18 % des cas ; et l'aldicarbe, systémique extrêmement dangereux interdit dans plus de 100 pays, identifié dans 12 % des échantillons (PAN Africa / RAPAO, 2022). Ces résidus contaminent les nappes phréatiques, dégradent la biodiversité des sols et exposent directement les agriculteurs à des risques sanitaires graves : selon l'OMS, les intoxications aigües aux pesticides touchent chaque année plus de 385 000 personnes en Afrique subsaharienne.

L'instauration d'un cadre réglementaire strict sur l'importation et l'utilisation des produits phytosanitaires, la promotion de la lutte biologique intégrée et le développement de biopesticides issus de plantes locales offrent des alternatives plus durables. Le renforcement des coopératives agricoles, qui peuvent jouer un rôle de diffuseurs des bonnes pratiques auprès des petits producteurs, est un levier organisationnel déterminant. Des pays comparables, comme le Ghana ou le Nigeria, ont déjà mis en place des registres nationaux de produits autorisés assortis de sanctions dissuasives : la Côte d'Ivoire doit s'en inspirer sans délai.

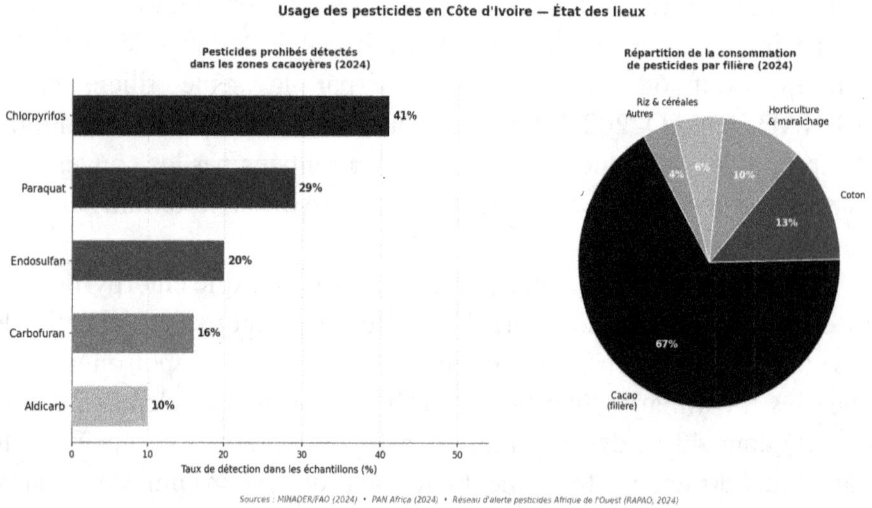

Figure 7.1 – Usage des pesticides en Côte d'Ivoire (Sources : MINADER/FAO 2024 ; PAN Africa/RAPAO 2024)

La restauration des mangroves qui jouent le rôle de barrières naturelles, de réservoirs de biodiversité marine et d'écosystèmes nourriciers essentiels pour les communautés de pêcheurs représente une solution à la fois peu coûteuse et très efficace pour la protection côtière. Des investissements ciblés dans la consolidation des côtes sableuses, via des ouvrages de protection et la limitation de l'extraction illégale de sable marin, compléteraient ce dispositif.

La gouvernance des ressources naturelles et de la forêt doit également être renforcée. La lutte contre l'abattage illégal des arbres car la Côte d'Ivoire a perdu plus de 80 % de son couvert forestier en un siècle, la sécurisation foncière et l'implication des communautés locales dans la gestion des écosystèmes constituent des leviers essentiels. Les populations rurales, en première ligne face aux effets du changement climatique et du recul de la biodiversité, doivent être au cœur des stratégies de préservation, non seulement comme bénéficiaires, mais aussi comme acteurs de la régénération environnementale.

En réconciliant production et préservation, en réduisant la dépendance aux pratiques destructrices et en régénérant son capital écologique, la Côte d'Ivoire peut faire de ses forêts, de ses sols et de sa biodiversité l'un des moteurs d'une croissance véritablement durable. C'est dans cette capacité à préserver et valoriser intelligemment son patrimoine naturel que se dessine l'un des fondements essentiels d'une prospérité durable.

7.3 Transition énergétique : mix renouvelable, accès à l'énergie et efficacité

La dépendance de la Côte d'Ivoire aux énergies fossiles et à l'hydroélectricité deux sources vulnérables respectivement aux chocs pétroliers et aux sécheresses rend sa transition énergétique à la fois urgente et stratégique. La Côte d'Ivoire aborde cette transition avec des atouts notables : son système énergétique, relativement diversifié, repose sur un équilibre entre production thermique à base de gaz naturel et hydroélectricité, offrant une base propice à l'intégration progressive des énergies renouvelables.

La Côte d'Ivoire possède un potentiel en énergies renouvelables considérable mais encore largement sous-exploité. Sur le plan solaire, le pays bénéficie de plus de 2 000 heures d'ensoleillement annuel, avec des niveaux d'irradiation parmi les plus élevés d'Afrique de l'Ouest. Des centrales solaires à grande échelle à l'image de la centrale de Boundiali (37 MWc, inaugurée en 2022) et des mini-réseaux solaires en zones rurales constituent les vecteurs d'une électrification décentralisée rapide.

L'hydroélectricité, déjà développée, reste perfectible. De nouveaux barrages au fil de l'eau, moins impactant sur l'environnement que les grands réservoirs, pourraient augmenter la capacité installée sans les inconvénients des ouvrages à forte retenue. La biomasse représente un troisième pilier : les résidus agricoles ivoiriens coques de cacao, rafles de palmier à huile, bagasse de canne constituent une ressource abondante pour la production d'électricité et de chaleur industrielle.

L'objectif du gouvernement d'atteindre 45 % d'énergies renouvelables dans le mix électrique à l'horizon 2030 est ambitieux. Il requiert des investissements estimés à 3-5 milliards de dollars, une simplification réglementaire pour attirer les développeurs privés et un cadre tarifaire transparent garantissant la viabilité économique des projets.

Le taux d'accès à l'électricité, bien qu'en progression (80 % en 2023 contre 43 % en 2000, Banque mondiale WDI 2024), masque des disparités profondes. Dans les zones rurales, plus d'un tiers des ménages restent sans électricité. Ce déficit pèse sur la scolarisation, la santé et le développement des petites entreprises. Le programme national d'électrification rurale PEPT constitue une réponse pertinente, à condition d'être doté de ressources suffisantes et d'un calendrier de déploiement réaliste.

La transition ne se réduit pas à la production : la maîtrise de la consommation est tout aussi décisive. L'industrie, premier consommateur d'énergie gagnerait à déployer des audits énergétiques systématiques et à moderniser ses équipements. Le bâtiment résidentiel et tertiaire représente un autre gisement d'économies, via l'isolation thermique adaptée au climat tropical, les équipements à haute efficacité énergétique et l'éclairage LED.

Dans le secteur des transports, l'électrification progressive des flottes de transport urbain à Abidjan où les embouteillages génèrent une pollution atmosphérique préoccupante allie efficacité énergétique et amélioration de la qualité de l'air. Pour réussir cette transformation, il est essentiel de mettre en place un cadre institutionnel clair et incitatif. Des mécanismes de financement innovants, des partenariats public-privé et des incitations fiscales seront nécessaires pour mobiliser les capitaux privés indispensables à l'accélération de la transition.

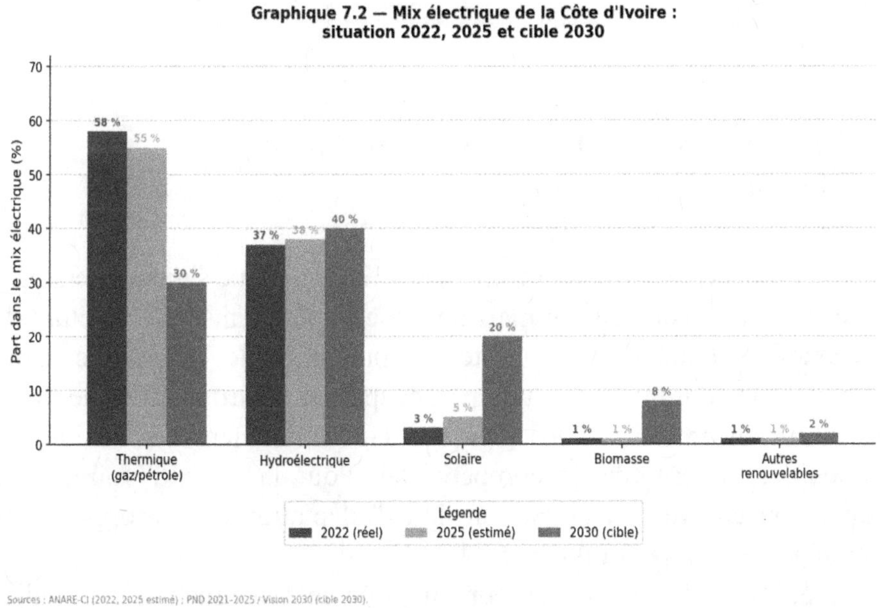

Graphique 7.2 - Mix électrique de la Côte d'Ivoire : situation 2025 et cible 2030 (%). Sources : Ministère des Mines, du Pétrole et de l'Énergie (CI) 2022 ; IRENA 2023 ; estimations de l'auteur.

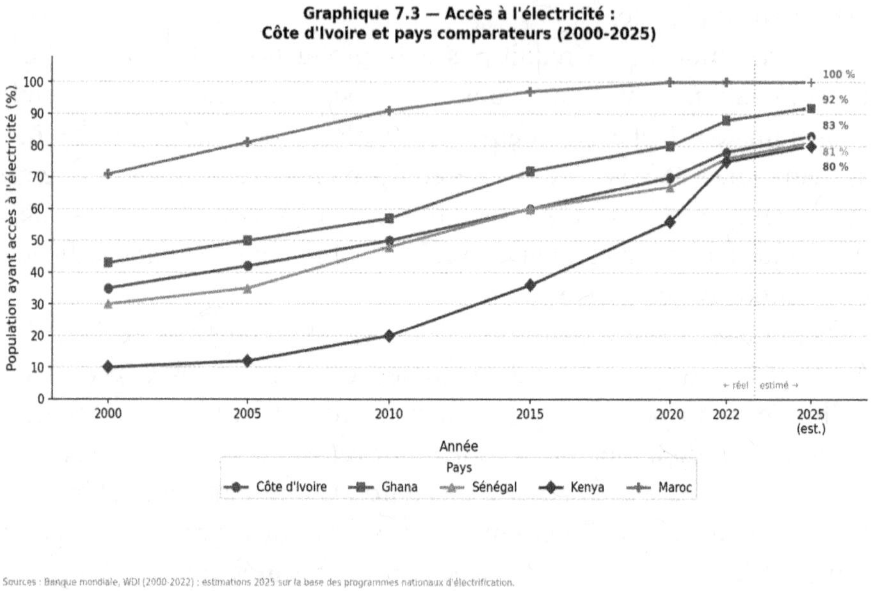

Graphique 7.3 - Accès à l'électricité (% de la population) : Côte d'Ivoire et pays comparateurs (2000–2025). Sources : Banque Mondial, World Development Indicators 2023 ; AIE, Africa Energy Outlook 2025.

7.4 Économie verte, financement climatique et investissements durables

À mesure que les effets du changement climatique s'intensifient, une transformation silencieuse mais décisive s'opère dans l'architecture de l'économie mondiale : la montée en puissance de l'économie verte. Celle-ci ne se limite pas à une préoccupation environnementale, mais redéfinit en profondeur les logiques d'investissement, les chaînes de valeur et les critères de compétitivité. Pour la Côte d'Ivoire, cette évolution constitue à la fois un défi d'adaptation et une opportunité stratégique de repositionnement.

L'économie verte repose sur un principe fondamental : concilier croissance économique et préservation du capital naturel. L'agriculture durable, les énergies renouvelables, la gestion des déchets, l'économie circulaire et la construction écologique dessinent les contours d'un modèle économique renouvelé, capable de générer de la valeur tout en réduisant les externalités négatives.

Les mécanismes internationaux de financement climatique offrent des opportunités concrètes et quantifiables. La Côte d'Ivoire a soumis sa Contribution Déterminée au niveau National (CDN) dans le cadre de l'Accord de Paris, sésame d'accès aux grands fonds climatiques. Le Fonds Vert pour le Climat (GCF) a déjà approuvé environ 190 millions USD de projets ivoiriens sur la période 2015-2024 en matière d'adaptation agricole et d'énergie renouvelable (GCF Project Portfolio 2024). Avec une stratégie d'accréditation proactive d'entités nationales, l'ambition réaliste serait de porter ce montant à 500-800 millions USD d'ici 2030, en accédant directement aux ressources sans passer par des intermédiaires étrangers qui captent en moyenne 15 à 25 % des financements.

Le marché volontaire du carbone offre une opportunité immédiate et mal exploitée. La Côte d'Ivoire dispose de 3,4 millions d'hectares de forêts classées et protégées, auxquelles s'ajoutent des millions d'hectares de plantations agroforestières de cacao. Cette superficie, si correctement certifiée dans le cadre des projets REDD+ (Réduction des émissions issues de la déforestation et de la dégradation des forêts), pourrait générer 5 à 8 millions de crédits carbones équivalent par an de tonnes de CO_2 non émis dans la nature. Au prix actuel du marché volontaire qui est entre 15 et 40 USD la tonne, cela représente un potentiel annuel de 75 à 320 millions USD, soit jusqu'à 180 milliards FCFA, transformant la préservation forestière en véritable levier de revenus pour les communautés rurales et le Trésor public.

Les obligations vertes (green bonds) et les financements mixtes (*blended finance*) représentent des outils complémentaires à fort effet de levier. Pour la Côte d'Ivoire, un premier programme d'émission obligataire verte souveraine de 200 à 500 milliards FCFA (300–750 millions USD) est à portée, à l'image du Maroc qui a émis 115 millions USD dès 2016 ou du Nigeria qui a levé 30 milliards NGN en 2017. Les mécanismes de financement mixte, en partageant le risque entre acteurs publics et privés, peuvent par effet multiplicateur mobiliser 3 à 5 dollars de capitaux privés pour chaque dollar public engagé représentant un potentiel total de 1,5 à 3 milliards USD pour financer infrastructures durables, projets énergétiques et initiatives de préservation environnementale.

La valorisation des déchets organiques issus de l'agro-industrie, des marchés et de la restauration en compost ou en biogaz répond simultanément aux enjeux de gestion des déchets et de réduction des émissions. La construction durable, matériaux biosourcés locaux, conception bioclimatique, faible empreinte carbone constitue un marché émergent prometteur, notamment dans le cadre de la politique de logement social.

La réalisation de ces opportunités dépend d'un cadre institutionnel et réglementaire incitatif. L'adoption d'une taxonomie verte nationale définissant les activités éligibles aux financements préférentiels, la création d'une agence nationale dédiée à la coordination des projets climatiques et l'introduction progressive de mécanismes de tarification du carbone sont des réformes à haute priorité. Le Maroc et le Kenya illustrent ce que permet un tel cadre : le premier a mobilisé plus de 3,2 milliards USD d'investissements verts depuis 2015 ; le second dépasse 2,5 milliards USD via ses obligations vertes et ses parcs éoliens. En s'inspirant de ces modèles, la Côte d'Ivoire dispose des atouts : agriculture, forêts, énergie solaire, hub régional pour viser un flux cumulé de 5 à 8 milliards USD d'investissements verts d'ici 2035.

Enfin, la transition vers une économie verte ne saurait être inclusive sans une attention particulière aux équilibres sociaux. Les coûts d'ajustement peuvent être élevés, notamment pour les populations dépendantes de pratiques économiques traditionnelles. Des politiques d'accompagnement garantissant une transition juste : formation, reconversion, filets de sécurité sont indispensables pour que les bénéfices de l'économie verte soient largement partagés.

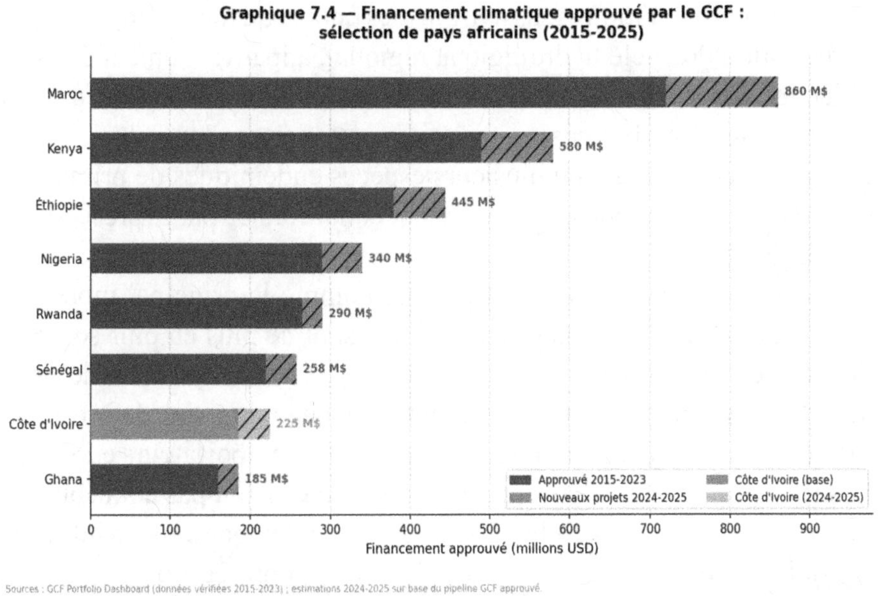

Graphique 7.4 - Financement climatique approuvé par le Fonds Vert pour le Climat (GCF) : sélection de pays africains, total cumulé 2015–2023 (millions USD). Sources : GCF Project Portfolio 2023 ; Climate Policy Initiative 2023.

7.5 Déforestation et biodiversité : l'urgence écologique ivoirienne

La déforestation est le défi environnemental le plus aigu et le plus urgent de la Côte d'Ivoire. Le pays a perdu plus de 80 % de son couvert forestier original en soixante ans, un rythme parmi les plus rapides d'Afrique. Cette destruction est le résultat d'une conjonction de facteurs : expansion des cultures d'export, exploitation illégale du bois, urbanisation non planifiée et faiblesse des capacités de contrôle.

À l'indépendance, la Côte d'Ivoire disposait de 16 millions d'hectares de forêts denses humides. En 2020, moins de 2,5 millions d'hectares subsistaient, dont une large part dans des aires protégées mal gardées. Le Parc national de Taï, classé au Patrimoine mondial de l'UNESCO, reste l'un des derniers blocs de forêt primaire de la région, mais il est lui-même soumis à des pressions de pratiques agricoles.

Cette déforestation massive a des conséquences en chaîne : perturbation du cycle hydrologique régional, appauvrissement des sols, réduction de la pollinisation naturelle des cultures, émission du CO_2 stocké dans la biomasse forestière et perte d'une biodiversité exceptionnelle. Taï abrite plusieurs espèces endémiques de primates et d'oiseaux dont la survie est directement conditionnée par la préservation de leur habitat.

La filière cacao est souvent pointée comme le principal moteur de déforestation. Les acteurs internationaux sont de plus en plus soumis à des obligations de diligence raisonnée sur la traçabilité de leurs approvisionnements ; le règlement européen sur la déforestation importée, entré en vigueur en 2023, impose aux importateurs européens de prouver que les matières premières agricoles n'ont pas contribué à la déforestation après décembre 2020. Cette réglementation constitue une contrainte pour les exportateurs ivoiriens non conformes et une opportunité pour ceux qui auront développé des filières certifiées sans déforestation.

Le renforcement des capacités de surveillance forestière via les technologies satellitaires et les systèmes d'alerte précoce permet de détecter les défrichements illégaux en temps quasi réel. Des outils comme Global Forest Watch sont déjà opérationnels ; leur intégration dans les procédures de contrôle des Eaux et Forêts est une priorité immédiate.

Les programmes de paiement pour services environnementaux (PSE) offrent aux communautés rurales des incitations économiques directes à la préservation forestière. Rémunérer les agriculteurs qui plantent des arbres, maintiennent des corridors forestiers ou adoptent l'agroforesterie peut inverser les logiques de déforestation, à condition que les montants proposés soient compétitifs avec les revenus des cultures extensives.

La réhabilitation des forêts classées dégradées via des programmes de reboisement ciblés associant espèces endémiques et espèces à valeur économique (teck, fraké, iroko) associe restauration écologique et valorisation économique. L'objectif gouvernemental de reboiser un million d'hectares d'ici 2030, inscrit dans la Stratégie nationale de préservation, de réhabilitation et d'extension des forêts, doit être accompagné des ressources humaines, financières et institutionnelles à la hauteur de l'enjeu.

La Côte d'Ivoire abrite une biodiversité remarquable, plus de 1 000 espèces d'oiseaux, une flore d'une grande richesse, des écosystèmes côtiers de haute valeur qui rend des services économiques souvent invisibles dans les comptes nationaux : pollinisation des cultures, régulation du climat local, protection des côtes, purification des eaux. Développer une comptabilité nationale intégrant le capital naturel permettrait de rendre visible la valeur économique des écosystèmes et d'orienter les politiques publiques vers leur préservation. Face à l'ampleur des pertes déjà subies, l'urgence n'est plus de débattre du principe mais d'agir à une échelle et à une vitesse inédite : la fenêtre de préservation du patrimoine naturel ivoirien restant se ferme rapidement.

Conclusion - L'écologie, contrainte incontournable et opportunité stratégique

La transition écologique représente pour la Côte d'Ivoire bien plus qu'une contrainte imposée de l'extérieur. Elle est une nécessité économique et sociale interne, dont les coûts de l'inaction augmentent chaque année. Les impacts du changement climatique sur l'agriculture, les infrastructures et les ressources en eau menacent directement les bases de la prospérité ivoirienne ; la déforestation accélérée fragilise les équilibres climatiques régionaux et compromet la compétitivité des filières d'export face aux nouvelles exigences des marchés internationaux.

Mais la Côte d'Ivoire dispose d'atouts réels pour aborder cette transition avec ambition : un potentiel solaire, hydroélectrique et biomasse importante, un secteur agricole qui peut pivoter vers l'agroforesterie sans sacrifier la productivité, des forêts et des écosystèmes côtiers susceptibles de générer des crédits carbones et des financements climatiques significatifs.

La réussite de cette transformation exige un engagement institutionnel de long terme. L'État doit mettre en place un cadre réglementaire stable et incitatif, renforcer les capacités de contrôle et de surveillance, et mobiliser les financements climatiques internationaux auxquels la Côte d'Ivoire a droit en tant que pays vulnérable et faible émetteur. Le secteur privé doit être associé à cette transition, et les communautés locales, premières victimes et premières gardiennes des ressources naturelles doivent être placées au cœur des dispositifs de gestion durable.

En réconciliant croissance et écologie, la Côte d'Ivoire peut non seulement préserver son patrimoine naturel pour les générations futures, mais aussi s'imposer comme un modèle régional de développement vert, une économie prospère parce que résiliente, compétitive parce que durable.

Chapitre 8 : Gouvernance, financement et soutenabilité macroéconomique

La trajectoire d'émergence de la Côte d'Ivoire repose désormais sur un impératif central : transformer une croissance soutenue en prospérité durable, résiliente et inclusive. Cette transformation ne saurait s'opérer sans des institutions solides, une gouvernance exemplaire et des mécanismes de financement maîtrisés. Car au-delà des performances économiques récentes, c'est la qualité de l'État, la crédibilité des politiques publiques et la soutenabilité des équilibres macroéconomiques qui conditionnent la pérennité du développement.

Les progrès accomplis depuis la dernière décennie en matière de réformes, d'attractivité économique et d'accès aux financements internationaux sont indéniables. Toutefois, ils s'accompagnent de défis structurels persistants : mobilisation encore insuffisante des ressources internes, un taux de pression fiscale de 15,4 % du PIB en 2025, encore loin de la norme CEDEAO de 20 %, vulnérabilités liées à l'endettement, une dette publique dont l'encours atteint 34 016 milliards de FCFA (environ 52 milliards d'euros) au troisième trimestre 2025, soit 59,3 % du PIB, inégalités territoriales et exigences accrues en matière de transparence et d'efficacité de l'action publique.

La question centrale n'est donc plus uniquement celle de la croissance, mais celle de sa qualité, de sa résilience et de sa soutenabilité. Comment financer durablement le développement sans compromettre l'équilibre des finances publiques ? Comment renforcer la capacité de l'État à mobiliser ses propres ressources tout en garantissant l'efficacité de leur utilisation ? Comment instaurer une gouvernance transparente et inclusive, capable de susciter la confiance des citoyens, des investisseurs et des partenaires internationaux ?

Dans ce contexte, ce chapitre examine les fondements institutionnels du développement, les enjeux de décentralisation, les leviers de financement domestique, les risques liés à la dette publique ainsi que les opportunités offertes par les investissements étrangers et les financements innovants. Il met en lumière une conviction essentielle : la gouvernance et le financement ne sont pas de simples instruments techniques, mais les conditions déterminantes d'une émergence véritablement durable à l'horizon 2050.

8.1 Réformes institutionnelles et lutte contre la corruption

Le Chapitre 2 a établi le diagnostic avec précision : un État dont les institutions existent formellement mais manquent d'indépendance réelle, un système judiciaire au 113e rang mondial (WJP 2023), une perception de la corruption à 37/100 (*Transparency International 2023*), et une architecture de pouvoir hyperprésidentielle qui annihile les contre-pouvoirs. Il serait inutile de répéter ici ces constats. L'objet de cette section est différent : identifier les réformes institutionnelles capables de transformer ce diagnostic en trajectoire de changement durable, en s'appuyant sur les leçons des émergences réussies.

La question n'est donc plus de démontrer la fragilité institutionnelle de la Côte d'Ivoire. C'est chose faite. Elle est de définir le contenu des réformes, leur séquence et les conditions de leur crédibilité. Car depuis le début des années 2010, le pays s'est engagé dans un processus de reconstruction institutionnelle dont les progrès sont réels mais insuffisants : la consolidation de l'état de droit demeure un chantier inachevé, dont dépend en grande partie la transformation du pays en une économie véritablement émergente.

Les institutions stratégiques au cœur de l'émergence

L'expérience internationale enseigne que les trajectoires d'émergence réussies de la Corée du Sud à Singapour, du Botswana au Rwanda reposent sur un triptyque institutionnel solide : un État stratège, une administration efficace et une justice indépendante. Mais la leçon décisive que livre cette expérience est souvent sous-estimée : la différence entre les pays qui ont réussi et ceux qui ont échoué ne tient pas à l'existence formelle des institutions, mais à leur indépendance réelle et à leur crédibilité effective.

Comme établi au chapitre 2, la Côte d'Ivoire souffre moins d'un déficit d'institutions que d'un déficit d'institutionnalisation : cours des comptes, autorités de régulation, commissions anticorruptions existent en droit, mais leurs dirigeants sont nommés par le pouvoir exécutif, leurs budgets dépendent du bon vouloir politique, leurs décisions peuvent être contournées sans sanction. L'enjeu n'est donc pas de créer davantage de structures, mais de doter les institutions existantes d'une indépendance opérationnelle authentique : mandats non révocables inscrits en loi organique, financement autonome garanti constitutionnellement, recrutement sur concours transparent, et mécanismes de reddition de comptes vis-à-vis du Parlement plutôt que de l'exécutif.

La crédibilité, quant à elle, ne se décrète pas : elle se construit par l'accumulation de décisions courageuses et impartiales, y compris lorsqu'elles contrarient les intérêts des cercles du pouvoir. C'est précisément pour cette raison que Singapour a bâti son Bureau d'Investigation des Pratiques de Corruption (CPIB) avec une ligne de rapport directe au Premier ministre et une autonomie d'enquête sur tous les agents de l'État sans exception y compris les membres du gouvernement. C'est également pour cette raison que les banques centrales des économies émergentes asiatiques les plus performantes ont maintenu une séparation stricte entre politique monétaire et décisions gouvernementales. Ces exemples illustrent un principe universel : les institutions ne deviennent crédibles que lorsque leur indépendance est coûteuse à violer et bénéfique à respecter.

En premier lieu, l'appareil judiciaire constitue la pierre angulaire de l'état de droit. Une justice crédible, rapide et impartiale dont les magistrats ne peuvent être mutés ou révoqués pour des motifs politiques, dont les décisions s'appliquent à tous sans exception est indispensable pour garantir la sécurité juridique des investisseurs, protéger les droits de propriété et arbitrer les litiges économiques. En second lieu, les institutions de contrôle et de régulation : Cour des comptes, inspections générales, autorités de régulation sectorielle jouent un rôle décisif dans la transparence de la gestion publique, à condition que leur indépendance soit garantie par des textes contraignants et non par de simples conventions. Troisièmement, l'administration publique doit être repensée : digitalisation des procédures, simplification administrative et professionnalisation des agents publics constituent des leviers essentiels. Enfin, les institutions démocratiques assurent la légitimité du pouvoir et la stabilité politique, conditions sine qua non d'une stratégie de développement à long terme.

Les gains en capital

Les travaux économétriques des deux dernières décennies permettent de chiffrer avec précision l'apport d'institutions crédibles à la croissance. Ces estimations, issues de la Banque mondiale, du FMI et de la littérature académique, convergent vers des ordres de grandeur cohérents et saisissants pour un pays à l'étape de développement de la Côte d'Ivoire.

Premièrement, améliorer l'indice de l'État de droit (Rule of Law) d'un écart-type ce qui correspond approximativement au saut réalisé par le Rwanda entre 2005 et 2015 est associé, selon la Banque mondiale, à une accélération de la croissance de 2,0 à 3,0 points de PIB par an sur un horizon de dix ans (*Kaufmann, Kraay et Mastruzzi, 2010 ; Acemoglu et Robinson, 2012*). Pour la Côte d'Ivoire, dont la position sur cet indicateur reste en deçà de la médiane africaine, cette marge de progression est directement accessible.

Deuxièmement, une justice indépendante et prévisible est le principal déterminant de l'investissement privé dans les pays en développement. Des études du FMI (2019) établissent qu'améliorer substantiellement la qualité et l'indépendance du système judiciaire peut générer un surcroît d'investissement direct étranger équivalant à 1,5 à 2,5 points de PIB additionnels sur cinq ans. En Côte d'Ivoire, où les entreprises étrangères citent systématiquement l'imprévisibilité judiciaire comme obstacle majeur dans les enquêtes Doing Business et Enterprise Survey de la Banque mondiale, cette marge est directement mobilisable.

Enfin, l'effet cumulé d'institutions réellement indépendantes : justice, régulateurs, organes anticorruption, Cour des comptes peut être estimé entre 3 et 6 points de PIB supplémentaires à l'horizon 2035, selon l'ampleur et la crédibilité des réformes engagées. Ce chiffre n'est pas une promesse théorique : c'est le dividende institutionnel que des économies comparables ont effectivement encaissé lorsqu'elles ont fait le choix courageux de sortir des institutions de façade pour bâtir de vraies institutions indépendantes.

La corruption : un frein systémique à la transformation économique

Au cœur des défis institutionnels se trouve la question de la corruption. Comme analysé au chapitre 2, ce phénomène ne se limite pas aux grandes affaires médiatisées : il s'insinue dans les interactions quotidiennes entre citoyens et administration, dans l'attribution des marchés publics, dans les procédures fiscales et l'accès aux services essentiels. Son coût économique est considérable : les pertes liées à la corruption et à la fraude fiscale représenteraient entre 3 et 5 % du PIB chaque année, soit plusieurs centaines de milliards de FCFA soustraits au financement du développement.

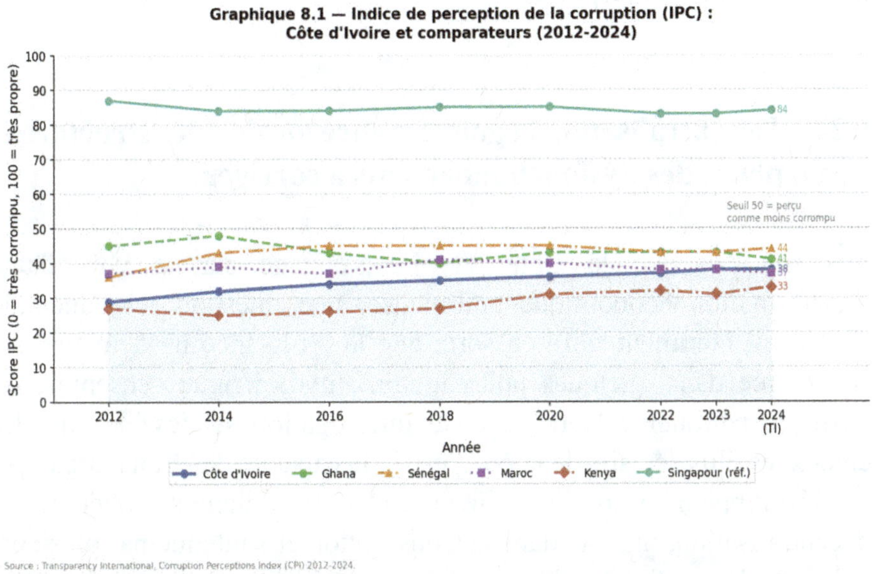

Graphique 8.4 - Indice de perception de la corruption (IPC) : Côte d'Ivoire et pays comparateurs (2012–2023). Source : Transparency International. Note : score 0 = très corrompu ; 100 = très propre.

Lutter contre la corruption exige une approche systémique articulée autour de plusieurs piliers complémentaires. Le premier est celui de la transparence : publication des données budgétaires, traçabilité des dépenses et ouverture des marchés publics. Le second repose sur la responsabilisation et les sanctions, à travers un système judiciaire crédible. Le troisième pilier consiste à réformer les incitations : une administration sous-rémunérée crée un terreau fertile aux pratiques corruptives. Enfin, la lutte contre la corruption doit s'appuyer sur une mobilisation collective associant société civile, médias, secteur privé et partenaires internationaux.

Au fond, la question de la gouvernance dépasse celle des réformes techniques. Elle renvoie à la nature même du contrat social entre l'État et les citoyens. Pour la Côte d'Ivoire, l'enjeu est désormais clair : passer d'un modèle de croissance porté par l'investissement à un modèle de développement fondé sur des institutions solides et inclusives. Car en définitive, ce ne sont pas seulement les infrastructures ou les capitaux qui construisent la prospérité d'une nation, mais la confiance, cette ressource immatérielle, fragile et précieuse, qui naît d'institutions justes, efficaces et respectées.

8.2 Décentralisation et gouvernance locale : des structures en place, des dysfonctionnements à corriger

A mesure que la Côte d'Ivoire s'engage sur la voie d'une transformation économique ambitieuse, une question fondamentale s'impose : comment faire en sorte que la croissance ne demeure pas concentrée dans quelques pôles urbains, mais irrigue l'ensemble du territoire national ? Derrière cette interrogation se dessine l'un des enjeux les plus décisifs de la prospérité : la capacite de l'Etat à organiser un développement équilibré, inclusif et territorialement cohérent. La décentralisation, inscrite dans la Constitution et soutenue par plusieurs réformes législatives, offre en théorie ce levier. Dans les faits, les administrations locales : mairies, districts autonomes et conseils régionaux peinent à remplir pleinement ce rôle, non par absence de volonté, mais en raison de dysfonctionnements structurels persistants qu'il est désormais urgent de corriger.

Une architecture institutionnelle à trois niveaux, aux contours encore flous

Le cadre juridique ivoirien organise la gouvernance territoriale autour de trois principaux échelons : les communes, les districts autonomes et les régions (administrées par des conseils régionaux). Chacun de ces niveaux dispose, en droit, de compétences propres. En pratique, la répartition des attributions reste source de confusion et de chevauchements.

Les mairies, au nombre de 201 sur l'ensemble du territoire, constituent le niveau le plus proche des citoyens. Elles sont théoriquement responsables de la gestion de la voirie locale, de l'état civil, de l'hygiène et de la salubrité publique, du développement local de proximité. Or, dans de nombreuses communes rurales ou semi-urbaines, les mairies ne disposent ni du personnel qualifié, ni des outils de planification nécessaires pour exercer ces missions. Les maires, souvent élus sur la base d'appartenances politiques ou communautaires, se retrouvent à la tête d'institutions parfois sans budget opérationnel suffisant ou réel.

Les deux districts autonomes Abidjan et Yamoussoukro jouissent d'un statut particulier, avec des ressources et une capacite d'action sensiblement supérieures. Mais ce traitement différencié accentue les déséquilibres territoriaux : les mêmes enjeux de gouvernance, coordination interservices, planification urbaine, gestion des déchets se posent avec encore plus d'acuité dans ces deux pôles privilégiés.

Les 31 conseils régionaux, crées pour animer le développement à l'échelle de chaque région, souffrent d'un déficit d'identité fonctionnelle. Leurs compétences en matière d'aménagements du territoire, d'éducation et de formation professionnelle, ou encore de développement économique local se superposent à celles des préfectures et des ministères sectoriels, sans mécanisme clair d'arbitrage. Il en résulte des doublons, des rivalités institutionnelles, et une dilution de la responsabilité.

Des budgets insuffisants, et mal gérés

La question des ressources locales est au cœur du blocage. Les collectivités territoriales ivoiriennes dépendent pour l'essentiel de deux flux financiers : les dotations de l'Etat central et les ressources propres (taxes locales, patentes, droits de place sur les marches). Ces deux sources souffrent de défaillances structurelles.

Les dotations de l'Etat sont versées de manière irrégulière, souvent incomplète, et sans planification permettant aux collectivités de projeter leurs dépenses sur l'année. Dans plusieurs régions, des mairies signalent ne recevoir leurs transferts budgétaires que partiellement, et parfois avec plusieurs mois de retard. Cette instabilité rend impossible toute programmation sérieuse d'investissement local. Aussi, selon le Fonds de Développement des Collectivités Territoriales (FPDCT), les transferts de l'Etat aux collectivités locales représentent moins de 3 % du budget national, contre un objectif affiche de 15 % à l'horizon 2030 dans le cadre du Programme National de Développement (PND 2021-2025). Ce gap de financement contraint la quasi-totalité des collectivités à fonctionner en mode survie, en se limitant aux dépenses de personnel et en reportant indéfiniment les investissements.

Les ressources propres, quant à elles, sont largement sous-mobilisées. Les bases fiscales locales : taxe foncière, patente, taxe sur les activités commerciales sont mal cadastrées, peu recouvrées et soumises à des exonérations discrétionnaires. Dans de nombreuses communes, le taux de recouvrement de la taxe foncière n'excède pas 20 à 30 %. Les marchés locaux, qui pourraient générer des recettes substantielles, sont souvent gérés de manière opaque, avec des flux financiers échappant aux caisses communales.

La politisation des budgets locaux constitue un autre facteur de dysfonctionnement. Les enveloppes allouées aux collectivités sont parfois modulées en fonction des affiliations politiques de leurs dirigeants, créant une dépendance clientéliste vis-à-vis du pouvoir central. Les projets d'investissement local peuvent être bloqués ou au contraire accélérés selon des logiques électorales, au détriment d'une programmation rationnelle fondée sur les besoins réels des populations.

Enfin, la gestion financière interne des collectivités laisse à désirer. Les plans de passation des marches sont peu respectés, les systèmes comptables rudimentaires, et les contrôles de la Chambre des Comptes ou de l'Inspection Générale des Finances peinent à couvrir les centaines de communes reparties sur l'ensemble du territoire. Les détournements, s'ils ne sont pas systématiques, sont suffisamment fréquents pour miner la confiance des populations dans leurs institutions locales.

De la décentralisation formelle à la décentralisation effective

La Côte d'Ivoire n'a pas à repartir de zéro. Elle dispose d'un cadre juridique, d'institutions locales existantes et d'une expérience accumulée depuis les premières reformes de décentralisation des années 1980. Ce qui lui manque, c'est la volonté politique de franchir le pas décisif : transférer réellement les ressources, les compétences et les responsabilités aux territoires, en acceptant le risque d'une gouvernance parfois imparfaite mais progressivement améliorée.

Car le cout de l'inaction est élevé. Tant que les mairies, les districts et les conseils régionaux demeurent des coquilles institutionnelles sans moyens réels, la croissance continuera de s'accumuler à Abidjan pendant que les régions du Nord, du centre, de l'Ouest et de l'Est accumulent les retards. L'émergence ne se décrète pas à l'échelle nationale : elle se construit, patiemment, au plus près des réalités locales à condition que les institutions locales disposent enfin d'outils pour être à la hauteur de cette ambition.

Enfin, pour que la décentralisation devienne un véritable levier d'émergence, plusieurs transformations s'imposent : renforcement de l'autonomie financière des collectivités en portant les transferts à au moins 8–10 % du budget national d'ici 2030, développement des capacités locales, promotion de la transparence et de la participation citoyenne, et inscription de la décentralisation dans une vision stratégique nationale. L'enjeu est de faire émerger des territoires dynamiques, capables de créer de la richesse et de participer pleinement à la transformation économique du pays.

8.3 Mobilisation des ressources internes : fiscalité, épargne et inclusion financière

Au cœur de toute trajectoire d'émergence durable réside une question fondamentale : celle de la capacité d'un pays à financer son propre développement. Car aucune nation ne peut durablement construire sa prospérité en dépendant exclusivement de ressources extérieures. Pour la Côte d'Ivoire, la consolidation de son modèle économique passe désormais par une mobilisation accrue de ses ressources internes. Fiscalité, épargne nationale et inclusion financière forment, à cet égard, un ensemble stratégique, encore insuffisamment exploité mais porteur d'un potentiel considérable.

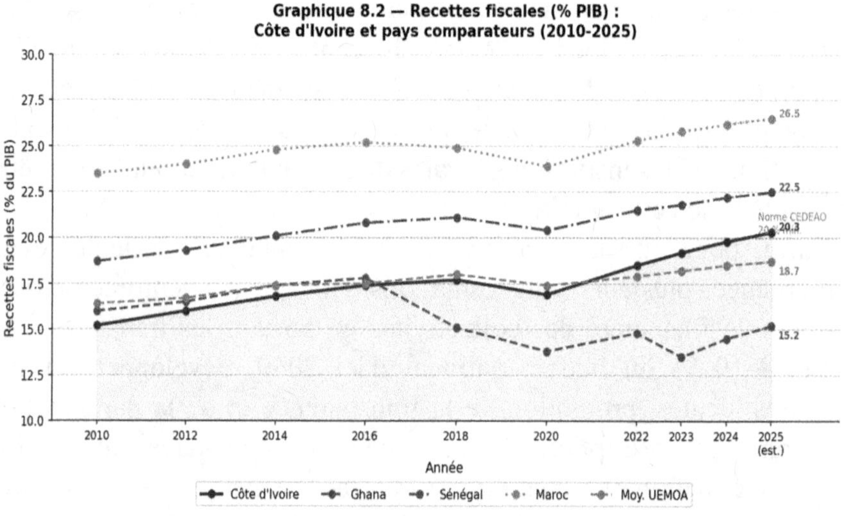

Sources : FMI, Perspectives de l'économie mondiale (WEO) ; Banque mondiale, WDI. 2025 ; estimations FMI avr. 2025 (pointillés).

Graphique 8.1 - Recettes fiscales (% PIB) : Côte d'Ivoire et pays comparateurs (2010-2025). Sources : FMI, Banque mondiale, OCDE. Note : la ligne pointillée indique la norme minimale CEDEAO fixée à 20 % du PIB.

La fiscalité : entre impératif de mobilisation et exigence d'équité

La fiscalité constitue le premier levier de financement domestique. En Côte d'Ivoire, des progrès notables ont été réalisés : les recettes de la Direction Générale des Impôts (DGI) sont passées d'environ 1 700 milliards de FCFA en 2011 à 4 250 milliards de FCFA en 2024, soit une multiplication par 2,5 entre 2011 et 2024, avec un objectif de 5 191 milliards fixé pour 2025. Pourtant, le taux de pression fiscale progresse lentement, atteignant 15,4 % du PIB en 2025, encore loin des 20 % recommandés par la CEDEAO et des 18,5 % de moyenne pour les pays d'Afrique subsaharienne à revenu intermédiaire. Plus révélateur encore, le taux de recouvrement effectif c'est-à-dire la part des montants fiscaux émis qui sont effectivement collectés s'établissait encore à environ 75-78 % pour la DGI, même si les performances s'améliorent sensiblement, avec un taux de réalisation des objectifs de 96,8 % au troisième trimestre 2025, témoignant d'un potentiel de recettes non négligeable progressivement mobilisé. Autrement dit, sur 100 FCFA théoriquement dus, environ 23 à 25 FCFA échappaient encore aux caisses de l'État, un écart que les réformes en cours cherchent à combler.

Cette situation s'explique par plusieurs facteurs structurels : le poids du secteur informel, confirmé à 40 % du PIB par le ministre des Finances Adama Coulibaly ; une base contributive étroite, avec un nombre limité de grandes entreprises qui supportent l'essentiel de la charge fiscale ; et des failles dans l'administration fiscale malgré les efforts de modernisation engagés. En comparaison, le Sénégal a franchi la barre des 20 % en atteignant 22,7 % en 2024, dépassant désormais la norme CEDEAO, tandis que le Ghana (environ 13 %) fait encore face à des défis similaires à la Côte d'Ivoire. Le Maroc (environ 24 %) et l'Afrique du Sud (26,5 %) continuent d'illustrer le potentiel atteignable à travers des réformes déterminées. Une réforme ambitieuse devrait s'articuler autour de l'élargissement de l'assiette fiscale, de la simplification des procédures, de la lutte contre la fraude fiscale estimée entre 1 000 et 1 500 milliards de FCFA par an et de l'amélioration de la transparence.

Le potentiel fiscal inexploité de la Côte d'Ivoire

Les données disponibles permettent d'esquisser quatre scénarios de mobilisation complémentaires, construits à partir des chiffres de 2025.

Données de référence (2025) : recettes de la Direction Générale des Impôts (DGI) = 5 191 milliards de FCFA (objectif 2025, taux de réalisation de 96,8 % au troisième trimestre ; recettes effectivement réalisées en 2024 : 4 250 milliards) ; taux de pression fiscale = 15,4 % du PIB ; PIB = 62 924 milliards de FCFA (comptes nationaux révisés, DGBF/INS 2025) ; taux de recouvrement DGI = 76 % (fourchette déclarée : 75-78 %) ; fraude fiscale estimée = 1 000-1 500 milliards de FCFA/an.

Scénario A : Porter le taux de pression fiscale à 20 % (norme CEDEAO) : en appliquant la cible de 20 % au PIB de 62 924 milliards de FCFA, les recettes fiscales atteindraient 12 585 milliards de FCFA, soit un gain additionnel de 2 895 milliards de FCFA (+29,9 % par rapport au niveau actuel). Ce scénario suppose un élargissement substantiel de l'assiette, notamment par l'intégration progressive du secteur informel, confirmé à 40 % du PIB par le ministre l'Économie, des Finances et du Budget Mr Adama Coulibaly.

Scénario B : Améliorer le taux de recouvrement de 76 % à 90 % : l'assiette fiscale théorique émise est estimée à 5 191 ÷ 0,76 ≈ 6 830 milliards de FCFA. En portant le taux de recouvrement à 90 %, les recettes effectivement collectées s'établiraient à 6 830 × 0,90 = 6 147 milliards de FCFA, dégageant un gain de 956 milliards de FCFA. Ce résultat n'exige aucune hausse de taux : il découle uniquement d'une meilleure efficacité administrative.

Scénario C : Récupérer 50 % des pertes liées à la fraude : la fraude fiscale est estimée entre 1 000 et 1 500 milliards de FCFA par an, soit une moyenne de 1 250 milliards. Récupérer la moitié de ce manque à gagner, objectif jugé réaliste à moyen terme par les experts du FMI, représenterait 625 milliards de FCFA supplémentaires, mobilisables grâce à des contrôles renforcés, à la numérisation des procédures et à une coopération internationale accrue contre les flux financiers illicites.

Scénario D : Approche combinée (B + C) : en combinant une amélioration du recouvrement et une réduction significative de la fraude, la Côte d'Ivoire pourrait mobiliser 1 581 milliards de FCFA additionnels sans aucune modification des taux d'imposition. Cela représente 84 % du déficit budgétaire 2025 (estimé à 1 888 milliards de FCFA, soit 3,0 % du PIB, conformément aux engagements UEMOA), et confirme que la contrainte fiscale ivoirienne est davantage une question d'efficacité que de niveau de taxation.

Tableau 8.1 – Scénarios de mobilisation fiscale et impact sur le déficit budgétaire (2025)

Scénario	Recettes potentielles	Gain additionnel	Couverture du déficit (1 888 Mds FCFA)
Situation actuelle (15,4 % du PIB)	9 690 Mds FCFA	—	—
A - Taux à 22 % (objectif PND+)	13 843 Mds FCFA	**+4 153 Mds FCFA**	**220 %**
B - Recouvrement à 90 %	11 475 Mds FCFA	**+1 785 Mds FCFA**	**95 %**
C - Récupération 50 % de la fraude	10 315 Mds FCFA	**+625 Mds FCFA**	**33 %**
D - Combiné (B + C)*	12 100 Mds FCFA	**+2 410 Mds FCFA**	**128 %***

Sources : calculs de l'auteur sur la base des données DGI, DGD, FMI (2025). PIB : 62 924 milliards FCFA (comptes nationaux révisés, DGBF/INS 2025). Déficit budgétaire : 3,0 % du PIB (1 888 milliards FCFA).

NB : Le Scénario D additionne les gains des Scénarios B et C (1 785 + 625 = 2 410 Mds FCFA), mais cette somme est vraisemblablement surestimée. La fraude fiscale (C) constitue en effet l'une des causes principales du faible taux de recouvrement (B) : réduire la fraude revient mécaniquement à améliorer le recouvrement, ce qui crée un double comptage partiel. Le gain réel d'une combinaison B+C est estimé entre 1 700 et 2 100 milliards de FCFA.

Comparaison avec le déficit budgétaire : une équation à portée de réforme

Ces projections prennent tout leur sens lorsqu'on les confronte au déficit budgétaire de la Côte d'Ivoire, estimé à environ 1 750 milliards de FCFA en 2022, soit 6,2 % du PIB, un niveau qui, bien que maîtrisé selon les normes de convergence de l'UEMOA, illustre la tension persistante entre des ambitions d'investissement légitimes et une base de recettes encore insuffisante. Le Scénario A (taux de pression à 20 %) permettrait à lui seul de générer un surplus additionnel de 1 555 milliards de FCFA, couvrant théoriquement 89 % du déficit. Le Scénario D combiné (meilleur recouvrement et lutte contre la fraude) produirait un gain de 1 380 milliards de FCFA, soit 79 % du déficit. Autrement dit, si la Côte d'Ivoire parvenait à atteindre ses propres cibles de mobilisation, elle serait en mesure de ramener son déficit structurel à moins de 1 % du PIB sans aucune mesure d'austérité supplémentaire.

Enseignements : vers un nouveau pacte fiscal

Ces projections appellent plusieurs enseignements fondamentaux. Premièrement, la Côte d'Ivoire n'a pas besoin d'attendre une hypothétique croissance exceptionnelle pour assainir ses finances publiques : les ressources sont là, en grande partie inexploitées. Un taux de recouvrement porté à 90 % et une réduction significative de la fraude représenteraient, à eux seuls, entre 1 300 et 1 400 milliards de FCFA supplémentaires soit l'équivalent des trois quarts du déficit budgétaire actuel, sans aucune hausse de taux.

Deuxièmement, l'objectif CEDEAO de 20 % n'est pas une contrainte extérieure abstraite, mais une cible atteignable progressivement sur cinq à sept ans, à condition d'élargir l'assiette fiscale, de formaliser l'économie informelle et de moderniser l'administration. L'expérience du Maroc (23 %) ou de l'Afrique du Sud (26 %) démontre qu'un tel saut est possible, à condition d'une volonté politique soutenue et de réformes institutionnelles profondes.

Troisièmement, la mobilisation fiscale interne constitue la voie royale vers la réduction de la dépendance à l'endettement extérieur. Chaque milliard de FCFA collecté en plus est un milliard emprunté en moins, avec les charges d'intérêts et les conditionnalités qui l'accompagnent. À l'horizon 2030, une pression fiscale de 20 % permettrait non seulement de couvrir le déficit structurel actuel, mais aussi de dégager les marges budgétaires nécessaires à l'investissement dans le capital humain et les infrastructures.

Enfin, ces gains ne seront durables que s'ils s'accompagnent d'une amélioration de la qualité de la dépense publique et d'un renforcement du consentement fiscal des citoyens ce qui suppose transparence, redevabilité et équité dans la répartition de l'effort. La mobilisation des ressources n'est pas seulement un impératif comptable : c'est un acte fondateur du contrat social.

L'épargne nationale et l'inclusion financière

Au-delà de la fiscalité, l'épargne nationale représente une ressource essentielle pour financer l'investissement. En Côte d'Ivoire, le taux d'épargne nationale brute avoisine 20 % du PIB, un niveau modeste par rapport aux standards des économies émergentes asiatiques (35-40 %). Une part significative de cette épargne existe mais circule en dehors des circuits financiers structurés : tontines, épargne informelle, thésaurisation. Le défi consiste à canaliser cette épargne vers des instruments financiers sécurisés et productifs, à travers le développement de produits adaptés aux réalités locales et la diversification des offres financières.

L'inclusion financière constitue le troisième pilier. En Côte d'Ivoire, des avancées significatives ont été enregistrées grâce à l'essor du mobile money et des fintechs : en 2022, le taux d'inclusion financière au sens large intégrant le mobile money dépasse 65 % de la population adulte (GSMA Intelligence, 2023), contre environ 34 % quelques années auparavant. La valeur des transactions via mobile money a dépassé 16 000 milliards de FCFA en 2022 (BCEAO), témoignant d'une révolution silencieuse dans les pratiques financières. Cependant, une part importante de la population notamment féminine et rurale, reste en marge du système financier formel. Renforcer l'inclusion financière implique de développer des infrastructures accessibles, de promouvoir l'éducation financière et de créer un environnement réglementaire favorable à l'innovation. Ces trois dimensions : fiscalité, épargne et inclusion s'inscrivent dans une dynamique systémique où chaque levier renforce les autres, formant ensemble les fondements d'un nouveau pacte économique entre l'État, les entreprises et les citoyens.

8.4 Dette publique : soutenabilité, risques macroéconomiques et marges de manœuvre

Si la section précédente a montré le potentiel considérable des ressources internes encore sous-exploitées, le présent volet examine l'autre face de l'équation budgétaire : la dette publique, à la fois levier de financement et source de vulnérabilité croissante. Car c'est précisément l'insuffisance de la mobilisation interne qui a contraint la Côte d'Ivoire, depuis le début des années 2010, à recourir massivement à l'endettement pour financer ses infrastructures structurantes : routes, ponts, barrages, ports, réseaux énergétiques. La question n'est plus seulement de savoir si cette stratégie a été utile ; elle l'a été mais jusqu'où elle peut se prolonger sans compromettre l'avenir.

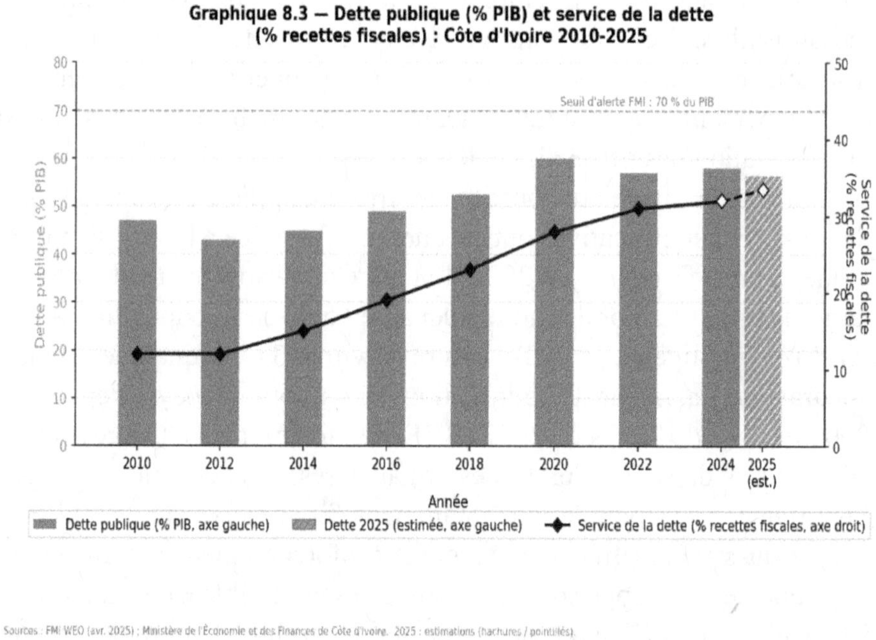

Graphique 8.3 - Dette publique (% PIB) et service de la dette (% recettes fiscales) : Côte d'Ivoire 2010–2025. Sources : FMI, Ministère de l'Économie et des Finances de Côte d'Ivoire. Note : la ligne pointillée indique le seuil d'alerte FMI fixé à 70 % du PIB.

Un encours en progression rapide

En 2025, l'encours de la dette publique ivoirienne atteint 34 016 milliards de FCFA à fin septembre, soit 59,3 % du PIB, encore en deçà du seuil communautaire de 70 % fixé par l'UEMOA, et sur une trajectoire que le FMI projette à 58,1 % pour l'ensemble de l'année 2025, avant une décrue progressive vers 53 % à l'horizon 2028. En valeur absolue, cela représente environ 55 milliards de dollars US, répartis entre dette extérieure (61,7 %) et dette intérieure (38,3 %).

La structure de la dette extérieure mérite une attention particulière. En mars 2025, la Côte d'Ivoire a émis un eurobond de 1,75 milliard de dollars à un taux de 6,45 %, soit 15 points de base de moins que l'émission de janvier 2024, avec une maturité de 11 ans (2036). Le carnet d'ordres a atteint 5,2 milliards de dollars, soit plus de trois fois le montant ciblé, mobilisant plus de 180 investisseurs institutionnels en une journée. Parallèlement, l'État a procédé au rachat partiel de deux eurobonds antérieurs (300 millions de dollars sur l'émission 2028 et 400 millions sur l'émission 2032) afin de lisser le profil de remboursement. Néanmoins, la part de la dette à taux de marché reste significative et entretient une sensibilité accrue aux fluctuations des taux d'intérêt mondiaux.

Un service de la dette de plus en plus lourd

C'est sur le service de la dette que la contrainte reste la plus immédiate. En 2025, il est budgété à 4 121 milliards de FCFA, représentant 26 % des dépenses totales de l'État, en hausse par rapport aux 3 000-3 300 milliards enregistrés en 2023-2024. Au premier semestre 2025, le décaissement effectif s'élevait à 861 milliards de FCFA (environ 1,5 milliard de dollars), absorbant 24,4 % des recettes fiscales collectées sur la période. Ce ratio est structurellement préoccupant : au-delà du seuil de 25 %, le service de la dette entre en concurrence directe avec les dépenses sociales et d'investissement.

La trajectoire est plus éloquente encore que le niveau : si rien ne change dans la structure de financement, la hausse tendancielle du service de la dette risque de provoquer une éviction progressive des dépenses de capital humain avec des conséquences différées mais certaines sur la compétitivité de l'économie.

La soutenabilité : solide en apparence, fragile en hypothèses

Les institutions financières internationales jugent la dette ivoirienne globalement soutenable, au regard d'une croissance robuste (6 % en 2024) et d'un déficit budgétaire ramené à 4 % du PIB en 2024, projeté à 3 % en 2025. Mais cette soutenabilité repose sur un faisceau d'hypothèses qui ne peuvent être tenues pour acquises : maintien d'une croissance annuelle d'au moins 6 %, stabilité des recettes d'exportation du cacao et du pétrole, et accès continu aux marchés à des conditions favorables. L'histoire économique ivoirienne rappelle que ces équilibres peuvent se fragiliser rapidement comme ce fut le cas lors des crises des années 1980 et 1990, qui avaient conduit le ratio dette/PIB à dépasser 100 %.

Le signal des agences de notation

Les notations internationales reflètent une amélioration notable. En 2025, la Côte d'Ivoire est notée Ba2 par Moody's (relevé de Ba3 en mars 2024, perspective stable), BB- par S&P et BB par Fitch (relevé de BB- en décembre 2025, perspective stable), positionnant le pays au 2e rang des économies les mieux notées d'Afrique subsaharienne selon cette dernière agence. Ce repositionnement favorable maintient néanmoins un surcoût structurel : la prime de risque exigée par les marchés se traduit par des taux d'intérêt sur les eurobonds généralement compris entre 6 % et 7,5 %, comme l'illustre le taux de 6,45 % obtenu en mars 2025. Chaque point de taux supplémentaire représente, sur un encours de plus de 55 milliards de dollars, plusieurs centaines de millions de dollars de charges annuelles supplémentaires.

Une dégradation vers le niveau Caa (Moody's) ou CCC (S&P), scénario certes improbable mais non impossible en cas de choc sévère sur le cacao ou les taux mondiaux, rendrait pratiquement impossible l'accès aux marchés obligataires internationaux dans des conditions acceptables, comme l'ont illustré les expériences du Ghana (2022) ou de la Zambie (2020).

Vers un rééquilibrage stratégique : la priorité aux ressources endogènes

Face à ces enjeux, deux niveaux de réponse s'imposent. Le premier est technique : optimiser la gestion du portefeuille de dette existant. Cela passe par un rééquilibrage de la structure de l'endettement en faveur des financements concessionnels auprès des bailleurs multilatéraux (Banque mondiale (IDA, BIRD), financement de projets de développement à long terme, taux concessionnels) et bilatéraux (France (via l'AFD, Agence Française de Développement) pour alléger le service annuel et réduire la sensibilité aux taux mondiaux. Cela implique également de diversifier les instruments : émissions obligataires en monnaie locale sur les marchés de l'UEMOA, Suluk (permettent de diversifier la base d'investisseurs au-delà des marchés occidentaux traditionnels, réduisant ainsi la dépendance aux eurobonds en dollars et la vulnérabilité aux cycles de taux de la Fed américaine.), partenariats public-privé. Ces options limitent l'exposition au risque de change et contribuent à développer le marché financier régional en mobilisant l'épargne nationale au bénéfice de l'investissement public. Enfin, une gestion active du portefeuille : rachats anticipés, échanges dette-développement, reprofilage des échéances peut lisser le calendrier de remboursement et prévenir les pics de refinancement.

Le second niveau est stratégique, et c'est celui qui importe le plus à long terme : substituer progressivement la logique d'endettement par celle de l'autofinancement. La section précédente (8.3) a établi que les ressources mobilisables en interne : fiscalité, épargne, inclusion financière représentent un potentiel considérable encore sous-exploité. Un pays qui finance ses investissements publics principalement sur ressources propres ne subit ni la volatilité des marchés internationaux, ni la pression des conditionnalités, ni le renchérissement cyclique du crédit. À l'horizon 2030, des recettes fiscales portées à 20 % du PIB, combinées à une meilleure mobilisation de l'épargne nationale, permettraient de stabiliser, voire de réduire le ratio dette/PIB, tout en préservant les marges nécessaires à l'investissement dans le capital humain et les infrastructures.

Cette transition n'est pas un repli : c'est une affirmation de souveraineté économique. Elle suppose une volonté politique de long terme, des réformes institutionnelles profondes et un contrat de confiance avec les contribuables et les épargnants. Bien maîtrisée et ancrée dans une dynamique de ressources internes croissantes, la dette cesse d'être une vulnérabilité pour redevenir ce qu'elle devrait toujours être : un complément temporaire, et non un substitut permanent, au financement du développement.

8.5 Investissements étrangers et financements innovants : PPP, capital-risque, marchés financiers

Les sections précédentes ont posé les deux premiers piliers de l'architecture financière ivoirienne : la mobilisation des ressources internes (fiscalité, épargne, inclusion financière) et la maîtrise d'une trajectoire d'endettement soutenable mais de plus en plus contrainte par le poids du service de la dette. Ces deux leviers sont nécessaires ; ils ne suffisent pas, à eux seuls, à couvrir les besoins considérables en infrastructures, en capital humain et en industrialisation qu'exige l'ambition d'émergence. Un troisième pilier vient compléter l'édifice : attirer et valoriser les capitaux étrangers et les financements innovants. Contrairement à la dette souveraine, ces instruments n'alourdissent pas le bilan de l'État ; ils apportent capitaux, technologies et compétences sans créer d'obligations directes de remboursement.

Depuis la relance économique de 2011, la Côte d'Ivoire s'est affirmée comme l'une des destinations les plus attractives d'Afrique de l'Ouest, notamment dans les secteurs des infrastructures, de l'énergie, des télécommunications et de l'agro-industrie.

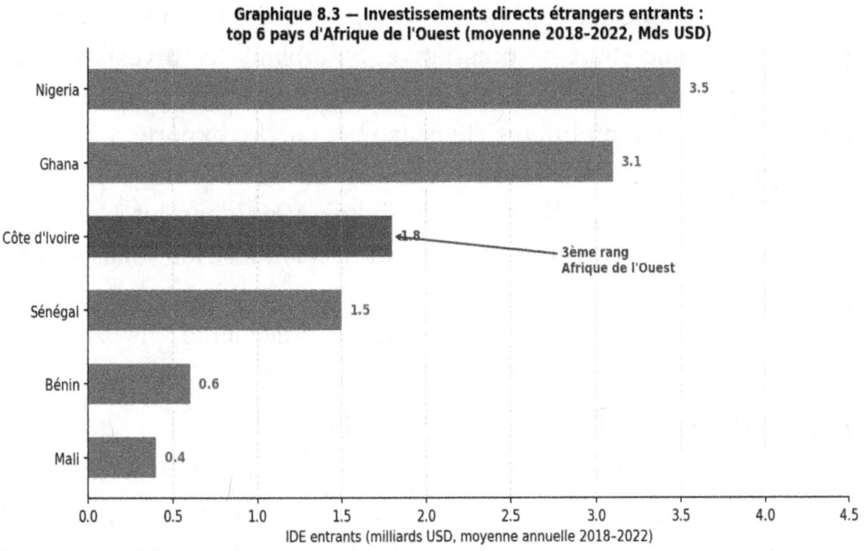

Graphique 8.3 - Investissements directs étrangers entrants : top 6 pays d'Afrique de l'Ouest (moyenne annuelle 2018–2022, milliards USD). Sources : CNUCED, Banque mondiale. Note : la Côte d'Ivoire se positionne au 3ème rang régional, derrière le Nigeria et le Ghana.

Les investissements directs étrangers : d'une attraction quantitative à une stratégie qualitative

Les IDE jouent un rôle essentiel : ils apportent non seulement des capitaux, mais aussi des technologies, des compétences et des pratiques managériales. En 2022, la Côte d'Ivoire a attiré environ 1,7 milliard de dollars d'IDE, en hausse significative par rapport à la moyenne de 500 millions de dollars de la décennie 2000. Ce chiffre la place au 3ème rang en Afrique de l'Ouest, derrière le Nigeria (environ 5,3 milliards de dollars) et le Ghana (environ 2,5 milliards de dollars), et représente environ 12–14 % des flux d'IDE entrants en Afrique de l'Ouest. À l'échelle du continent africain, qui a reçu environ 45 milliards de dollars d'IDE en 2022 selon la CNUCED, la part ivoirienne s'établit à environ 3,8 %. Ces chiffres, bien qu'encourageants au regard du point de départ, révèlent une marge de progression considérable : l'Afrique du Sud capte à elle seule plus de 9 milliards de dollars, le Maroc plus de 3 milliards, et l'Égypte plus de 8 milliards. La Côte d'Ivoire ne bénéficie encore que d'une infime fraction des flux mondiaux d'IDE, qui s'élevaient à environ 1 300 milliards de dollars en 2022.

L'enjeu pour la Côte d'Ivoire est de passer d'une logique d'attraction quantitative à une stratégie qualitative, en ciblant des investissements alignés avec les priorités nationales : industrialisation, transformation locale des matières premières (le cacao est encore exporté à 70–80 % sous forme brute), innovation technologique et développement des énergies renouvelables. Ils facilitent l'intégration dans les chaînes de valeur mondiales et renforcent la compétitivité industrielle sans alourdir le bilan de l'État, ce qui les distingue fondamentalement de l'endettement souverain analysé à la section précédente.

Les partenariats public-privé et le capital-risque

Dans un contexte où le service de la dette absorbe déjà près de 35 % des recettes fiscales, les PPP constituent une réponse directe à la contrainte budgétaire : ils permettent de financer des infrastructures et des services publics de grande envergure sans alourdir davantage la dette souveraine. La Côte d'Ivoire y a déjà recours dans les transports, l'énergie et la distribution d'eau, avec un portefeuille de projets PPP estimé à plus de 2 000 milliards de FCFA sur la période 2020–2025. Mais leur succès repose avant tout sur la qualité du cadre institutionnel : réglementation claire, capacités de négociation renforcées et mécanismes de suivi rigoureux. Le capital-risque, encore embryonnaire, les investissements en capital-risque dans l'ensemble de l'Afrique francophone subsaharienne représentent moins de 300 millions de dollars par an, constitue un levier complémentaire pour financer les start-ups innovantes dans les secteurs fintech, e-commerce, agriculture intelligente. Son développement suppose un environnement réglementaire adapté, des incitations fiscales et une évolution des mentalités vis-à-vis de l'échec entrepreneurial.

Les marchés financiers régionaux

La Bourse Régionale des Valeurs Mobilières (BRVM) constitue le prolongement naturel du rééquilibrage évoqué à la section 8.4 : en mobilisant l'épargne nationale au bénéfice de l'investissement, elle permet de réduire progressivement la dépendance aux eurobonds et à la dette à taux de marché. Sa capitalisation boursière a atteint environ 8 500 milliards de FCFA en 2024, dont plus de 45 % portés par des titres ivoiriens. Cependant, son potentiel reste sous-exploité : seules environ 45 sociétés sont cotées, représentant un ratio capitalisation/PIB régional d'environ 25 %, très en deçà de la moyenne africaine (60 %) ou de l'Afrique du Sud (300 %). La culture boursière demeure peu développée, et l'accès pour les PME reste complexe. Son développement nécessite des réformes structurelles : amélioration de la transparence, développement de nouveaux instruments (obligations vertes, obligations infrastructurelles), promotion de l'éducation financière et élargissement de la base d'investisseurs.

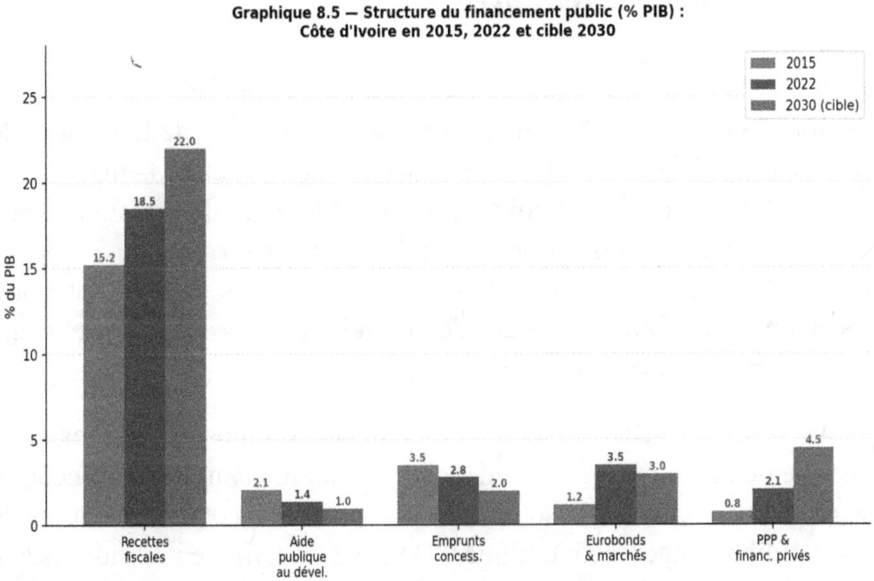

Graphique 8.5 - Structure du financement public (% PIB) : Côte d'Ivoire en 2015, 2022 et cible 2030. Sources : FMI, Ministère de l'Économie et des Finances, OCDE. Note : la cible 2030 reflète la stratégie nationale de souveraineté financière progressive.

Ces trois leviers : IDE, PPP et marchés financiers partagent une caractéristique qui les distingue fondamentalement des ressources comme de la dette souveraine : ils sont conditionnels. Leur mobilisation effective dépend de la perception externe de la Côte d'Ivoire : qualité du cadre réglementaire, stabilité institutionnelle, crédibilité macroéconomique. En ce sens, les efforts engagés en 8.3, élargissement de l'assiette fiscale, approfondissement de l'inclusion financière et en

8.4 : maîtrise du ratio dette/PIB, amélioration de la notation souveraine ne sont pas seulement des objectifs financiers autonomes ; ils sont aussi les conditions préalables de l'attractivité pour les capitaux extérieurs. Un pays dont la gouvernance financière progresse envoie un signal de crédibilité qui amplifie naturellement les flux d'IDE, facilite la structuration de PPP ambitieux et approfondit les marchés financiers régionaux.

Conclusion - Réformer, mobiliser, investir : les conditions d'une soutenabilité retrouvée

Au terme de ce chapitre, une évidence s'impose : la prospérité durable de la Côte d'Ivoire ne dépend pas uniquement de la vigueur de sa croissance, mais de la solidité de ses institutions et de la maîtrise de ses équilibres macroéconomiques. Derrière un taux de pression fiscale de 14,8 % du PIB, un service de la dette absorbant près de 36 % des recettes fiscales et des notations de crédit ancrées dans la catégorie spéculative, se lisent les marges de progrès mais aussi les risques d'une trajectoire qui n'a rien d'automatique.

Au terme de ce chapitre, une évidence s'impose : la prospérité durable de la Côte d'Ivoire ne dépend pas uniquement de la vigueur de sa croissance, mais de la solidité de ses institutions et de la maîtrise de ses équilibres macroéconomiques. Derrière un taux de pression fiscale de 14,5 % du PIB, un service de la dette absorbant 35 % des recettes fiscales et des notations de crédit ancrées dans la catégorie spéculative, se lisent les marges de progrès mais aussi les risques d'une trajectoire qui n'a rien d'automatique.

L'État de droit, la transparence et la lutte contre la corruption ne sont pas de simples principes normatifs ; ils constituent les conditions essentielles de la confiance, sans laquelle ni l'investissement ni la cohésion sociale ne peuvent se consolider durablement. La décentralisation rappelle que l'émergence ne peut être centralisée : elle doit s'ancrer dans les territoires et réduire les inégalités régionales, aujourd'hui criantes entre un district d'Abidjan dynamique et des régions du Nord où la pauvreté touche plus d'un habitant sur deux.

Sur le plan financier, la mobilisation des ressources internes s'impose comme un impératif stratégique. Passer d'un taux de recouvrement fiscal de 75 % à 90 % et porter le taux de pression fiscale à 20 % représente un horizon réaliste à dix ans, qui libérerait plusieurs milliers de milliards de FCFA pour financer le développement sans recourir davantage à l'endettement. La gestion de la dette publique dont l'encours approche 21 500 milliards de FCFA exige une vigilance constante, orientée vers des investissements productifs et compatible avec les capacités de remboursement du pays, sous peine de voir la notation dégradée et l'accès aux marchés renchéri.

Enfin, les 3,8 milliard de dollars d'IDE attirés en 2024 constituent un socle, non un plafond. Portés par des PPP rigoureux, une BRVM plus profonde et un écosystème de capital-risque en émergence, ils pourraient être multipliés si la gouvernance économique répond aux attentes des investisseurs. Ainsi, la Côte d'Ivoire se trouve à un tournant décisif : transformer une croissance dynamique en une prospérité durable, fondée sur des institutions fortes, une gestion financière maîtrisée et une vision stratégique à long terme.

PARTIE III - Les conditions d'une puissance économique émergente

Au terme d'une double analyse, celle des racines de la fragilité ivoirienne, puis celle des fondations d'une prospérité durable, une évidence s'impose : l'émergence ne résulte pas d'un levier unique, mais de la convergence de plusieurs facteurs économiques, sociaux et institutionnels. Les deux premières parties ont mis en lumière cette architecture : d'abord, les héritages historiques, les fragilités institutionnelles et les limites structurelles du modèle de croissance (chapitres 1 à 3) ; ensuite, les piliers d'un développement rénové : capital humain, diversification économique, transformation numérique, transition écologique et gouvernance soutenable (chapitres 4 à 8).

Cependant, l'expérience internationale montre que la solidité de ces fondations ne suffit pas. De nombreux pays ont engagé des réformes ambitieuses sans parvenir à transformer durablement leur trajectoire. Ce paradoxe s'explique souvent par des fractures sociales persistantes, une croissance insuffisamment inclusive ou une cohésion nationale fragile. La Côte d'Ivoire, marquée par des décennies de tensions et de crises, illustre pleinement cette réalité.

L'enjeu de cette troisième partie se situe précisément à l'intersection entre performance économique et dynamique sociale. Car l'émergence suppose une croissance partagée, accessible au plus grand nombre, et capable d'intégrer progressivement les acteurs de l'économie informelle, qui constituent une composante majeure du tissu économique.

Dès lors, la question centrale n'est plus seulement celle de la création de richesse, mais celle de sa distribution, de son accessibilité et de sa capacité à renforcer le lien social. La cohésion sociale apparaît ainsi comme une condition préalable à toute trajectoire de développement durable.

Cette partie vise donc à analyser les conditions concrètes permettant de consolider les fondations précédemment établies et de les transformer en puissance économique durable. Elle interroge la capacité de la société ivoirienne à réduire ses fractures, à valoriser ses diversités et à construire un modèle de croissance inclusif et résilient.

Elle s'articule autour de deux chapitres complémentaires : d'une part, les dynamiques internes liées à la cohésion sociale, à l'inclusion économique et à l'intégration de l'économie informelle (chapitre 9) ; d'autre part, l'insertion régionale et internationale de la Côte d'Ivoire dans la mondialisation, qui conditionne l'ampleur et la durabilité de l'émergence (chapitre 10).

Ainsi, cette transition marque un changement de paradigme : de l'analyse des structures économiques et institutionnelles vers celle des dynamiques humaines et géopolitiques. Car, en définitive, l'émergence repose autant sur la qualité des institutions que sur la capacité d'une société à transformer ses tensions en forces et ses fragilités en leviers de résilience.

Chapitre 9 : Cohésion sociale, inclusion et économie informelle

Aucun projet de prospérité durable ne peut faire l'économie d'une question centrale : qui bénéficie réellement de la croissance, et qui en est exclu ? En Côte d'Ivoire, deux réalités structurelles répondent à cette interrogation avec une force particulière. La première est sociale et politique : derrière le dynamisme des indicateurs macroéconomiques persistent des fractures ethniques, régionales, mémorielles qui fragilisent le contrat national et rendent la paix vulnérable. La seconde est économique : environ 80 % des emplois relèvent du secteur informel, un univers d'ingéniosité et de résilience qui fait vivre des millions de familles, mais dont les travailleurs restent sans protection, sans accès au crédit, sans horizon d'accumulation.

Ces deux réalités ne sont pas indépendantes. L'informel prospère là où la défiance envers l'État est forte, où les institutions peinent à tenir leurs promesses, où les exclusions sociales ferment les portes de l'économie formelle. Inversement, la cohésion sociale ne peut se consolider sans une économie inclusive, capable d'offrir à chaque citoyen, quelle que soit son origine géographique, ethnique ou sociale, un accès équitable aux opportunités. Cohésion et formalisation sont ainsi deux dimensions d'un même défi : celui de l'émergence par l'inclusion.

Ce chapitre examine ces deux dimensions. Il analyse d'abord les enjeux de cohésion sociale, de réconciliation nationale et de gestion des tensions ethniques et régionales (9.1). Il mesure ensuite l'ampleur et les dynamiques de l'économie informelle ivoirienne (9.2), avant d'examiner les stratégies de formalisation et d'inclusion économique (9.3) et les dispositifs de protection sociale dédiés aux travailleurs informels (9.4).

9.1 Cohésion sociale, réconciliation nationale et tensions ethniques - régionales

Une nation forgée dans la diversité, éprouvée par les crises

La Côte d'Ivoire compte plus de soixante ethnies regroupées en quatre grandes familles culturelles : les peuples Akan (Baoulé, Agni, Abron), les Krou (Bété, Dida, Guéré), les Mandé du Nord (Dioula, Malinké) et les Mandé du Sud (Gouro, Gagou). À cette richesse intérieure s'ajoute une diversité issue de l'immigration : Burkinabè, Maliens, Guinéens, Ghanéens qui représentent historiquement plus d'un quart de la population.

Mais la réalité démographique ivoirienne est aujourd'hui plus complexe encore. Le pays s'est constitué, au fil des décennies, en une société véritablement multiraciale. La communauté libanaise, présente depuis le début du XXe siècle, joue un rôle structurant dans le tissu économique national : active dans le commerce, la distribution, le BTP et l'agroalimentaire, elle est estimée à plusieurs centaines de milliers de personnes et représente l'une des plus importantes diasporas libanaises du continent africain. Les communautés d'origine nord-africaine : Marocains, Tunisiens, Algériens, constituent quant à elles une présence croissante, notamment dans les secteurs des services, de l'immobilier et des professions libérales, concentrée en particulier à Abidjan. La question de l'intégration de toutes ces composantes dans un projet national commun reste l'un des défis fondamentaux de la Côte d'Ivoire contemporaine.

Sous Félix Houphouët-Boigny, une relative paix sociale avait été maintenue grâce à une économie florissante et à un modèle d'intégration pragmatique des immigrés dans l'économie agricole. Mais cette harmonie reposait sur des équilibres fragiles : centralisation du pouvoir, distribution clientéliste des ressources, tensions latentes autour de la terre dans les zones forestières. La mort du « Père de la Nation » en 1993 a libéré ces tensions. Le concept d'ivoirité, apparu dans les années 1990 pour qualifier l'appartenance nationale, a été progressivement détourné en instrument d'exclusion politique. L'instabilité qui a suivi : coup d'État de 1999, rébellion de 2002, crise postélectorale de 2010-

2011 a laissé des blessures profondes et une méfiance durable entre communautés.

Les leçons des crises et le chantier inachevé de la réconciliation

Les crises successives ont révélé plusieurs failles structurelles dont la Côte d'Ivoire ne peut faire l'impasse. D'abord, les mécanismes électoraux insuffisamment crédibles ont transformé chaque scrutin en potentiel détonateur de violence. La Commission électorale indépendante (CEI), dont la composition a longtemps reflété les rapports de force politiques plutôt qu'une impartialité réelle, a été à l'épicentre des contestations de 2010 et de 2020. À titre de comparaison, le Ghana qui a connu six alternances politiques pacifiques entre 1992 et 2024 a construit une Commission électorale dont les membres sont désignés par un processus multipartie incluant la société civile, lui conférant une légitimité transpartisane durable.

La Commission Dialogue, Vérité et Réconciliation (CDVR), opérationnelle entre 2011 et 2014, a recueilli plus de 72 000 témoignages et documenté les violences des deux décennies de crise. À sa dissolution, le relais a été partiellement repris par la Commission Nationale pour la Réconciliation et l'Indemnisation des Victimes (CONARIV), puis par l'Institution Nationale des Droits de l'Homme (ING). Ces structures, insuffisamment dotées en moyens humains et budgétaires, ont vu leurs travaux s'essouffler. Les recommandations de la CDVR, notamment en matière de justice transitionnelle et de réparations aux victimes n'ont été que partiellement mises en œuvre. La perception d'une justice sélective, les poursuites ayant ciblé quasi exclusivement le camp des perdants de 2011, a affaibli la portée symbolique du processus.

Pour que la réconciliation devienne irréversible, trois étapes restent à franchir : l'inclusion politique effective de toutes les sensibilités ; la mise en œuvre d'une justice transitionnelle équitable ; et la construction d'une mémoire partagée enseignée dans les écoles.

La jeunesse et le chômage : une bombe à retardement sociale

La dimension démographique ajoute une urgence particulière à la question de la cohésion. Avec près de 60 % de sa population âgée de moins de 25 ans, la Côte d'Ivoire fait face à une pression du marché du travail sans précédent. Le taux de chômage des jeunes en milieu urbain est estimé entre 25 et 30 %, et le sous-emploi structurel touche une proportion bien plus large encore. Une jeunesse sans emploi formel, sans accès au crédit, sans perspective d'ascension sociale, constitue un réservoir de frustration facilement mobilisable par les discours identitaires.

L'histoire récente montre que les épisodes de violence en Côte d'Ivoire ont systématiquement impliqué des jeunes hommes marginalisés, instrumentalisés par des réseaux clientélistes. Offrir à cette jeunesse une perspective économique réelle, emplois formels, formations techniques, entrepreneuriat accompagné est donc simultanément un impératif économique et une politique de prévention des conflits. Les programmes d'emploi des jeunes (PEJEDEC, Programme Emploi Jeunes lancé en 2022) constituent des avancées, mais leur portée reste limitée au regard de l'ampleur du défi.

La question foncière : cristallisation des tensions ethniques et régionales

Dans l'Ouest forestier, la question foncière demeure la principale ligne de fracture. La cohabitation entre populations autochtones (Guéré, Wê), allochtones ivoiriens (Baoulé) et migrants étrangers (Burkinabè, Maliens) autour des terres à cacao a engendré des conflits récurrents, parfois meurtriers. La loi foncière de 1998, qui prévoit l'immatriculation des droits coutumiers, reste très partiellement appliquée : selon les données du Ministère de l'Agriculture, moins de 5 % des terres rurales avaient fait l'objet d'un certificat foncier au début des années 2020. Ce vide juridique entretient l'ambiguïté et facilite l'instrumentalisation politique des conflits d'usage.

Le Programme National de Gestion Foncière Rurale (PNGFR), soutenu par la Banque mondiale et l'Union Européenne, cherche à accélérer la délivrance de certificats fonciers à travers des procédures simplifiées et participatives. Ses premiers résultats, positifs dans les zones pilotes du Centre-Ouest, méritent d'être généralisés. La sécurisation foncière n'est pas seulement un facteur de paix : c'est aussi un prérequis à l'investissement agricole, car des exploitants incertains de leurs droits n'investissent pas dans leurs terres.

Mais, au-delà du foncier, c'est la perception d'inégalités régionales dans la répartition des ressources publiques qui alimente les tensions. Des études comparatives menées par la Banque mondiale (2021) montrent que les régions du Nord et du Centre-Ouest ont historiquement bénéficié de dotations en infrastructures inférieures à celles du Sud et du Centre. Le taux d'accès à l'eau potable dans certaines régions était encore inférieur de 20 points à la moyenne nationale en 2020. Réduire ces disparités territoriales n'est pas seulement une question d'équité : c'est une condition de la stabilité nationale.

Construire une cohésion durable : l'impératif de l'inclusion

La consolidation de la cohésion sociale appelle une stratégie à plusieurs niveaux. Au plan institutionnel, l'indépendance réelle des organes électoraux et judiciaires est un préalable à la légitimité démocratique. Au plan territorial, la décentralisation effective ; les collectivités locales ivoiriennes ne disposent en moyenne que de 3 à 5 % des recettes publiques totales peut redonner aux régions les leviers d'un développement inclusif. Au plan éducatif, les programmes scolaires doivent promouvoir l'histoire nationale dans toute sa complexité et les valeurs de citoyenneté. Au plan médiatique, une régulation plus stricte des discours de haine, associée à des plateformes de dialogue pluraliste, peut contribuer à réduire la polarisation.

Des pays comme le Rwanda et le Ghana offrent deux modèles instructifs. Le Rwanda a parié sur un travail mémoriel intense (juridictions gacaca, commémorations annuelles, interdiction légale des partis fondés sur une identité ethnique) couplé à une croissance inclusive. Le Ghana a misé sur des institutions électorales crédibles et une alternance politique pacifiée. La Côte d'Ivoire peut s'inspirer de ces deux trajectoires, en tenant compte de ses propres réalités. La cohésion sociale se construit aussi dans l'économie : c'est ce que les sections suivantes examinent.

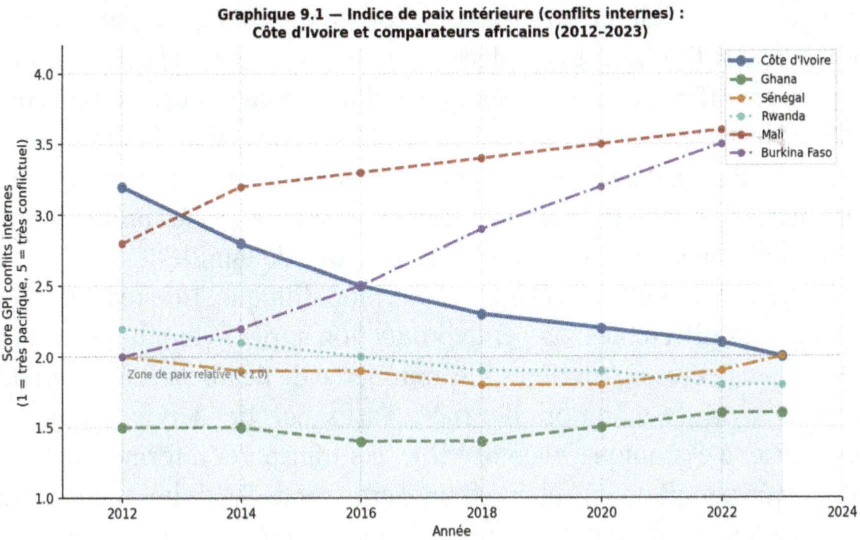

Graphique 9.1 - Indice de paix intérieure (conflits internes) : Côte d'Ivoire vs 6 comparateurs africains (2012–2023). Source: Global Peace Index (Institute for Economics and Peace), calculs auteur.

9.2 L'économie informelle : entre survie et dynamisme économique

Un secteur prédominant mais hétérogène

L'économie informelle ivoirienne est à la fois une réalité massive et une réalité complexe. Selon les estimations combinées de l'Institut National de la Statistique (INS), du BIT et de la Banque mondiale, elle représente entre 75 % et 82 % de l'emploi non agricole total et contribue à hauteur de 35 à 40 % du PIB non agricole. Dans les zones rurales, sa part est encore plus élevée : l'essentiel des activités agricoles de subsistance et de transformation artisanale s'effectue en dehors de tout cadre réglementaire formel.

Dans les rues bouillonnantes d'Abidjan, au cœur des marchés animés d'Adjamé, sous les échoppes de bois de Treichville ou encore au détour des trottoirs de Yopougon, une économie parallèle bat son plein. Ici, tout s'achète, tout se négocie, tout se troque. L'activité ne cesse jamais, alimentée par l'ingéniosité d'une population qui, face aux contraintes du marché du travail, a su trouver des alternatives pour survivre et prospérer. À Bouaké, les conducteurs de mototaxis serpentent entre les véhicules, offrant une mobilité indispensable à ceux que les transports publics laissent pour compte. À l'aube, dans les quartiers d'Abobo ou de Marcory, les vendeuses de vivriers installent leurs étals, prêtes à écouler ignames, tomates et poissons fumés. Cette énergie brute irrigue l'économie nationale et fait vivre des millions de familles.

Cette économie n'est cependant pas monolithique. Elle recouvre des réalités très différentes : la petite production agricole familiale dans les zones cacaoyères ou vivrières ; le commerce de détail dans les marchés urbains ; la restauration de rue ; l'artisanat de service (couture, réparation électronique, menuiserie) ; les transports informels (gbaka, wôrô-wôrô, mototaxis) ; et une frange croissante d'activités numériques informelles, notamment les revendeurs de crédit téléphonique, les cybercafés ou les agents mobile money non enregistrés. Chaque segment a sa propre logique d'organisation, ses propres barrières à la formalisation, ses propres potentialités.

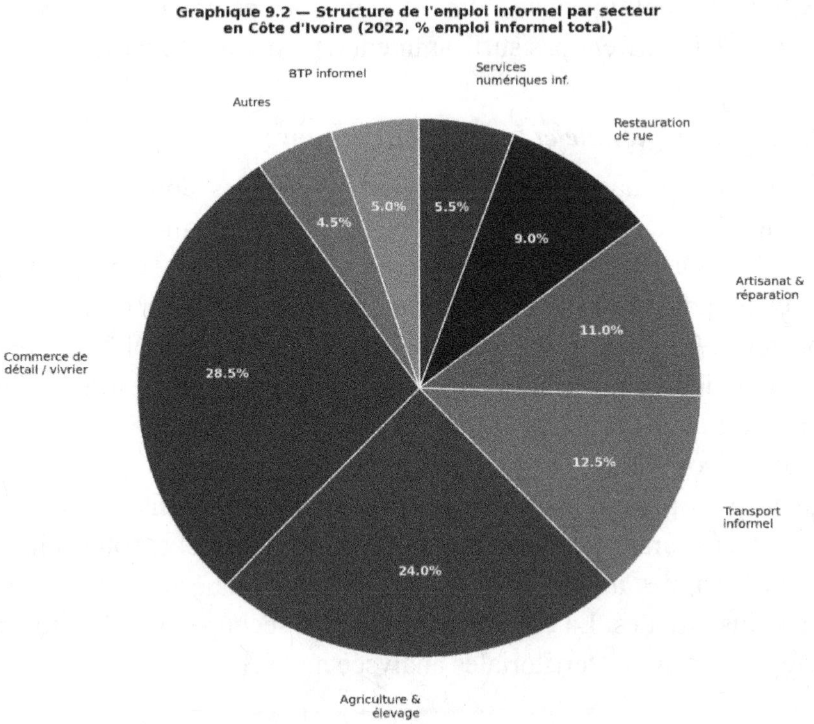

Graphique 9.2 - Structure de l'emploi informel par grand secteur en Côte d'Ivoire (2022, % emploi informel total). Source : INS Côte d'Ivoire (ENV 2022), BIT, estimations auteur.

Les déterminants de l'informalité

Plusieurs mécanismes expliquent la persistance d'un secteur informel aussi dominant. Le premier est structurel : la Côte d'Ivoire crée chaque année environ 400 000 nouveaux entrants sur le marché du travail, pour un nombre d'emplois formels créés estimé à moins de 80 000. L'écart est absorbé de façon quasi automatique par l'informalité. Le deuxième mécanisme est institutionnel : les coûts de création d'entreprise, bien qu'en recul grâce aux réformes du CEPICI, restent prohibitifs pour les petits opérateurs. Le troisième mécanisme est cognitif : beaucoup d'opérateurs informels méconnaissent les dispositifs de formalisation simplifiée ou n'y font pas confiance.

Il faut aussi souligner les bénéfices relatifs de l'informalité : flexibilité, absence de contraintes déclaratives, insertion rapide dans des réseaux de solidarité communautaire (tontines, associations de quartier). Ces avantages perçus ne doivent pas être ignorés dans la conception des politiques de formalisation, sous peine de proposer des transitions qui n'offrent pas suffisamment d'incitations réelles.

La dimension régionale et la question du genre

L'informel est aussi fortement genré : selon les données du BIT (2022), les femmes représentent plus de 65 % des travailleurs informels en Côte d'Ivoire, concentrées dans le commerce de détail, la restauration de rue et la transformation agro-alimentaire artisanale. Leur accès limité à la propriété foncière, au crédit formel et à la protection sociale les rend particulièrement vulnérables aux chocs économiques. L'informalité féminine est ainsi un indicateur composite de l'inégalité de genre dans l'économie ivoirienne.

Sur le plan régional, l'informalité est structurellement plus élevée dans les zones rurales, où le tissu entrepreneurial formel est plus mince, les infrastructures moins développées et les distances aux marchés urbains plus grandes. La carte de l'informalité recoupe donc largement la carte des inégalités territoriales analysée au §9.1.

L'enjeu fiscal et la révélation de la crise COVID-19

L'impact fiscal du secteur informel est considérable. Avec une pression fiscale tournant autour de 12 à 14 % du PIB bien en deçà des 20 % recommandés par le FMI, la Côte d'Ivoire se prive de ressources essentielles. Un exercice de simulation illustre l'enjeu : si la part des entreprises opérant dans l'informel passait de 80 % à 65 % de l'emploi total, le surplus de recettes fiscales mobilisables serait estimé à environ 2 100 milliards de FCFA par an (calculé sur la base d'un PIB de 70 000 milliards de FCFA et d'une cible de pression fiscale à 20 %), soit l'équivalent de près de 15 % du budget national actuel.

La crise COVID-19 a été, en ce sens, un révélateur brutal. En 2020, les travailleurs informels, dépourvus de tout filet de sécurité, ont subi une perte de revenus directe et immédiate, sans pouvoir bénéficier des mesures de chômage partiel réservées aux salariés du secteur formel. L'ampleur de la détresse sociale a contraint le gouvernement à déployer en urgence des transferts monétaires via le programme « Côte d'Ivoire Solidaire », ciblant 167 000 ménages vulnérables. Cet épisode a confirmé que l'absence de protection formelle des travailleurs informels est un risque systémique pour l'ensemble de la société.

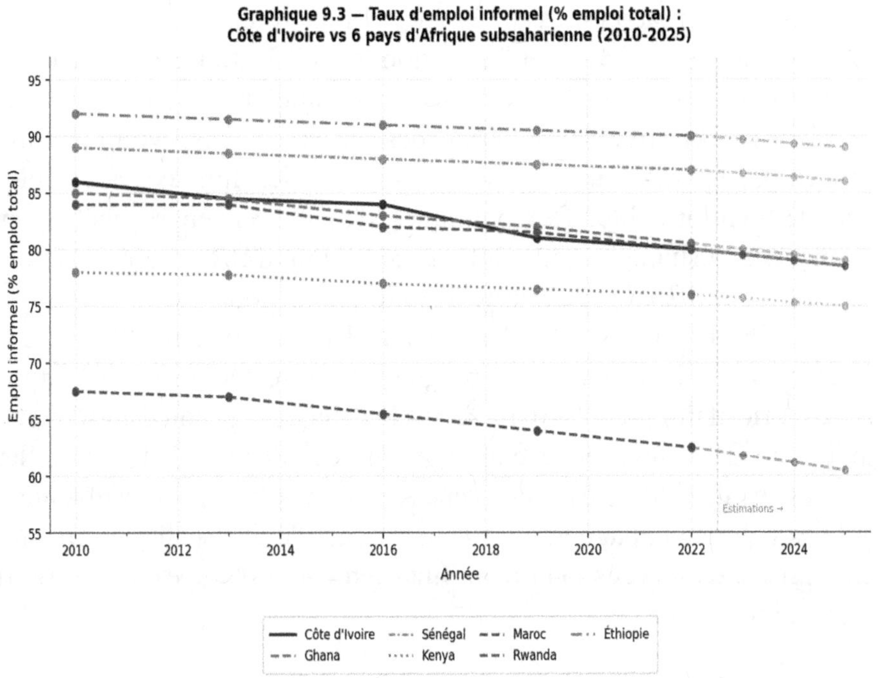

Graphique 9.3 - Taux d'emploi informel (% emploi total) : Côte d'Ivoire vs 6 pays d'Afrique subsaharienne (2010–2025). Source : BIT/OIT, estimations nationales, calculs auteur.

9.3 Stratégies de formalisation et d'inclusion économique

Le cadre stratégique : entre incitation et simplification

Les politiques de formalisation ont longtemps oscillé entre deux approches contradictoires : la répression (contrôles, fermetures administratives, amendes) et l'incitation (simplification des procédures, allégements fiscaux). L'expérience internationale montre que les politiques coercitives produisent des effets limités, voire contre-productifs, en poussant les opérateurs vers des formes encore plus opaques d'informalité. Les politiques d'incitation, en revanche, ont donné des résultats significatifs à condition d'être couplées à des services effectifs en contrepartie de la formalisation.

En Côte d'Ivoire, le Plan National de Développement (PND 2021-2025) identifie la formalisation progressive du secteur informel comme un axe prioritaire. Le CEPICI a réduit le délai de création d'entreprise à moins de 24 heures et le coût à moins de 30 000 FCFA pour les entreprises individuelles. Ces avancées sont réelles, mais insuffisantes si elles ne s'accompagnent pas d'une refonte de la fiscalité des micro-entreprises, d'un accès facilité au financement et d'une extension de la protection sociale.

La fiscalité progressive comme levier de transition

L'une des réformes les plus prometteuses est l'instauration d'un régime fiscal progressif, différencié selon le chiffre d'affaires. Le régime de la Taxe sur la Petite Entreprise (TPE) offre une base, mais ses seuils et modalités méritent d'être revus. À titre de comparaison, le régime de l'auto-entrepreneur au Maroc (introduit en 2015) a permis la formalisation de plus de 700 000 opérateurs en cinq ans grâce à un taux de cotisation unique, bas et prélevé directement sur le chiffre d'affaires déclaré mensuellement via une application mobile. En Éthiopie, un régime fiscal simplifié pour les micro-entreprises rurales a permis d'accroître les recettes locales de 30 % en trois ans dans les zones pilotes.

L'accès au financement : briser le plafond de verre des micro-entreprises

Le manque d'accès au crédit formel est l'un des principaux obstacles à la formalisation. En Côte d'Ivoire, comme dans toute la zone UEMOA, moins de 20 % des PME accèdent à un financement bancaire pour leurs investissements. Les taux d'intérêt pratiqués par les institutions de microfinance restent très élevés (20 à 35 % annuels) et les maturités trop courtes pour financer des actifs productifs durables.

Plusieurs leviers peuvent être mobilisés : le renforcement du Fonds de Garantie des PME (FGPME) et de la Société Ivoirienne de Garantie des Crédits aux Entreprises (SIGCE) pour mutualiser le risque de crédit ; le développement du mobile banking en capitalisant sur les 35 millions de comptes mobile money actifs en 2023 ; et la structuration de fonds d'investissement spécialisés dans les chaînes de valeur agricoles informelles (cacao, anacarde, manioc), qui combinent financement et accompagnement technique.

Digitalisation et formalisation : un levier sous-exploité

La digitalisation de l'économie offre une opportunité inédite de formalisation progressive. En Côte d'Ivoire, la généralisation du mobile money a déjà produit une traçabilité financière de facto pour des millions de petits opérateurs : les flux de paiement peuvent devenir la base d'un scoring de crédit et d'une imposition simplifiée. Des expériences pilotes menées au Kenya (M-Pesa Business), au Ghana (GhipSS) et en Tanzanie ont montré comment les données de transactions mobiles peuvent nourrir des systèmes d'imposition automatique à faible coût administratif.

La Côte d'Ivoire a lancé en 2022 le projet de dématérialisation fiscale e-Impôts. Étendre ce dispositif aux micro-opérateurs, via une interface mobile simplifiée et une cotisation automatiquement prélevée sur les transactions mobile money au-dessus d'un certain seuil, constituerait une innovation de politique fiscale à fort potentiel de rendement et d'acceptabilité.

L'accompagnement des femmes entrepreneures : une priorité transversale

Étant donné que les femmes représentent plus de 65 % des travailleurs informels, toute stratégie de formalisation qui ne leur est pas explicitement adressée est vouée à l'échec. Les obstacles qu'elles rencontrent sont spécifiques : accès limité aux garanties foncières pour obtenir un crédit, charges domestiques qui réduisent le temps disponible pour les démarches administratives, normes sociales qui limitent la mobilité et les réseaux professionnels. Des programmes ciblés tels que le Fonds d'Appui aux Femmes de Côte d'Ivoire (FAFCI), qui a octroyé des microcrédits à plus de 300 000 femmes depuis sa création constituent des instruments pertinents dont la portée doit être amplifiée. Coupler l'accès au microcrédit avec des formations en gestion et en comptabilité simplifiée permettrait d'ancrer durablement ces entrepreneures dans l'économie formelle.

Les structures collectives, les programmes d'État et la dimension territoriale

Les coopératives agricoles, associations professionnelles, groupements d'artisans et réseaux de commerçants constituent des relais essentiels entre l'État et les acteurs informels. Ces organisations facilitent la diffusion des bonnes pratiques, la mutualisation des ressources et l'instauration d'une confiance nécessaire à toute transformation. Dans le secteur cacaoyer, la structuration en coopératives certifiées (*certification UTZ et Rainforest Alliance*) démontre qu'une formalisation progressive et sectoriellement adaptée est possible à grande échelle.

Côté offre publique, l'Agence Nationale de la Formation Professionnelle (AGEFOP) et les Centres de Formation Professionnelle et d'Apprentissage (CFPA) permettent de doter les travailleurs informels de compétences techniques certifiées, condition préalable à leur intégration dans des chaînes de valeur formelles. Le Fonds PME (géré par la Banque Nationale d'Investissement) et la SIGCE peuvent mutualiser le risque de crédit pour les primo-accédants issus de l'informel. L'articulation cohérente de ces instruments : formation, garantie, accompagnement, fiscalité simplifiée ; est la clé d'une politique d'inclusion économique efficace.

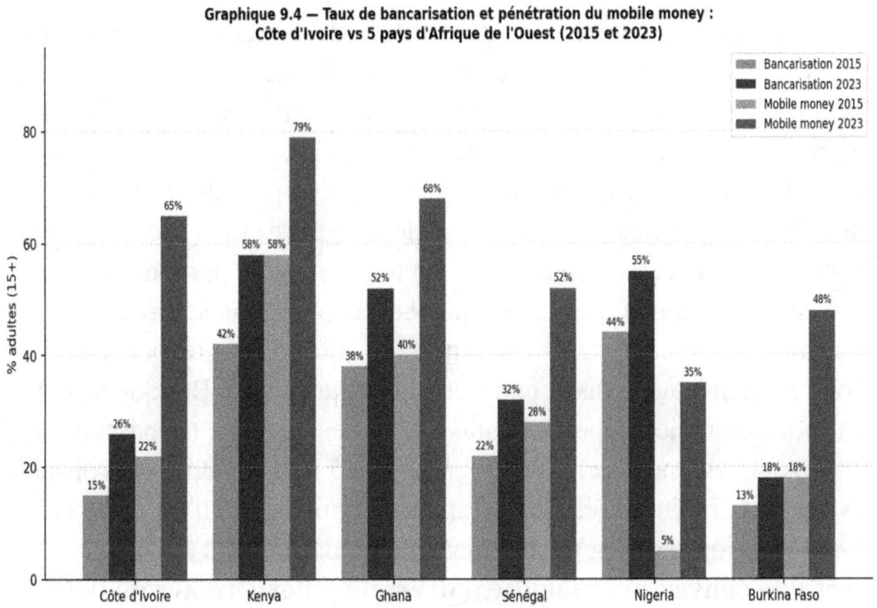

Graphique 9.4 - Taux de bancarisation et pénétration du mobile money : Côte d'Ivoire vs 5 pays d'Afrique de l'Ouest (2015 et 2023, % adultes 15+). Source : Global Findex Database (Banque mondiale), GSMA Mobile Money, calculs auteur.

9.4 Protection sociale et sécurisation des populations vulnérables

Une protection quasi inexistante pour la grande majorité

La protection sociale des travailleurs informels est l'un des angles morts les plus préoccupants du modèle de développement ivoirien. Selon les données de la Caisse Nationale de Prévoyance Sociale (CNPS), moins de 10 % des travailleurs actifs étaient affiliés à un régime de sécurité sociale formelle en 2022, soit environ 700 000 personnes sur une population active estimée à plus de 9 millions. Les travailleurs du secteur informel sont donc exposés sans filet aux risques de maladie, d'accident du travail, de vieillesse et de perte de revenus.

Cette situation a des conséquences économiques directes : sans épargne de précaution ni assurance, un aléa de santé peut suffire à plonger un ménage dans la pauvreté. Des études de la Banque mondiale ont montré que les dépenses catastrophiques de santé (dépassant 10 % des revenus du ménage) touchent plus de 15 % des ménages ivoiriens à revenus bas ou intermédiaires. La protection sociale n'est donc pas un luxe redistributif : c'est un stabilisateur économique et social.

Vers une couverture maladie universelle : l'expérience de la CMU

La Couverture Maladie Universelle (CMU), lancée en Côte d'Ivoire en 2014 et réformée en 2021, constitue le principal outil d'extension de la protection sociale aux travailleurs informels. Son principe : une cotisation subventionnée (fixée à 1 000 FCFA/mois pour les adhérents du secteur informel) ouvrant droit à une prise en charge partielle des soins dans les formations sanitaires conventionnées.

Les résultats à date restent en deçà des ambitions. Le taux d'adhésion dans le secteur informel est estimé à moins de 5 % des bénéficiaires potentiels, en raison de plusieurs obstacles : manque d'information et de confiance dans le dispositif ; difficultés de collecte des cotisations auprès de travailleurs aux revenus irréguliers ; qualité insuffisante des soins dans certains établissements conventionnés. Des pays africains ont obtenu des résultats bien supérieurs grâce à des mécanismes de collecte adaptés. Le Rwanda, dont la Mutuelle de Santé couvre plus de 85 % de la population, collecte les cotisations via les autorités locales (umudugudu), avec des tarifs modulés selon le revenu du ménage. Le

Ghana NHIS, malgré ses difficultés de financement, a atteint un taux d'enregistrement de 40 % en maintenant un niveau de qualité de soins satisfaisant.

Le Programme Social du Gouvernement et les filets sociaux

En dehors de la CMU, le Programme Social du Gouvernement (PSGouv, lancé en 2019 et reconduit pour la période 2022-2024) a représenté une avancée significative dans la construction de filets de sécurité élargis. Ce programme, doté d'un budget de plus de 1 200 milliards de FCFA sur sa première phase, a combiné plusieurs instruments : gratuité des cantines scolaires, subventions sur les produits de première nécessité, transferts monétaires aux ménages vulnérables via le Registre Social Unifié (RSU), et accès gratuit aux soins pour les indigents. Ses résultats, mitigés en matière d'exécution budgétaire, ont néanmoins démontré la faisabilité d'une politique de protection sociale ciblant les ménages en dehors de l'économie formelle.

Le Registre Social Unifié (RSU), dont la mise en place progressive vise à identifier les ménages vulnérables sur la base de critères socioéconomiques vérifiés, représente une infrastructure de données indispensable à tout système de protection sociale efficace. Son déploiement doit être accéléré et étendu à l'ensemble du territoire, y compris dans les zones rurales enclavées.

La retraite et la vieillesse : l'impasse du secteur informel

Pour les travailleurs informels âgés, l'absence de retraite formelle signifie une dépendance totale vis-à-vis de la solidarité familiale. Cette solidarité est appelée à se fragiliser sous l'effet de l'urbanisation et de la nucléarisation des ménages. La Côte d'Ivoire a un horizon de transition démographique devant elle : c'est maintenant qu'il faut poser les bases d'un régime de retraite inclusif, avant que la dépendance des personnes âgées ne devienne un choc social majeur.

Plusieurs pistes méritent d'être explorées : la création d'un régime de retraite contributif simplifié pour les travailleurs indépendants, avec des cotisations variables indexées sur le revenu déclaré ; le développement de produits d'épargne-retraite adaptés aux contraintes des informels, distribués via les réseaux de mobile money et de microfinance ; et l'intégration progressive de ces régimes dans l'architecture de la CMU, pour créer un guichet unique de protection sociale.

Vers un socle de protection sociale universel

L'ambition à moyen terme est la construction d'un socle de protection sociale universel, tel que recommandé par l'OIT dans sa Recommandation n°202 (2012). Ce socle comprend quatre éléments : accès aux soins de santé essentiels, sécurité de revenu pour les enfants, soutien aux adultes actifs en cas d'incapacité, et pension de base pour les personnes âgées. Aucun de ces éléments n'est pleinement opérationnel pour les travailleurs informels en Côte d'Ivoire.

La mise en place de ce socle ne peut reposer exclusivement sur des cotisations professionnelles : une part du financement doit être fiscale, ce qui renvoie aux enjeux de mobilisation des recettes internes analysés au chapitre 8. Formalisation fiscale et extension de la protection sociale se renforcent mutuellement : elles constituent ensemble les deux jambes d'une politique d'inclusion économique ambitieuse.

Par ailleurs, les solidarités traditionnelles : familiales, communautaires, professionnelles doivent être intégrées dans des dispositifs hybrides combinant solidarité informelle et protection institutionnelle. Les tontines et associations villageoises d'épargne et de crédit (AVEC), très répandues en Côte d'Ivoire, constituent des canaux de collecte potentiellement efficaces pour des produits de micro-assurance. L'expérience de Micro Assurance Santé au Mali, qui adosse ses produits aux réseaux de tontines existants, offre un modèle transposable au contexte ivoirien.

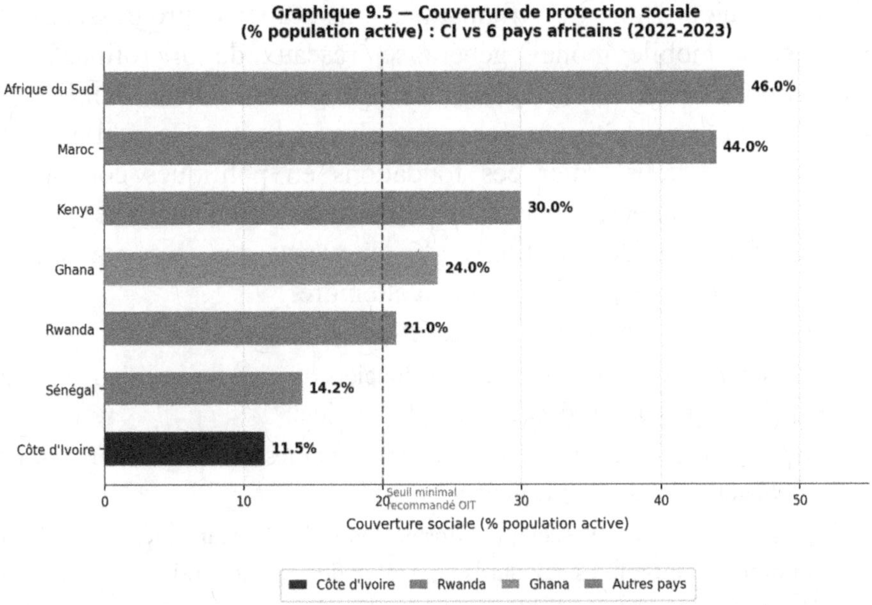

Graphique 9.5 - Couverture de protection sociale (% population active) : Côte d'Ivoire vs 6 pays africains (2022-2023). Source : OIT, Social Protection Monitor, Banque mondiale, calculs auteur.

Conclusion - Inclusion et cohésion : les fondements d'une prospérité partagée

Cohésion sociale et économie informelle incarnent les deux faces d'un même défi : l'inclusion. En Côte d'Ivoire, la croissance macroéconomique remarquable des quinze dernières années n'a pas encore produit une prospérité suffisamment partagée pour consolider le contrat social. La réconciliation nationale reste un chantier inachevé, les fractures régionales et ethniques demeurent des lignes de vulnérabilité, et l'immense majorité des travailleurs exercent leur activité sans protection, sans accès au crédit et sans perspective de retraite.

Surmonter ces défis n'est ni une utopie ni une simple question de volonté politique : c'est une nécessité économique. La Côte d'Ivoire dispose aujourd'hui des fondations, institutions progressivement renforcées, mobile money généralisé, réseaux de microfinance en expansion, CMU en déploiement, Registre Social Unifié en construction, pour bâtir une économie plus inclusive. Ce qu'il lui reste à faire, c'est transformer ces fondations en politiques cohérentes, financées et évaluées, capables de produire des effets tangibles dans la vie quotidienne des millions de citoyens que les statistiques macroéconomiques peinent encore à atteindre.

Cinq priorités d'action se dégagent de cette analyse :

- Accélérer la délivrance des certificats fonciers ruraux pour sécuriser les droits et prévenir les conflits dans les zones de tension.
- Déployer un régime fiscal mobile simplifié pour les micro-opérateurs, adossé aux plateformes de mobile money existantes.
- Élargir la CMU au secteur informel via des mécanismes de collecte communautaires et des standards de qualité de soins garantis.
- Étendre et consolider le Registre Social Unifié pour permettre le ciblage précis des transferts sociaux vers les ménages vulnérables.
- Investir massivement dans l'emploi des jeunes : formation technique, entrepreneuriat, emplois publics d'insertion comme politique de prévention des conflits autant que politique économique.

L'émergence ne se mesurera pas seulement au PIB par habitant, mais à la capacité de la Côte d'Ivoire à faire en sorte que la vendeuse de vivriers d'Abobo, le moto-taximan de Bouaké et le jeune diplômé sans emploi de Korhogo se reconnaissent dans le projet national et y aient une vraie place. C'est l'objet du dernier chapitre ; l'intégration régionale et le positionnement mondial d'examiner comment ce projet national peut s'appuyer sur les dynamiques continentales et mondiales pour accélérer sa réalisation.

Chapitre 10 : La Côte d'Ivoire dans la mondialisation : diplomatie, intégration et puissance régionale

À mesure que la Côte d'Ivoire consolide les fondations internes de sa transformation économique, une réalité s'impose avec une force croissante : la prospérité durable ne peut se construire en marge des dynamiques régionales et mondiales. Première économie de l'UEMOA, représentant près de 40 % du PIB de l'Union, et pôle de gravité de l'Afrique de l'Ouest, la Côte d'Ivoire se trouve à un carrefour stratégique. L'intégration économique et le positionnement international deviennent dès lors des leviers déterminants pour amplifier la croissance, diversifier l'économie et renforcer la résilience du pays.

L'ancrage au sein de la CEDEAO et de l'UEMOA offre à la Côte d'Ivoire un espace d'expansion stratégique, facilitant les échanges, l'investissement et la mobilité des facteurs de production. Avec un marché commun de plus de 400 millions d'habitants à l'échelle de la CEDEAO, cet espace constitue un terrain d'expansion naturel encore insuffisamment exploité. Toutefois, ces opportunités s'accompagnent de défis liés à la coordination des politiques économiques, aux barrières non tarifaires persistantes et à l'intensification de la concurrence régionale.

Parallèlement, la Zone de Libre-Échange Continentale Africaine (ZLECAf), opérationnelle depuis 2021, ouvre la voie à un marché intégré de 1,3 milliard de consommateurs et d'un PIB cumulé de plus de 3 400 milliards de dollars. Cette initiative historique est susceptible de transformer en profondeur les structures commerciales africaines. La Côte d'Ivoire devra y jouer un rôle actif pour éviter une spécialisation défavorable et favoriser une montée en gamme décisive de ses exportations.

Au-delà du cadre africain, l'enjeu réside dans l'insertion dans les chaînes de valeur mondiales. Dans des filières cruciales comme le cacao, où la Côte d'Ivoire concentre 40 % de la production mondiale mais transforme localement moins de 35 % de sa récolte, la création de valeur reste majoritairement captée à l'étranger. Cette réalité illustre la nécessité d'une transformation structurelle profonde, fondée sur l'industrialisation, l'innovation et une compétitivité accrue.

Enfin, la diplomatie économique, l'attractivité du territoire et la mobilisation d'une diaspora forte de plusieurs millions de personnes constituent des instruments essentiels pour capter les investissements et renforcer l'influence du pays. Ce chapitre analyse ces dynamiques, au cœur de la trajectoire vers une prospérité durable, en examinant successivement le rôle de la Côte d'Ivoire au sein de la CEDEAO et de l'UEMOA (§10.1), les enjeux du commerce intra-africain et de la ZLECAf (§10.2), le positionnement dans les chaînes de valeur mondiales (§10.3), la diplomatie économique et la diaspora (§10.4), et le rôle de locomotive régionale du pays (§10.5).

10.1 La Côte d'Ivoire au sein de la CEDEAO et de l'UEMOA : enjeux et opportunités

Un carrefour au cœur de l'intégration régionale

Au cœur de l'Afrique de l'Ouest, la Côte d'Ivoire n'est pas seulement un territoire ; elle est un carrefour. Carrefour de flux commerciaux, de dynamiques humaines et d'ambitions économiques, elle incarne, plus que tout autre pays de la sous-région, cette tension féconde entre ancrage national et projection régionale. Son appartenance à la Communauté Économique des États de l'Afrique de l'Ouest (CEDEAO, 15 États, plus de 400 millions d'habitants) et à l'Union Économique et Monétaire Ouest-Africaine (UEMOA, 8 États, environ 130 millions d'habitants) ne relève pas d'un simple cadre institutionnel : elle constitue l'un des piliers structurants de sa trajectoire de développement.

Avec un PIB nominal dépassant 70 milliards de dollars en 2023, la Côte d'Ivoire représente à elle seule près de 40 % du PIB de l'UEMOA, conférant à ses choix économiques une portée qui dépasse largement ses frontières nationales. Cette prééminence économique s'accompagne d'une responsabilité structurante : les politiques ivoiriennes, qu'il s'agisse de fiscalité, de réglementation ou d'investissement, exercent des effets d'entraînement sur l'ensemble de l'Union.

Le cadre de l'UEMOA : stabilité monétaire et limites de la convergence

Au sein de l'UEMOA, l'un des espaces d'intégration les plus aboutis du continent africain, la Côte d'Ivoire bénéficie d'un cadre macroéconomique stabilisé, fondé sur une monnaie commune ; le franc CFA, désormais en cours de réforme vers l'Eco et des règles de convergence budgétaire (déficit limité à 3 % du PIB, ratio dette/PIB plafonné à 70 %). Cette stabilité monétaire a permis de contenir l'inflation à des niveaux modérés, de réduire l'incertitude pour les investisseurs et de favoriser l'essor des échanges intracommunautaires. Abidjan, en particulier, s'est imposée comme le centre financier de l'Union : la Bourse Régionale des Valeurs Mobilières (BRVM), basée dans la capitale économique, concentre les capitalisations boursières de l'ensemble de l'espace UEMOA, avec une capitalisation dépassant 15 000 milliards de FCFA.

Cependant, cette intégration monétaire n'est pas exempte de tensions. Elle suppose une discipline budgétaire rigoureuse et limite les marges de manœuvre en matière de politique monétaire, instrument pourtant crucial pour les pays cherchant à accompagner une industrialisation accélérée. Pour un pays en quête de transformation structurelle, ce dilemme, au cœur des débats sur la réforme du franc CFA et l'avènement de l'Eco, illustre les arbitrages complexes auxquels la Côte d'Ivoire est confrontée.

Le port d'Abidjan : infrastructure régionale de fait

Dans le cadre plus large de la CEDEAO, l'intégration prend une dimension plus ambitieuse encore. Pour la Côte d'Ivoire, l'ouverture régionale renforce son rôle de hub commercial, en facilitant les échanges avec les pays enclavés comme le Mali, le Burkina Faso et le Niger. Le port autonome d'Abidjan dont le trafic a atteint près de 30 millions de tonnes de marchandises en 2022, contre 20 millions en 2012, cristallise cette centralité logistique. Environ 70 % des importations du Mali et 60 % de celles du Burkina Faso transitent par ce port, faisant de la Côte d'Ivoire une infrastructure régionale de fait, bien au-delà de ses seuls intérêts nationaux.

Malgré ces atouts, les échanges commerciaux intrarégionaux demeurent en deçà de leur potentiel. Les exportations intra-CEDEAO représentent moins de 15 % des exportations totales de la zone. Les barrières non tarifaires, les lourdeurs administratives aux frontières et les insuffisances logistiques continuent de freiner la fluidité des échanges. Pour la Côte d'Ivoire, l'enjeu est donc de rendre l'intégration effective : investissements dans les corridors de transport, modernisation des procédures douanières, harmonisation des normes commerciales.

Être une locomotive régionale ne peut être durable que si ce leadership s'inscrit dans une logique inclusive, capable de tirer l'ensemble de la région vers le haut. L'intégration régionale repose sur une conviction fondatrice : la prospérité des nations africaines est indissociable de leur capacité à s'unir, à coopérer et à construire ensemble des marchés plus vastes, plus dynamiques et plus résilients.

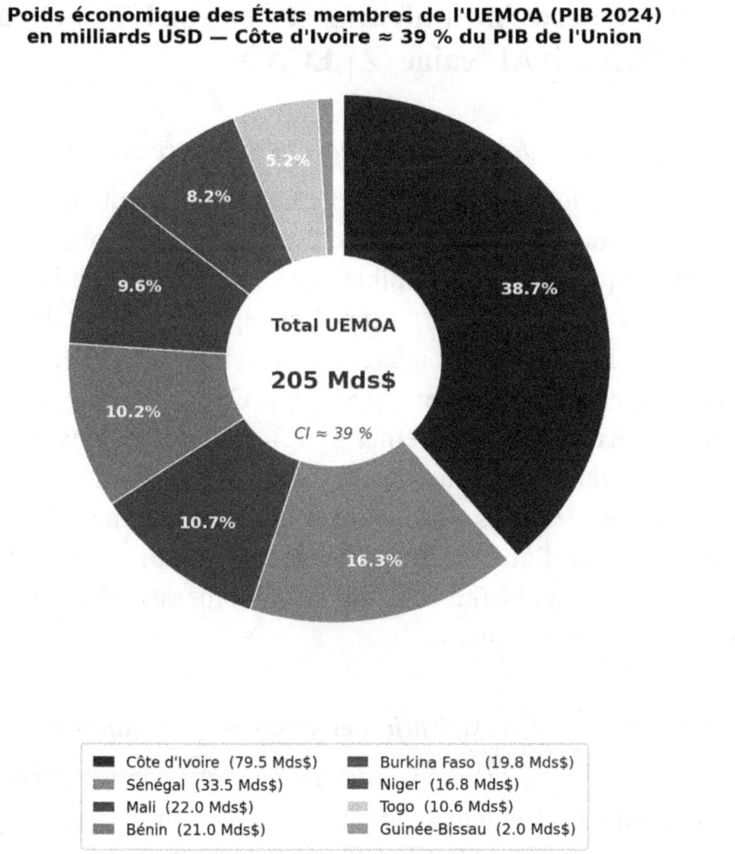

Graphique 10.1 - Poids économique des États membres de l'UEMOA (PIB 2024, en milliards USD). La Côte d'Ivoire représente ~39 % du PIB total de l'Union. Source : UEMOA Commission, FMI World Economic Outlook 2025, calculs auteur.

10.2 Commerce intra-africain et Zone de Libre-Échange Continentale Africaine (ZLECAf)

Un continent paradoxal : riche mais peu intégré commercialement

L'Afrique a longtemps été décrite comme un continent paradoxal : riche en ressources, mais fragmenté en marchés étroits ; dynamique démographiquement, mais faiblement intégré économiquement. La création de la Zone de Libre-Échange Continentale Africaine (ZLECAf), dont l'accord fondateur a été signé en 2018 et les échanges commerciaux officiellement lancés en 2021, représente une ambition historique. Avec 54 États membres, 1,3 milliard de consommateurs et un PIB cumulé de plus de 3 400 milliards de dollars, c'est potentiellement la plus grande zone de libre-échange du monde en nombre de pays. Pour la Côte d'Ivoire, qui a ratifié l'accord en 2019, cette initiative représente à la fois une promesse considérable et une interrogation stratégique.

Une promesse de diversification et de montée en gamme

La ZLECAf offre la perspective d'un marché continental susceptible de transformer profondément les structures commerciales africaines. Le commerce intra-africain oscille autour de 15 % des échanges totaux loin derrière l'Europe (62 %), l'Asie (55 %) ou l'Amérique du Nord (40 %). La CNUCED estime que la ZLECAf pourrait accroître le commerce intra-africain de plus de 50 % à horizon 2030, et réduire significativement la pauvreté. Pour la Côte d'Ivoire, dont le modèle repose encore largement sur l'exportation de matières premières vers l'Europe et l'Asie, l'enjeu est de passer d'une économie d'exportation brute à une économie de transformation et d'échanges régionaux à plus forte valeur ajoutée.

Des filières comme l'agro-industrie illustrent ce potentiel. La Côte d'Ivoire, premier producteur mondial de cacao et premier producteur africain d'anacarde, pourrait exporter vers le continent africain des produits transformés : chocolat, beurre de cacao, noix de cajou traitées, huiles végétales plutôt que des matières brutes. La restauration rapide, les industries alimentaires et les distributeurs africains représentent une demande croissante que les opérateurs ivoiriens sont encore loin de satisfaire pleinement.

Les obstacles structurels à surmonter

Cette promesse se heurte à une réalité plus complexe. Les infrastructures de transport demeurent insuffisantes : moins de 40 % des routes africaines sont asphaltées, et les coûts de transit entre pays africains voisins dépassent souvent ceux pratiqués sur des distances équivalentes en Europe ou en Asie. Les économies africaines, souvent peu diversifiées et concurrentes sur des segments similaires, peinent encore à développer des complémentarités productives naturelles.

La réduction des barrières non tarifaires constitue un chantier prioritaire. Procédures douanières complexes, normes techniques divergentes, exigences sanitaires disparates et tracasseries administratives aux frontières représentent souvent des obstacles plus pénalisants que les droits de douane formels. La digitalisation des procédures douanières à l'image du système SYDONIA déployé dans plusieurs pays de la sous-région, constitue un levier essentiel. La Côte d'Ivoire, qui a rationalisé ses procédures via le Guichet Unique du Commerce Extérieur, peut servir de modèle à l'ensemble de l'espace ZLECAf.

En définitive, la ZLECAf n'est ni un mythe ni une réalité achevée. Elle est un processus long, exigeant, semé d'obstacles mais porteur d'une transformation potentiellement profonde. Pour la Côte d'Ivoire, s'y engager pleinement représente moins une option qu'une nécessité stratégique : investir dans les infrastructures régionales, soutenir l'industrialisation locale, améliorer le climat des affaires et renforcer la compétitivité des entreprises ivoiriennes sur les marchés africains.

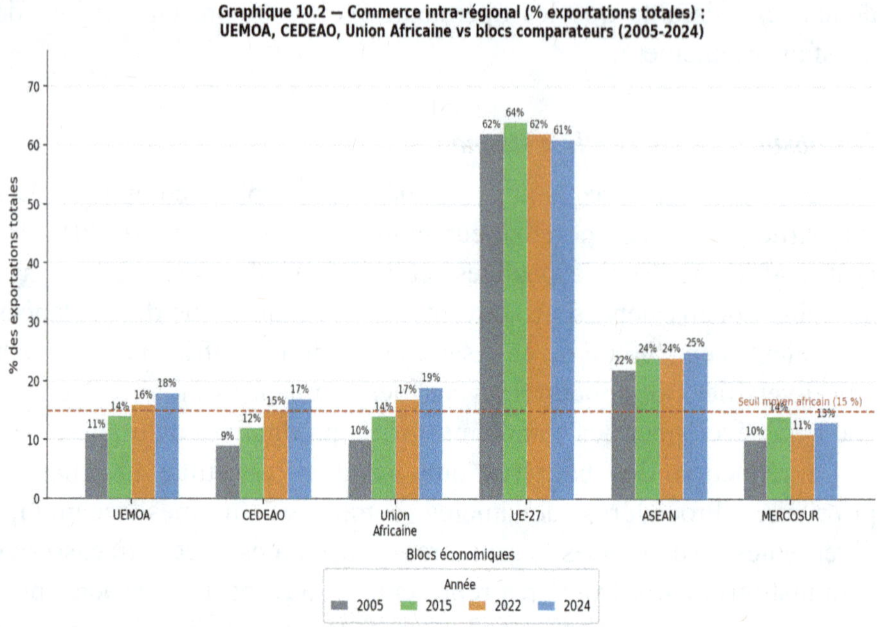

Graphique 10.2 - Commerce intrarégional (% des exportations totales) : UEMOA, CEDEAO, Union Africaine vs blocs comparateurs (UE-27, ASEAN, MERCOSUR), 2005–2024. Source : CNUCED, OMC, Commission de l'Union Africaine, calculs auteur.

10.3 Positionnement stratégique dans les chaînes de valeur mondiales : l'actionnariat comme levier de souveraineté économique

La question du positionnement de la Côte d'Ivoire dans les chaînes de valeur mondiales est souvent réduite à un seul impératif : transformer davantage sur le territoire national. Cette vision, bien qu'indispensable, est insuffisante. Elle occulte une réalité fondamentale : même à son niveau actuel de transformation, la Côte d'Ivoire dispose de leviers stratégiques puissants pour capter une part accrue de la valeur générée par ses matières premières, non pas seulement en transformant davantage ici, mais en s'appropriant les structures qui transforment ailleurs.

Prendre des participations dans les grands groupes de la filière

Le cacao ivoirien alimente en quasi-totalité les usines des géants mondiaux du secteur : Barry Callebaut (leader mondial, capitalisé à plus de dix milliards de francs suisses), Cargill, Olam International ou encore Mondelez. Ces groupes tirent une part substantielle de leur chiffre d'affaires et de leurs marges opérationnelles de la matière première ivoirienne, sans que l'État ou les acteurs locaux n'en soient actionnaires à quelque degré que ce soit. Première productrice mondiale, la Côte d'Ivoire reste donc une fournisseuse, non une co-propriétaire de la chaîne de valeur qu'elle alimente.

Un changement de paradigme s'impose. Plutôt que de ne percevoir qu'une taxe sur l'exportation, la Côte d'Ivoire pourrait acquérir des participations minoritaires mais stratégiques entre 5 et 15 %, dans les grandes entreprises de transformation et de négoce de cacao. Une telle démarche lui conférerait un droit de regard sur les orientations commerciales, une source de revenus en dividendes indexée sur la profitabilité du secteur, et un levier de négociation structurel dans la fixation des prix à l'origine. Le modèle du Government Pension Fund Global (GPFG) norvégien illustre qu'un pays producteur de matières premières peut devenir actionnaire du monde entier sans pour autant délocaliser son industrie. Plus proche, le Botswana détient depuis des décennies 15 % de De Beers, ce qui lui assure un siège au conseil d'administration et une rente durable sur la transformation diamantaire réalisée en grande partie hors de ses frontières.

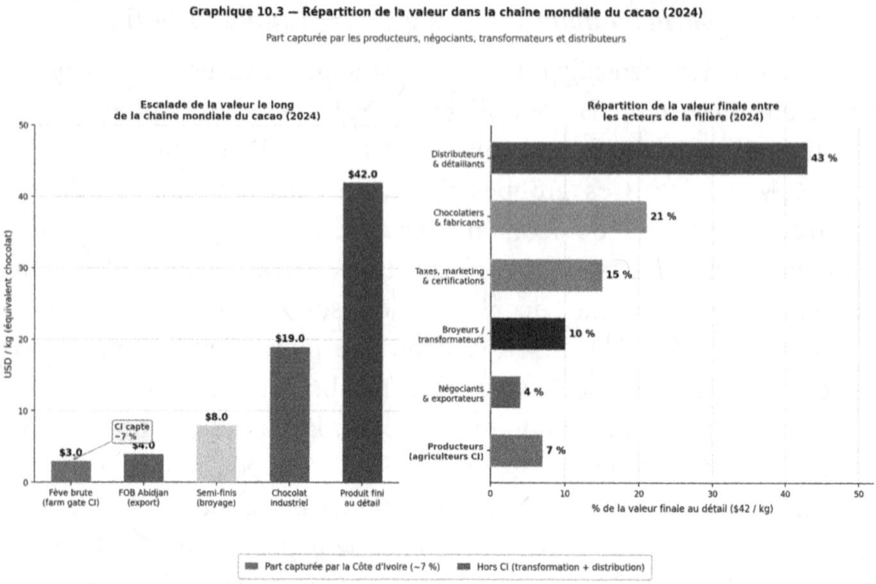

Graphique 10.3 - Répartition de la valeur dans la chaîne mondiale du cacao : part capturée par les producteurs, négociants, transformateurs et distributeurs (2024). Source : ICCO, Barry Callebaut Annual Report, Cargill, calculs auteur.

Un fonds souverain orienté vers ces actifs stratégiques

La Côte d'Ivoire perçoit chaque année plusieurs centaines de milliards de francs CFA au titre du Droit Unique de Sortie (DUS) sur le cacao. Ce prélèvement, actuellement absorbé dans le budget général de l'État, pourrait partiellement alimenter un Fonds Souverain Ivoirien dédié à l'investissement dans les actifs stratégiques des chaînes de valeur agricoles mondiales : actions dans des groupes de négoce et de transformation, prises de participation dans des infrastructures logistiques portuaires à l'international, co-investissements dans des fonds spécialisés dans les matières premières agricoles.

Un tel fonds, abondé à hauteur de 10 à 15 % du DUS annuel, atteindrait une taille critique en moins d'une décennie. Il permettrait de passer du statut de fournisseur de matière première à celui de co-propriétaire de la chaîne, capturant ainsi une partie de la rente de transformation même lorsque celle-ci s'effectue en Europe ou en Asie. Ce n'est pas un luxe réservé aux économies pétrolières : c'est une condition de souveraineté économique pour un pays dont la prospérité reste encore largement tributaire d'un seul produit brut soumis à la volatilité des cours mondiaux.

Créer un champion national du négoce et de l'exportation

Au-delà de l'actionnariat dans des groupes étrangers, la Côte d'Ivoire pourrait concevoir sa propre société nationale de négoce et d'exportation ; un opérateur intégré de type Cargill ou CGMA, mais de droit ivoirien, avec une vocation à s'internationaliser. Adossée à l'État mais dotée d'une gouvernance de type commercial et d'une autonomie de gestion, cette entité assurerait l'origination auprès des coopératives, le stockage, la commercialisation à terme sur les marchés internationaux, et progressivement la maîtrise complète de la logistique d'exportation. Elle disposerait de ses propres capacités de broyage dans les marchés à forte demande comme en Asie du Sud-Est, Afrique du Nord, Moyen-Orient, réalisant ainsi la transformation là où la demande se trouve, mais au bénéfice d'une entité ivoirienne.

Ce modèle existe et a fait ses preuves sur le continent. OCP (Maroc), parti d'un simple office d'exportation de phosphates dans les années 1960, s'est imposé comme l'un des premiers acteurs mondiaux des engrais, présent dans plus de cinquante pays, avec ses propres usines, ses flottes de navires et ses joint-ventures en Afrique subsaharienne et en Amérique latine. Ethiopian Airlines, sans ressources naturelles ni rente extractive, s'est bâti comme premier transporteur africain par la rigueur de sa gouvernance et la clarté de sa stratégie d'expansion. Ces trajectoires démontrent qu'un État africain peut engendrer un champion mondial à condition de le doter d'une gouvernance autonome, de ressources de long terme et d'une ambition clairement définie par la puissance publique.

Un positionnement activable dès aujourd'hui

Ces trois leviers : actionnariat dans les grands groupes mondiaux, fonds souverain orienté vers les chaînes de valeur, champion national du négoce, ne sont pas conditionnés à l'atteinte d'un taux de transformation locale de 50 %. Ils sont activables dès maintenant, avec les flux financiers existants du DUS et/ou des produits extractives et les instruments institutionnels à construire. La montée en gamme industrielle et la stratégie d'actionnariat ne sont pas des alternatives : elles sont complémentaires. L'une élève la transformation sur le territoire ivoirien ; l'autre garantit que la valeur créée hors du territoire profite néanmoins à la nation. C'est cette double ambition ; être à la fois le plus grand transformateur de cacao d'Afrique et le co-propriétaire des chaînes mondiales qui en tirent la rente qui définira le vrai positionnement stratégique de la Côte d'Ivoire dans l'économie du XXIe siècle.

10.4 Diplomatie économique, diaspora et attractivité internationale

Le tourisme : un pilier sous-exploité de l'attractivité internationale

La Côte d'Ivoire dispose d'un patrimoine touristique considérable, encore largement insuffisamment valorisé. Le pays offre une mosaïque exceptionnelle : côte atlantique aux plages préservées (Grand-Bassam, Assinie, San Pedro), forêts tropicales (Parc National de Tai, classé au patrimoine mondial de l'UNESCO), savanes du nord (Comoe, Marahoué), culture urbaine d'Abidjan, l'une des métropoles les plus dynamiques d'Afrique subsaharienne et un riche héritage culturel (masques Baoulé, Wê, fêtes du Dipri, gastronomie). Le secteur est en forte expansion : la Côte d'Ivoire a enregistré 6,3 millions de visiteurs en 2024, un niveau record, dans un contexte où le continent africain a dépassé de 7 % ses niveaux touristiques d'avant la pandémie. Pourtant, les recettes touristiques internationales représentaient environ 1,1 % du PIB en 2023, et demeurent structurellement faibles malgré la progression en cours, contre environ 7 % pour le Maroc, 5,8 % pour le Sénégal, ou encore 6,2 % pour la Tanzanie. L'écart est révélateur d'un potentiel non exploité qui constitue une véritable opportunité stratégique.

A titre de comparaison, les recettes touristiques de la Côte d'Ivoire atteignaient environ 550 millions de dollars en 2023, en progression sensible en 2024 portée par 6,3 millions de visiteurs, tandis que le Maroc, première destination touristique d'Afrique a enregistré plus de 11 milliards de dollars en 2024, un record absolu. Cette disparité n'est pas le reflet d'un déficit d'attractivité intrinsèque, mais d'un déficit de stratégie, d'infrastructures touristiques et de promotion internationale. Si la Côte d'Ivoire portait sa contribution touristique internationale au PIB à seulement 3 %, soit le niveau du Kenya qui a généré environ 3,5 milliards de dollars de recettes en devises en 2024 (environ 3 % de son PIB), elle génèrerait plus de 2 milliards de dollars de recettes annuelles supplémentaires et plusieurs centaines de milliers d'emplois directs et indirects.

Comment le gouvernement peut promouvoir la destination Côte d'Ivoire à l'international

Une stratégie de promotion touristique internationale efficace repose sur six axes complémentaires que le gouvernement ivoirien devrait déployer de manière coordonnée et ambitieuse.

1. **Creer une marque-destination forte et cohérente**

La Côte d'Ivoire doit se doter d'une identité touristique distincte, à l'image du Rwanda (Visit Rwanda) ou du Maroc (Royaume de Lumiere). Une campagne de nation branding baptisée "Côte d'Ivoire ; La Perle de l'Afrique de l'Ouest" pourrait être déclinée sur tous les supports numériques, dans les grands aéroports et foires touristiques mondiales (WTM Londres, ITB Berlin, Arabian Travel Market Dubai) et/ou lors de grandes compétitions sportives. Il s'agit d'incarner une promesse : diversité naturelle, dynamisme urbain, hospitalité authentique.

2. **Mobiliser la diplomatie touristique via les ambassades**

Les ambassades et consulats ivoiriens doivent être transformés en relais actifs de promotion touristique. Chaque représentation devrait disposer d'un attaché économique et touristique, forme de supports de communication attractifs et d'un mandat clair pour organiser, chaque année, au moins un évènement de valorisation du pays (nuit ivoirienne, exposition culturelle, partenariats avec les tour-opérateurs locaux). Cette approche, expérimentée avec succès par le Maroc via l'ONMT, génère un retour sur investissement touristique mesurable.

3. Investir massivement dans les infrastructures d'accueil

L'attractivité touristique internationale se construit d'abord sur des infrastructures. Cela suppose : la modernisation et l'extension de l'aéroport Felix Houphouët-Boigny d'Abidjan ; le développement d'une offre hôtelière labélisée et diversifiée (écolodges en zones rurales, hôtels-boutique à Abidjan, resorts balnéaires à Grand-Bassam et Assinie) ; l'amélioration des routes reliant les parcs nationaux ; et l'aménagement des sites patrimoniaux pour l'accueil de visiteurs internationaux. Les partenariats public-privé (PPP) constituent le vecteur naturel de ces investissements, avec des incitations fiscales ciblées pour les opérateurs touristiques.

4. Développer le tourisme culturel et d'affaires (MICE)

Abidjan dispose d'un avantage compétitif sous-exploité en matière de tourisme d'affaires : elle concentre le plus grand nombre de sièges d'entreprises régionales en Afrique de l'Ouest. Développer une infrastructure MICE (Meetings, Incentives, Conferences, Events) de classe mondiale, à l'image du Kigali Convention Center, permettrait de capter un segment de visiteurs à haute valeur ajoutée. Parallèlement, le tourisme culturel autour des masques Baoulé, Gouro, Wê, des festivals (Masa, Fêtes des Masques de Man) et de la gastronomie ivoirienne mérite d'être structuré avec des circuits thématiques certifiés et promus via TripAdvisor, Lonely Planet, Booking, RBNB.

5. Exploiter le numérique et les réseaux sociaux

La promotion touristique moderne passe par le numérique. Le gouvernement devrait financer un portail officiel de tourisme bilingue (francais/anglais) avec réservation en ligne, et lancer une stratégie de marketing d'influence en partenariat avec des créateurs de contenu (Youtubeurs voyageurs, Instagrammeurs lifestyle) disposant d'audiences internationales. Les expériences de la Namibie, du Rwanda ou de la Colombie démontrent le fort retour sur investissement de cette approche.

6. Simplifier les conditions d'entrée : e-visa et intégration régionale

L'un des freins les plus immédiats au développement touristique reste la complexité des procédures de visa. La généralisation du e-visa, déjà initiée par la Côte d'Ivoire, doit être accélérée et étendue à l'ensemble des marches touristiques prioritaires (Europe, Amérique du Nord, Asie). La mise en place d'un visa africain multi-pays en partenariat avec le Ghana, le Senegal et d'autres voisins de l'UEMOA pourrait positionner la sous-région comme une destination intégrée et réduire les couts d'entrée pour les visiteurs longue distance.

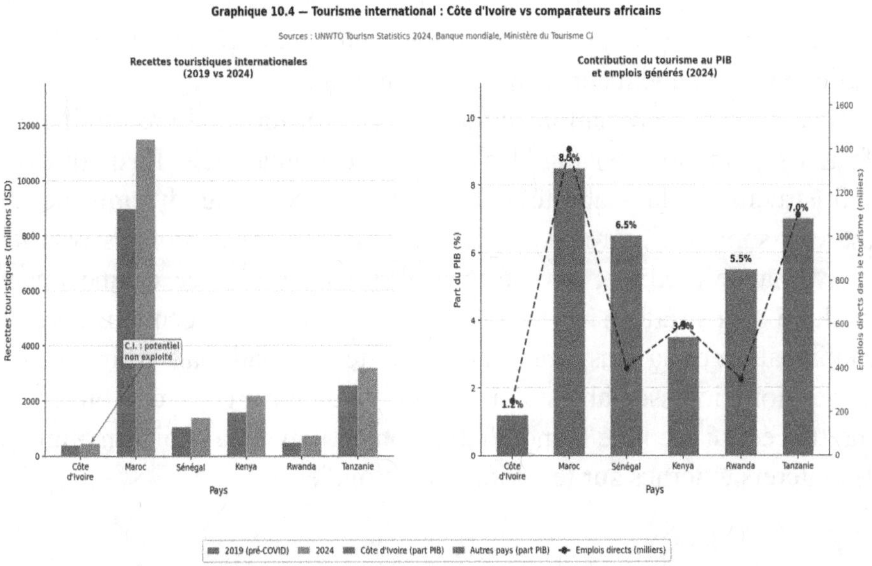

Sources : UNWTO Tourism Statistics 2024, Banque mondiale, Ministère du Tourisme CI - Estimations auteur pour 2022.

La diaspora : un levier stratégique à valoriser

La diaspora ivoirienne estimée à plus de 2 millions de personnes réparties principalement en France, dans d'autres pays d'Afrique de l'Ouest, en Amérique du Nord et au Royaume-Uni, constitue un acteur clé encore largement sous-mobilisé. Les transferts de fonds représentent, selon les estimations de la Banque mondiale, environ 3 à 3,5 milliards de dollars par an vers la Côte d'Ivoire (Banque mondiale,

Migration and Development Brief 2024), soit une source de financement externe comparable à l'aide publique au développement et aux flux d'IDE. Mais au-delà de cette dimension financière, la diaspora constitue un réseau transnational de compétences, d'expertise et de relations d'affaires.

Des exemples africains inspirants existent. L'Éthiopie a mis en place des obligations diaspora permettant de lever des financements d'infrastructure directement auprès de ses ressortissants à l'étranger. Le Maroc a institutionnalisé l'engagement de sa diaspora (MRE) avec des résultats probants en matière d'investissements productifs. Pour la Côte d'Ivoire, mobiliser ce potentiel suppose de créer des cadres juridiques adaptés pour les investissements diaspora, de simplifier les procédures d'investissement à distance, de développer des mécanismes de transfert de savoir-faire et de favoriser la participation à des projets d'innovation et de développement sur le territoire national.

L'attractivité internationale repose ainsi sur un équilibre subtil entre facteurs économiques tangibles et éléments immatériels. La qualité des infrastructures, la stabilité macroéconomique et le dynamisme du marché sont des prérequis. Mais ils doivent être complétés par une gouvernance crédible, une sécurité juridique renforcée et une image positive construite sur la durée. La diplomatie économique, la mobilisation de la diaspora et l'attractivité internationale forment trois dimensions indissociables d'une même stratégie : celle de l'ouverture maîtrisée, qui façonne la mondialisation au lieu de la subir, en alignant les intérêts externes sur les priorités nationales.

10.5 La Côte d'Ivoire comme locomotive régionale : responsabilités et défis

L'oasis au milieu du désert : une métaphore qui engage

Il existe une image qui s'impose avec une force croissante lorsque l'on observe la carte géopolitique et économique de l'Afrique de l'Ouest au milieu des années 2020 : celle d'une oasis au milieu du désert. La Côte d'Ivoire, avec ses 6,8 % de croissance annuelle moyenne sur la période 2012-2023, son indice de stabilité institutionnelle parmi les plus élevés de la sous-région, et son port d'Abidjan comme poumon logistique de neuf pays enclavés ou fragiles se trouve aujourd'hui littéralement entourée d'États en grande difficulté. À l'ouest, la Guinée sous junte militaire. Au nord, le Mali, le Burkina Faso et le Niger plongés dans des coups d'état successifs, des insurrections djihadistes et une rupture spectaculaire avec les partenaires occidentaux. À l'est, le Ghana traverse une crise économique profonde. Autour d'elle : la chaleur du destin commun, mais aussi le vent brûlant des risques qui se propagent.

Cette métaphore n'est pas qu'une figure de style. Elle porte un avertissement stratégique fondamental : une oasis isolée est une ressource précieuse, mais elle est aussi une cible. Elle attire, elle concentre les flux : humains, économiques, sécuritaires parfois au-delà de ses capacités d'absorption. Et si elle ne prend pas en charge sa propre protection et celle de son environnement immédiat, elle risque d'être submergée, contournée, ou lentement asphyxiée par l'instabilité environnante.

Pour la Côte d'Ivoire, assumer son rôle de locomotive régionale n'est donc plus un choix de politique étrangère : c'est une nécessité dictée par sa propre survie stratégique.

Cartographie d'un voisinage en recomposition profonde

Comprendre pourquoi la Côte d'Ivoire doit penser ses orientations en tenant compte de ce qui se passe chez ses voisins exige un diagnostic lucide et sans complaisance de l'état de l'Afrique de l'Ouest au milieu des années 2020. Ce diagnostic est préoccupant.

Le bloc sahélo-militaire : une recomposition géopolitique majeure

Les coups d'état au Mali (août 2020, mai 2021), au Burkina Faso (janvier et septembre 2022) et au Niger (juillet 2023) ont engendré une recomposition géopolitique d'une ampleur inédite depuis les indépendances. Les trois pays, regroupés au sein de l'Alliance des États du Sahel (AES), ont quitté la CEDEAO en janvier 2025, rompant avec le cadre d'intégration régional construit depuis 1975. Ils ont expulsé les contingents français et engagé un rapprochement stratégique avec la Russie et, dans une moindre mesure, avec la Chine et la Turquie. Pour la Côte d'Ivoire, qui partage plus de 1 300 km de frontière avec le Burkina Faso et le Mali, cette recomposition n'est pas un événement lointain : c'est une transformation du contexte sécuritaire immédiat.

Les conséquences concrètes sont déjà visibles. Les corridors commerciaux vers le Burkina Faso et le Mali qui représentent ensemble plus de 15 % du trafic du port d'Abidjan sont perturbés par les insurrections armées et les restrictions de circulation imposées par les juntes. Les flux de réfugiés et de déplacés internes en provenance du Burkina Faso ont augmenté de plus de 300 % entre 2020 et 2023, créant des pressions sur les zones frontalières du nord ivoirien (Bounkani, Hambol, Poro). Les groupes armés jihadistes actifs au Sahel : JNIM, GSIM, affiliés d'Al-Qaida ou de l'État islamique ont progressivement étendu leur rayon d'action vers le sud, franchissant la frontière burkinabé et atteignant des zones de plus en plus proches du territoire ivoirien.

La Guinée : la fracture à l'ouest

La Guinée Conakry, saisie par un coup d'état en septembre 2021, traverse une transition politique longue et incertaine sous la direction du colonel Mamadi Doumbouya. Son instabilité institutionnelle, sa gouvernance fragile et la lenteur de son retour à l'ordre constitutionnel en font un facteur de risque supplémentaire pour la Côte d'Ivoire à l'ouest. La frontière commune, mal contrôlée, est un vecteur de trafics (armes, or, drogues) et de flux migratoires irréguliers. Par ailleurs, les tensions internes en Guinée alimentent des dynamiques identitaires transfrontalières qui peuvent avoir des résonances dans les communautés de la région ouest de la Côte d'Ivoire.

Le Ghana : un partenaire sous pression économique

Le Ghana, longtemps présenté comme le modèle démocratique de la sous-région, a traversé entre 2022 et 2023 une crise économique sévère : inflation à deux chiffres, dévaluation du cedi, default partiel sur la dette extérieure, négociations douloureuses avec le FMI. Si sa stabilité institutionnelle n'est pas fondamentalement en cause, les élections de 2024 se sont déroulées dans un cadre démocratique acceptable, sa fragilité économique constitue un risque indirect pour la Côte d'Ivoire : ralentissement des échanges bilatéraux, pression migratoire, concurrence pour les IDE dans un contexte de ressources raréfiés. La trajectoire ghanéenne illustre qu'en Afrique de l'Ouest, même les pays les plus solides peuvent se retrouver en difficulté en quelques années.

Les risques géographiques : cinq vulnérabilités majeures

La prospérité relative de la Côte d'Ivoire dans un environnement régional fragilise n'est pas qu'un avantage : elle génère des vulnérabilités structurelles qu'il serait dangereux de sous-estimer.

1. **La pression migratoire et sécuritaire aux frontières nord**

Le premier risque est celui de la frontière. Avec plus de 3 400 km de frontières terrestres et une porosité structurelle liée à l'histoire des échanges transfrontaliers, la Côte d'Ivoire est exposée à des flux migratoires croissants en provenance des zones de conflit. Dans le nord du pays : les régions du Béré, Bounkani, Worodougou sont en première ligne. L'arrivée de populations déplacées par la violence au Burkina Faso et au Mali crée des pressions sur les ressources locales, alimente des tensions fonciers et identitaires, et peut servir de terreau au recrutement par les groupes extrémistes. L'attentat de Grand-Bassam en mars 2016 et les attaques frontalières de 2020-2021 ont montré que la Côte d'Ivoire n'est pas à l'abri d'une contamination sécuritaire directe.

2. **La dépendance des corridors commerciaux hinterland**

Le port d'Abidjan traite environ 35 % du commerce extérieur des pays enclavés de la sous-région (Burkina Faso, Mali, Niger). Cette fonction de hub logistique est un actif majeur pour la croissance et les recettes de l'État ivoirien. Mais elle constitue aussi une vulnérabilité : la dégradation des conditions sécuritaires et politiques dans ces pays réduit mécaniquement les volumes transitant par Abidjan, fragilise les investissements dans les infrastructures de transport, et peut inciter ces pays à privilégier des routes alternatives : Lomé, Cotonou, Dakar. La montée en puissance du port de Lomé et l'ambition du corridor Dakar-Bamako sont des signaux que la Côte d'Ivoire ne peut ignorer.

3. L'attractivité comme facteur de pression : le paradoxe de la réussite

La croissance ivoirienne et la relative prospérité d'Abidjan exercent un effet d'attraction sur les populations de la sous-région. Ce flux est, dans une certaine mesure, bénéfique : il fournit une main-d'œuvre et contribue à la diversité économique. Mais en contexte de crise régionale, il risque de devenir massif et difficile à gérer. La pression sur les services publics (santé, éducation, logement), les tensions identitaires dans les zones d'accueil et la montée du sentiment anti-immigrant dans certains segments de la population ivoirienne constituent des risques politiques intérieurs que la seule prospérité économique ne suffira pas à neutraliser.

4. La dépendance énergétique inversée : un levier qui peut se retourner

La Côte d'Ivoire exporte de l'électricité vers le Ghana, le Burkina Faso, le Mali, le Togo et le Bénin. Ce rôle de fournisseur d'énergie est un levier de puissance et d'influence régionale. Mais il suppose une continuité des relations diplomatiques et commerciales. Les tensions politiques avec les juntes sahéliennes ont déjà compliqué le recouvrement de certaines créances énergétiques. Et si les pays bénéficiaires développent leurs propres capacités notamment solaires ou se tournent vers d'autres fournisseurs (Russie, Turquie, Chine), la Côte d'Ivoire perdrait à la fois un revenu et un instrument d'influence.

Assumer la locomotive : une doctrine proactive, pas une posture réactive

Face à ce diagnostic, la Côte d'Ivoire ne peut pas se contenter d'une gestion défensive de sa prospérité. Elle doit élaborer une doctrine d'engagement régional proactive, structurée autour de trois piliers indissociables : la sécurité partagée, le développement inclusif et le leadership institutionnel.

Pilier 1 - La sécurité ne se délègue pas : bâtir une défense régionale ancrée en C.I.

La stabilité de la Côte d'Ivoire dépend directement de la stabilité de son voisinage. Ce constat doit conduire à une montée en puissance significative des Forces de Défense et de Sécurité ivoiriennes, non seulement pour protéger le territoire national, mais pour assumer un rôle de leadership dans les dispositifs sécuritaires régionaux. Cela suppose : renforcer les capacités de surveillance et de contrôle des frontières nord et ouest (drones, radars, postes de contrôle avancés) ; développer une coopération sécuritaire bilatérale intense avec le Ghana, le Sénégal, le Togo et le Bénin, les pays encore ancrés dans la logique de la CEDEAO pour constituer un cordon sanitaire politique et sécuritaire ; engager un dialogue direct, même difficile, avec les autorités de fait au Burkina Faso et au Mali, en séparant les questions de sécurité transfrontalière des jugements normatifs sur leur légitimité ; et intensifier la présence dans les mécanismes multilatéraux de lutte contre le terrorisme (G5 Sahel dans sa forme résiduelle, INTERPOL, Accra Initiative).

Pilier 2 - Le développement des voisins comme investissement stratégique pour la C.I.

Une locomotive ne tire pas seulement sur les rails qu'elle emprunte : elle crée les conditions pour que d'autres wagons puissent avancer. La Côte d'Ivoire doit intégrer dans ses orientations économiques une logique d'investissement délibéré dans le développement de ses voisins, non par altruisme, mais par intérêt bien compris. Des pays voisins stables, avec des classes moyennes en croissance, sont des marchés pour les exportations ivoiriennes, des partenaires pour les chaînes de valeur agricoles et industrielles, et des zones tampon contre les flux déstabilisateurs. Cela implique : conditionner une partie des investissements publics ivoiriens dans les infrastructures de transport au co-financement régional (routes, voies ferrées, interconnexions électriques) ; créer des zones économiques spéciales frontalières conjointes avec le Ghana, le Burkina Faso et le Mali même en contexte politique tendu, les corridors économiques peuvent maintenir un plancher de coopération ; et mobiliser la diaspora et le secteur privé ivoirien pour investir dans les pays voisins plutôt que de les ignorer.

Pilier 3 - Refonder le leadership institutionnel régional

La Côte d'Ivoire est, avec le Nigeria et le Sénégal, l'une des trois puissances structurantes de la CEDEAO. Mais le fait d'être une locomotive dans un convoi qui se délite pose une question urgente : faut-il réformer la locomotive ou changer le convoi ? La sortie de l'AES de la CEDEAO doit être l'occasion d'une refondation de l'architecture d'intégration régionale, et non d'un simple statu quo. La Côte d'Ivoire pourrait porter, avec le Nigeria et le Sénégal, une initiative de réforme profonde de la CEDEAO : recentrage sur les biens publics régionaux concrets (énergie, transport, sécurité, santé), révision des mécanismes de sanction pour les rendre moins rigides et plus efficaces, ouverture de négociations avec l'AES pour un rapprochement progressif sur les questions sectorielles. L'objectif n'est pas de récompenser les coups d'état, mais de ne pas condamner les populations de ces pays à l'isolement permanent.

Le choix de la responsabilité assumée

La Côte d'Ivoire n'a pas choisi d'être une locomotive. Elle est devenue, par la conjonction de son histoire, de sa géographie et des décisions de ses dirigeants, l'un des rares espaces de stabilité et de croissance dans une sous-région fracturée. Ce statut est une chance et un fardeau. La chance, c'est l'influence, l'attractivité, la capacité à modeler l'environnement régional. Le fardeau, c'est la responsabilité qui en découle : celle de ne pas tourner le dos à ses voisins, de ne pas se laisser enivrer par la prospérité relative au point de négliger les risques qui convergent vers elle.

L'Afrique de l'Ouest se trouve à un moment charnière de son histoire. Les choix faits dans la prochaine décennie, entre l'isolement et l'engagement, entre le repli national et la solidarité régionale, entre la gestion des symptômes et le traitement des causes profondes de l'instabilité, détermineront le visage de la sous-région pour une génération. Dans ce contexte, la Côte d'Ivoire a le devoir et la capacité de choisir l'engagement. Non par idéalisme, mais parce que la prospérité durable l'impose.

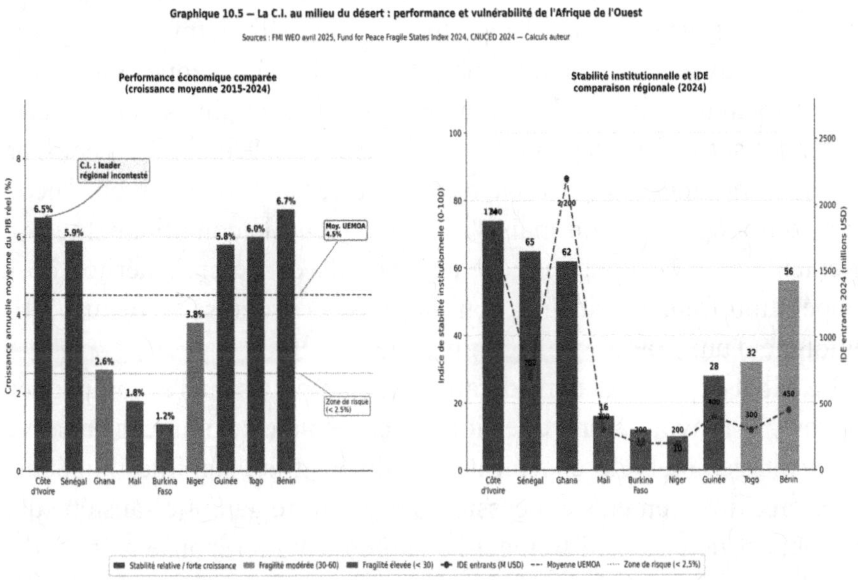

Sources: FMI World Economic Outlook 2024, Banque Mondiale, Fund for Peace Fragile States Index 2023, CNUCED, CEDEAO - Calculs auteur

10.6 Souveraineté économique sous contrainte : franc CFA, dépendance aux financements extérieurs et accords de défense

La mondialisation n'a pas supprimé la souveraineté des États ; elle en a transformé les modalités d'exercice. Dans un environnement d'interdépendance financière et d'intégration des chaînes de valeur mondiales, la souveraineté se mesure moins à l'existence d'un drapeau qu'à la capacité d'un pays à définir librement ses politiques économiques, monétaires et stratégiques. Pour la Côte d'Ivoire, cette question est particulièrement concrète : le pays est simultanément encadré par trois systèmes d'appartenance qui délimitent ses marges de manœuvre autant qu'ils contribuent à sa stabilité, la zone franc CFA, dont l'arrimage fixe à l'euro génère cinq contraintes structurelles profondes sur le financement du développement ; le réseau des bailleurs de fonds multilatéraux et bilatéraux, dont les apports couvrent encore 22 % du budget ivoirien mais s'accompagnent de conditionnalités qui orientent les choix publics ; et les accords de défense hérités de la coopération franco-africaine, dont la révision progressive depuis 2012 témoigne d'une volonté de rééquilibrage.

Le débat dépasse les considérations idéologiques qui l'accompagnent souvent. Il renvoie à une question fondamentale : comment préserver les avantages réels de chacun de ces dispositifs : stabilité monétaire, accès aux financements concessionnels, sécurité garantie sans en subir les coûts structurels qui freinent l'émergence ? La réponse ne réside ni dans leur rejet systématique ni dans leur acceptation inconditionnelle, mais dans une analyse lucide des arbitrages et des pistes de réforme que ces trois contraintes appellent chacune à leur mesure.

Le franc CFA et la zone UEMOA : discipline monétaire, coût de l'arrimage et débat sur l'autonomie

Depuis son indépendance, la Côte d'Ivoire appartient à l'Union économique et monétaire ouest-africaine (UEMOA), dont la monnaie commune est le franc CFA. Ce système monétaire, créé en 1945, constitue l'un des plus anciens arrangements de coopération monétaire au monde et demeure au cœur des débats relatifs à la souveraineté économique africaine. Arrimé à parité fixe à l'euro depuis 1999 (655,957 FCFA pour 1 euro), le franc CFA offre à la zone l'une des monnaies les plus stables du continent mais cette stabilité a un coût structurel rarement mesuré dans toute son ampleur.

Tableau 10.1 Compilation et calculs de l'auteur

Indicateur	Valeur / précision
Inflation moyenne en zone UEMOA (2023)	3,7 % - contre 23,4 % au Nigeria et 42,5 % au Ghana (FMI, 2024)
Taux directeur de la BCEAO (juin 2024)	3,50 % - l'un des plus bas du continent africain
Réserves de change de la BCEAO	17,2 milliards USD - 5,8 mois d'importations couverts
Dépôts obligatoires auprès du Trésor français	Réduits de 100% à 65 % en 1973 et à 50 % en 2005, puis à 0 % progressivement depuis 2020 (réforme Eco/UEMOA)
Appréciation du taux de change effectif réel (Côte d'Ivoire, 20 ans)	+18,4 % - reflet de la rigidité de l'arrimage (Banque mondiale, 2024)
Taux de crédit au secteur privé / PIB en UEMOA	≈ 25 % - contre 60 % en Afrique du Sud et 80–100 % dans les économies émergentes d'Asie

Sources : FMI World Economic Outlook (avril 2024), Banque Mondial WDI (2024), BCEAO. Compilation et calculs de l'auteur

Les avantages de l'arrimage sont réels. La stabilité du franc CFA a permis à la Côte d'Ivoire d'afficher une inflation annuelle moyenne de seulement 2,4 % entre 2000 et 2023, contre 12,6 % au Ghana et 11,7 % au Nigeria (FMI, 2024). Cette prévisibilité facilite les échanges avec la zone euro, qui absorbe en moyenne 38 % des exportations ivoiriennes, et réduit le risque de change pour les investisseurs étrangers dans une économie ouverte à plus de 60 % du PIB.

Mais ces avantages nominaux masquent cinq contraintes structurelles profondes qui pèsent sur le financement du développement.

Première contrainte : le double carcan budgétaire et monétaire

En abandonnant sa souveraineté monétaire, la Côte d'Ivoire se prive simultanément de deux leviers complémentaires. D'un côté, le carcan budgétaire : le pacte de convergence de l'UEMOA plafonne le déficit à 3 % du PIB et la BCEAO ne peut pas acheter directement les titres des États membres contrairement à ce que pratiquent la Réserve fédérale ou la BCE. Pour financer ses infrastructures, l'État ivoirien doit s'adresser aux marchés régionaux ou internationaux à des coûts et des maturités qu'il ne maîtrise pas.

De l'autre, l'absence d'assouplissement quantitatif (quantitative Easing) : depuis 2008, les grandes banques centrales (Fed, BCE, Banque d'Angleterre) rachètent massivement des obligations souveraines mais aussi des titres privés pour faire baisser les taux longs et pousser les banques à prêter davantage à l'économie réelle. Ce levier est structurellement inaccessible à la BCEAO, dont le mandat de défense de la parité fixe rend toute expansion monétaire significative incompatible avec le maintien de l'arrimage. Quand les cours du cacao s'effondrent comme en 2016-2017, avec une chute de 37 % entraînant 1,5 milliard USD de pertes de recettes, l'État ne peut ni dévaluer, ni monétiser le choc, ni abaisser les taux longs pour soutenir l'investissement privé : il doit comprimer ses dépenses ou s'endetter davantage.

Deuxième contrainte : le fractionnement du crédit

L'économie réelle souffre d'une profonde déconnexion entre la liquidité bancaire et le financement des agents productifs. Les banques de la zone UEMOA accumulent des excédents de trésorerie qu'elles placent en titres publics ou maintiennent à la BCEAO, plutôt que de les prêter aux PME et aux entrepreneurs. Ce rationnement du crédit tient à plusieurs facteurs structurels : absence de registres fonciers fiables limitant les garanties, information asymétrique sur la solvabilité des emprunteurs, concentration du secteur bancaire autour de quelques grands groupes régionaux peu incités à desservir les segments informels.

À ces obstacles s'ajoutent deux défaillances rarement nommées ensemble. D'un côté, la quasi-inexistence de produits financiers diversifiés : le crédit-bail (leasing), l'affacturage, le capital-risque, les obligations convertibles et les instruments de financement, qui permettent dans d'autres régions d'adapter l'offre aux cycles et aux profils de risque des entreprises, restent marginaux ou absents dans l'espace UEMOA. Les PME n'ont accès qu'au crédit bancaire classique ou à rien, sans solutions intermédiaires calibrées à leur réalité. De l'autre, le niveau prohibitif des taux d'intérêt appliqués aux emprunteurs non bancables : les PME ivoiriennes qui parviennent à obtenir un financement se voient facturer des taux effectifs globaux oscillant entre 12 % et 18 % par an, soit trois à cinq fois les taux pratiqués en Asie du Sud-Est ou dans la zone euro pour des profils de risque comparables. À ces taux, la rentabilité d'un investissement productif doit être exceptionnelle pour justifier l'endettement ; la grande majorité des projets viables ne franchit pas ce seuil, laissant un gisement considérable de capacité productive inexploitée.

Il en résulte un paradoxe cruel : la zone dispose de liquidités agrégées suffisantes, mais les artisans, les agriculteurs et les PME industrielles qui constituent la majorité de l'appareil productif en sont largement exclus, non par manque de ressources dans le système, mais par une architecture financière incapable de les acheminer là où elles seraient le plus utiles.

Troisième contrainte : la surévaluation structurelle et le biais anti-industriel

La parité fixe avec l'euro signifie que lorsque l'euro s'apprécie comme entre 2001 et 2008, ou depuis 2022, le FCFA s'apprécie mécaniquement avec lui. Les exportations ivoiriennes hors zone euro se renchérissent tandis que les importations de biens manufacturés asiatiques et européens deviennent meilleur marché. Ce différentiel crée un biais structurel contre toute tentative d'industrialisation locale : les produits manufacturés étrangers concurrencent à moindre coût la production domestique naissante, décourageant la substitution aux importations. C'est précisément l'inverse de la stratégie de change délibérément sous-évalué qu'ont utilisée la Corée du Sud, le Vietnam ou la Chine pour amorcer leur montée en gamme industrielle. Selon

Rodrik (2008), la sous-évaluation du taux de change a constitué un levier central des stratégies d'industrialisation en Asie de l'Est, un levier dont les pays de l'UEMOA sont structurellement privés.

Graphique 10.6 - Évolution des taux directeurs de la BCE et de la BCEAO (2010–2024)

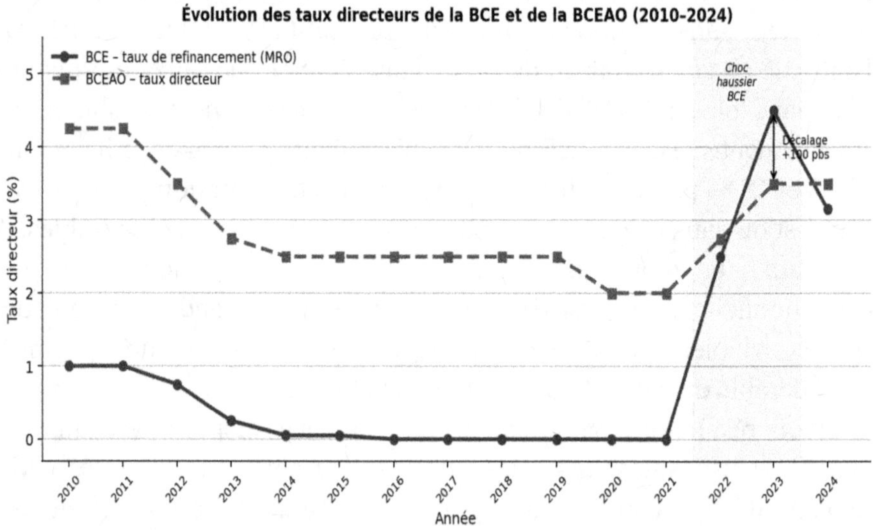

Sources : BCE (2024), Bulletin économique ; BCEAO (2024), Rapport annuel. Taux de refinancement principal (MRO) pour la BCE ; taux directeur de pension à 7 jours pour la BCEAO. Valeurs en fin d'année.

Quatrième contrainte : une politique monétaire calibrée pour l'Europe

Le taux directeur de la BCEAO suit, à retardement, les orientations de la Banque centrale européenne, elle-même pilotée par les cycles d'inflation et de croissance de la zone euro. Or les cycles économiques africains et européens sont rarement synchronisés. Quand l'Europe surchauffe et relève ses taux pour contenir l'inflation, comme entre 2022 et 2024, la BCEAO doit s'aligner même si la zone UEMOA traverse un ralentissement lié à une chute des cours des matières premières ou à une sécheresse agricole. À l'inverse, quand les économies africaines ont besoin de stimulus, la contrainte de parité peut imposer une rigueur inadaptée. Cette désynchronisation permanente prive les États membres de tout instrument contracyclique monétaire autonome, aggravant la vulnérabilité aux chocs extérieurs asymétriques, ceux qui frappent la Côte d'Ivoire sans nécessairement affecter la zone euro.

Cinquième contrainte : la fuite des capitaux et le non-recyclage de l'épargne

Une part significative des profits générés dans la zone UEMOA quitte la région plutôt que d'être réinvestie localement. Les dividendes rapatriés par les filiales de groupes bancaires étrangers (BNP Paribas, Société Générale, Attijariwafa), les marges captées par les négociants internationaux en cacao et en café, et les honoraires versés à des prestataires extérieurs constituent autant de fuites dans le circuit de financement interne. Ce phénomène est amplifié par la convertibilité garantie du FCFA en euros : contrairement aux régimes de change contrôlé, la zone n'oppose aucune friction aux sorties de capitaux. L'épargne domestique, au lieu d'être mobilisée pour financer l'investissement productif local, est ainsi partiellement exportée, creusant l'écart entre le taux d'épargne régional (environ 20 % du PIB) et le taux d'investissement effectivement financé en interne.

Sixième contrainte : l’absence de mécanisme de solidarité en cas de crise de dette

La zone UEMOA partage une monnaie, des règles budgétaires communes et une banque centrale unique, mais elle ne dispose d’aucun mécanisme de solidarité financière entre États membres lorsque l’un d’eux se retrouve en situation de détresse budgétaire. Cette lacune, longtemps invisible en période de croissance, est devenue criante avec la crise sénégalaise de 2023-2024.

Après la révélation par le nouveau gouvernement d’un écart de dette masqué d’environ 10 points de PIB, le Sénégal s’est retrouvé seul face au Fonds monétaire international pour renégocier son programme, accepter un plan de rigueur accéléré et restructurer ses engagements. Ni la BCEAO, ni l'UEMOA, ni aucun mécanisme régional n'ont pu lui apporter de filet de sécurité, de ligne de liquidité d'urgence ou même d'appui politique coordonné. L'État a dû absorber seul la brutalité de l'ajustement, avec des conséquences sociales immédiates : gel de postes dans la fonction publique, compression des subventions, révision à la baisse des projets d'infrastructure tandis que ses partenaires de la zone continuaient à coexister sans obligation de solidarité formelle.

Ce vide institutionnel est d'autant plus frappant en comparaison avec l'expérience européenne. Face aux crises grecque, irlandaise et portugaise de 2010-2012, la zone euro a créé le Mécanisme européen de stabilité (MES), une institution dotée de 500 milliards d'euros de capacité de prêt, capable d'intervenir rapidement pour éviter qu'une crise nationale ne devienne une crise systémique pour l'ensemble de la zone. La BCEAO, contrairement à la BCE durant la crise des dettes souveraines, ne dispose ni d'un mandat pour soutenir les États en difficulté, ni d'un instrument analogue au programme OMT (Outright Monetary Transactions) qui avait, à lui seul, calmé les marchés en 2012 sur la simple promesse de Mario Draghi d'intervenir si nécessaire.

Le paradoxe est structurel : le pacte de convergence de l'UEMOA impose à tous les membres des règles communes (déficit limité à 3 % du PIB, encours de la dette inférieur à 70 % du PIB), mais il n'a créé aucune contrepartie collective pour accompagner un État qui déraille malgré lui sous l'effet d'un choc extérieur. Un pays de la zone qui dépasse les critères de convergence, qu'il s'agisse d'une chute des cours des matières premières, d'une sécheresse, ou d'une dette antérieure mal comptabilisée, n'a d'autre recours que le FMI, avec ses conditionnalités propres, souvent en tension avec les objectifs de long terme du pays et parfois incompatibles avec ses engagements régionaux.

Cette absence de solidarité intra-zone crée un risque de contagion systémique sous-estimé. Une crise sénégalaise mal gérée peut affecter la confiance dans l'ensemble de la zone UEMOA, faire monter les spreads sur les obligations régionales, restreindre l'accès des autres États aux marchés internationaux et fragiliser la BCEAO elle-même. L'unité monétaire sans unité de crise est une architecture incomplète, comparable à un immeuble doté de règles de construction communes mais dépourvu de système incendie collectif.

Ces six contraintes se renforcent mutuellement : le double carcan budgétaire et monétaire oblige l'État à sur-solliciter les marchés obligataires, ce qui absorbe les liquidités bancaires et évince le secteur privé productif; le fractionnement du crédit empêche les liquidités disponibles d'atteindre les PME et les agriculteurs ; la surévaluation structurelle décourage l'industrialisation ; la désynchronisation cyclique prive les États de tout levier contracyclique ; la fuite des capitaux réduit la base de financement interne disponible pour l'investissement productif; et l'absence de mécanisme de solidarité régionale laisse chaque État seul face aux institutions de Bretton Woods lors des crises de dette, sans filet collectif. Cette architecture institutionnelle soulève une interrogation majeure : un État peut-il mener une stratégie ambitieuse d'industrialisation lorsqu'il ne contrôle ni son taux de change, ni ses taux directeurs, ni la création monétaire, et qu'il ne peut compter sur aucune solidarité régionale en cas de coup dur ?

Pistes de réforme : vers un cadre plus favorable au développement

Face à ces cinq contraintes, l'alternative n'est pas forcément binaire entre le statu quo et l'abandon du franc CFA. Quatre pistes, de nature et de portée différentes, méritent d'être examinées sérieusement. À titre de référence, l'Eurosystème offre un contre-exemple instructif : chaque pays membre de la zone euro conserve sa propre banque centrale nationale (Bundesbank, Banque de France, Banca d'Italia…), qui peut refinancer ses banques domestiques, activer des mécanismes de liquidité d'urgence et participer aux programmes d'achat d'actifs dans son propre marché. La politique monétaire commune n'empêche pas une transmission différenciée selon les besoins nationaux ; un degré de souplesse que la BCEAO centralisée ne peut pas offrir aux huit États membres de l'UEMOA et dont elle devrait s'en inspirer.

1. La BOAD comme levier d'un QE (*Quantitative Easing*) régional indirect

La Banque Ouest-Africaine de Développement (BOAD) constitue le chaînon manquant entre l'interdiction de financement monétaire direct des États et le besoin de liquidités longues pour l'économie réelle. Recapitalisée et dotée d'un mandat élargi, elle pourrait émettre des obligations d'infrastructure régionales : routes, énergie, irrigation que la BCEAO serait autorisée à racheter sur le marché secondaire. Ce montage contourne l'interdiction de financement direct des États tout en injectant des liquidités longues dans l'économie productive, sur le modèle de ce que fait la BCE avec la Banque européenne d'investissement. C'est la piste la plus directement opérationnelle pour lever la contrainte du double carcan budgétaire et monétaire sans remettre en cause la parité.

2. Un fonds de stabilisation des recettes sur le modèle chilien

Le Chili a créé au début des années 2000 un fonds souverain alimenté par les excédents de recettes cuivrières en période de boom, puis mobilisé pour soutenir les dépenses publiques lors des chutes de cours sans recourir à l'endettement ni à la dévaluation. Appliqué aux recettes cacaoyères ivoiriennes, un mécanisme analogue briserait le lien entre volatilité des matières premières et compression budgétaire forcée. Il ne nécessite aucune réforme du régime de change et peut être mis en place unilatéralement par la Côte d'Ivoire, en complément du mécanisme régional existant du fonds de réserve de l'UEMOA. C'est la piste la plus immédiatement défendable politiquement, car elle renforce la discipline budgétaire plutôt que de la contourner.

3. La gestion sélective des sorties de capitaux

La convertibilité totale du franc CFA, si elle rassure les investisseurs étrangers, facilite également la fuite des capitaux et le rapatriement sans friction des profits des filiales bancaires étrangères. Plusieurs pays émergents : Malaisie en 1998, Brésil dans les années 2010 ont instauré des contributions temporaires sur les rapatriements de dividendes ou des obligations de réinvestissement partiel dans le marché local, sans provoquer de fuite des investissements directs étrangers. Une telle mesure, négociée au niveau régional UEMOA pour éviter les effets de détournement entre pays membres, permettrait de recycler une part de l'épargne captée par les acteurs étrangers vers le financement des PME locales, répondant ainsi simultanément à la contrainte de fuite des capitaux et au fractionnement du crédit.

4. Un réajustement maîtrisé de la parité

La dévaluation de janvier 1994, décidée brutalement à hauteur de 50 % a été un choc violent mais dont les effets sur la compétitivité et la croissance ont été, à moyen terme, largement positifs. Un réajustement graduel et concerté de l'ordre de 15 à 20 %, accompagné d'un ancrage sur un panier de devises intégrant l'euro, le dollar et le yuan plutôt que sur le seul euro, réduirait structurellement le biais anti-industriel et atténuerait la désynchronisation cyclique avec la zone européenne. Conduit de manière transparente et progressive, avec un cadrage budgétaire rigoureux pour prévenir la spirale inflationniste, ce scénario est économiquement défendable ; même s'il reste politiquement le plus difficile à mettre en œuvre, tant la stabilité nominale du franc CFA est devenue un marqueur identitaire fort pour les gouvernements de la zone.

5. Un mécanisme régional de solidarité budgétaire

L'expérience européenne montre qu'une union monétaire viable ne peut pas reposer durablement sur la seule discipline budgétaire individuelle sans dispositif de solidarité en cas de choc asymétrique. La création d'un Fonds de Stabilité de l'UEMOA (FSU), inspiré du Mécanisme européen de stabilité mais calibré à l'échelle des économies de la zone, constituerait une réponse directe à cette sixième contrainte.

Un tel mécanisme pourrait prendre appui sur le Fonds de réserve existant de l'UEMOA, aujourd'hui limité dans ses capacités et son mandat, pour le doter d'une capacité d'intervention en liquidité d'urgence à destination d'États membres confrontés à une crise de refinancement. Alimenté par des contributions obligatoires des huit membres calculées en proportion du PIB, et susceptible d'être abondé par les bailleurs multilatéraux (BAD, Banque mondiale), ce fonds pourrait accorder des lignes de crédit précautionnelles aux États en difficulté, à condition qu'ils respectent un programme d'ajustement négocié au niveau régional plutôt que dicté unilatéralement par le FMI.

L'avantage de cette architecture est double : elle réduirait la dépendance aux conditionnalités extérieures en permettant une appropriation régionale des programmes d'ajustement ; et elle créerait des incitations mutuelles à la bonne gestion, les États contributeurs ayant un intérêt direct à surveiller la gouvernance financière de leurs partenaires. C'est précisément la logique de la surveillance mutuelle renforcée (Excessive Imbalance Procedure) mise en place en Europe après 2012, qui a transformé l'ajustement budgétaire d'une contrainte imposée de l'extérieur en une discipline coconstruite entre pairs.

En définitive, pour la Côte d'Ivoire, la question n'est plus seulement celle de la parité fixe, mais celle d'une architecture financière régionale capable de transformer l'épargne interne en investissement productif et d'accompagner solidairement ses membres dans les moments de crise. La stabilité monétaire restera un acquis précieux si et seulement si elle s'accompagne de réformes profondes du crédit, de la gouvernance bancaire et des capacités budgétaires. Sans cela, la discipline monétaire risque de rester un frein à l'émergence plutôt qu'un de ses fondements.

La dépendance structurelle aux financements extérieurs : AFD, aide européenne et asymétrie de la relation

L'une des caractéristiques majeures du développement ivoirien depuis plusieurs décennies réside dans le rôle central joué par les financements extérieurs. En 2023, la Côte d'Ivoire a reçu environ 2,1 milliards USD d'aide publique au développement (APD), soit environ 2,1 % de son revenu national brut, un niveau stable depuis 2018, mais toujours significatif (OCDE-CAD, 2024). Ces financements couvrent une part substantielle des investissements publics dans les secteurs des infrastructures, de l'éducation, de la santé et de l'environnement.

Graphique 10.7 Composition du financement du budget ivoirien : ressources internes vs financements extérieurs (2010–2023)

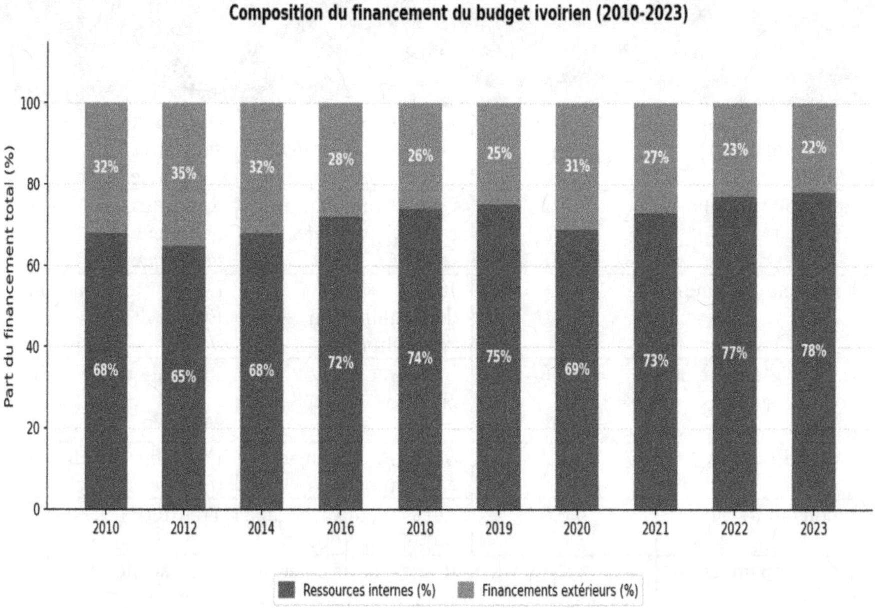

Sources : Direction générale du Budget (DGB) de Côte d'Ivoire, FMI Article IV (2023), Banque mondiale (2024). Compilation de l'auteur.

Parmi les partenaires financiers les plus importants figure l'Agence française de développement (AFD), dont le portefeuille cumulé en Côte d'Ivoire dépasse 4,5 milliards EUR, faisant du pays l'un des premiers bénéficiaires africains de l'agence. L'Union européenne, la Banque mondiale (IDA), le Fonds monétaire international, la Banque africaine de développement (BAD) et, de façon croissante, la Chine et le Japon constituent les autres piliers de ce système de financement extérieur.

Tableau 10.2.A Principaux partenaires financiers extérieurs de la Côte d'Ivoire (2023)

Institution	Engagement cumulé (Mds USD, 2023)	Domaines prioritaires	Conditionnalités principales
Agence française de développement (AFD)	≈ 4,5	Infrastructure, eau, clima t, secteur privé	Gouvernance, standards environnementaux
Banque mondiale (IDA)	≈ 3,2	Capital humain, agri-culture, protection sociale	Réformes des finances publiques, gouvernance
Union européenne	≈ 1,8	Justice, décentralisation, Agriculture	Droits fondamentaux, État de droit
Banque africaine de développement (BAD)	≈ 3,6	Infrastructure, PME, énergie	Intégration régionale
FMI (FEC/PPI)	≈ 1,2	Stabilisation macro-économique	Discipline budgétaire, réformes fiscales
Japon (JICA)	≈ 0,9	Infrastructure, santé, formation	Transfert technologique
Chine (Exim Bank et CDB)	≈ 2,1	Routes, ports, énergie	Contrats liés, main-d'œuvre chinoise souvent privilégiée

Sources : AFD, Banque mondiale, BAD, Union européenne, JICA — rapports annuels 2022–2023. Estimations de l'auteur pour les engagements cumulés.

Les bénéfices de cette coopération sont indéniables. Entre 2012 et 2023, les financements extérieurs ont permis de réhabiliter plus de 4 500 km de routes, d'électrifier plus de 2 300 villages, de construire ou rénover 1 200 établissements scolaires et de financer des programmes d'assainissement bénéficiant à plus de 6 millions d'habitants (BNETD/MEF, 2023). Sans ces apports extérieurs, certains de ces investissements n'auraient pu être réalisés dans les délais enregistrés.

Toutefois, cette relation comporte également une dimension asymétrique. Les bailleurs de fonds ne financent jamais des projets dans un vide politique. Chaque financement s'inscrit dans un cadre de priorités, d'objectifs et de conditionnalités qui reflètent souvent les orientations stratégiques des institutions qui les accordent. Selon Easterly (2006) et Moyo (2009), la dépendance prolongée à l'aide extérieure peut engendrer une « trappe à l'aide » dans laquelle les capacités institutionnelles de l'État s'atrophient progressivement, à mesure que les fonctions essentielles de planification et d'évaluation migrent vers les bailleurs.

Les programmes d'ajustement structurel des années 1980 et 1990 illustrent parfaitement cette réalité. Entre 1980 et 1994, la Côte d'Ivoire a mis en œuvre six programmes successifs d'ajustement structurel sous la supervision du FMI et de la Banque mondiale. Ces programmes, bien qu'ils aient permis de restaurer certains équilibres macroéconomiques, ont également conduit à des réductions des dépenses de santé et d'éducation de l'ordre de 40 % en termes réels entre 1980 et 1990 (Banque mondiale, 1994), à des privatisations controversées et à un affaiblissement durable de certaines capacités étatiques.

Graphique 10.8 - APD reçue (% du RNB) - Côte d'Ivoire vs pays comparables

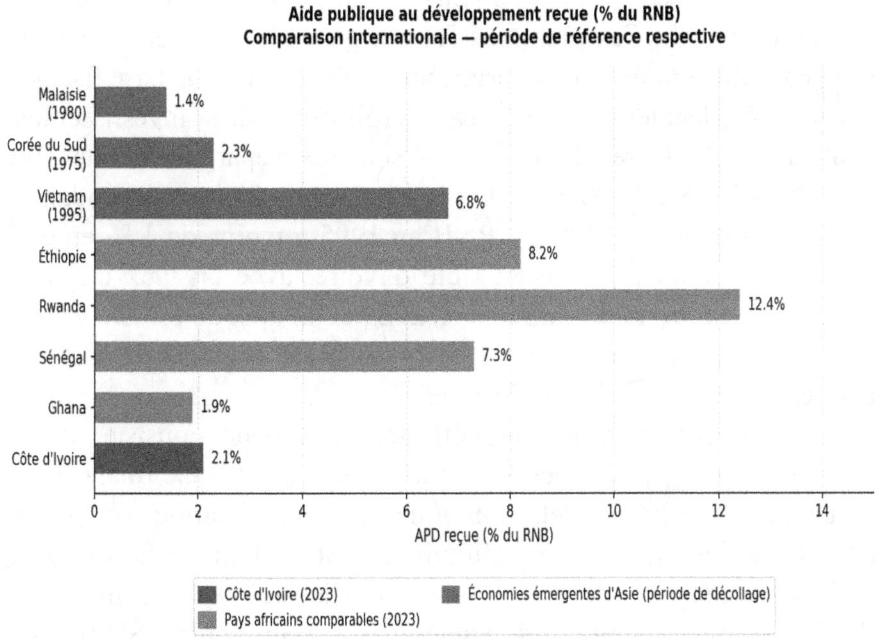

Sources : OCDE-CAD Statistics (2024), Banque mondiale WDI. Pour les économies d'Asie : périodes respectivement 1985–1995 (Vietnam), 1960–1975 (Corée), 1970–1985 (Malaisie).

Aujourd'hui, les conditionnalités sont généralement moins visibles mais demeurent présentes. Elles concernent la gouvernance (les prêts de la Banque mondiale intègrent systématiquement des indicateurs de gouvernance), la gestion budgétaire (les FEC du FMI imposent des plafonds stricts sur les déficits et la masse salariale), les réformes administratives, les politiques climatiques ou encore l'environnement des affaires. Le Cadre budgétaire à moyen terme (CBMT) de la Côte d'Ivoire, bien qu'outil national, est largement coconçu avec les partenaires internationaux (MEF/OCDE, 2022).

Cette situation soulève une question fondamentale : **jusqu'où un État peut-il définir librement ses priorités lorsqu'une part significative de ses investissements dépend de ressources extérieures ?** En 2023, les financements extérieurs représentaient encore environ 22 % du budget ivoirien total, en baisse par rapport aux 32 % enregistrés en 2012 (MEF, 2023). Cette tendance à la baisse est encourageante mais insuffisante pour conclure à une émancipation financière effective.

L'expérience des pays émergents d'Asie montre que les trajectoires de développement les plus réussies ont généralement reposé sur une forte capacité à mobiliser l'épargne nationale, à élargir la base fiscale et à financer localement une part croissante des investissements stratégiques. La Corée du Sud a porté son taux d'épargne nationale brut de 8 % en 1965 à 38 % en 1990 ; le Vietnam a réduit sa dépendance à l'aide extérieure de 6,8 % du RNB en 1995 à moins de 1 % en 2020 (Banque mondiale, 2023). La Côte d'Ivoire, avec un taux d'épargne nationale d'environ 20 % du PIB en 2023 et un taux de pression fiscale de 15,8 % (en deçà de la norme UEMOA de 20 %), dispose encore de marges de progression significatives.

Pour la Côte d'Ivoire, le défi de long terme consiste donc à transformer progressivement une relation de dépendance financière en partenariat équilibré. Cela implique une mobilisation accrue des ressources internes, un approfondissement des marchés financiers nationaux, notamment la Bourse régionale des valeurs mobilières (BRVM), dont la capitalisation atteignait 13,6 milliards USD fin 2023 et une amélioration continue de l'efficacité fiscale. La véritable souveraineté économique ne résulte pas du rejet de l'aide extérieure ; elle résulte de la capacité à pouvoir s'en passer lorsque les intérêts nationaux l'exigent.

Les accords de défense et leurs externalités économiques : conditionnalités implicites et marges de souveraineté

La souveraineté économique ne peut être dissociée de la souveraineté sécuritaire. Depuis l'indépendance, la Côte d'Ivoire entretient des relations militaires étroites avec plusieurs partenaires internationaux. L'Accord de défense franco-ivoirien de 1961, révisé en 2012 dans le cadre d'une réforme plus large des accords de défense français en Afrique subsaharienne, constitue la pierre angulaire de cette architecture sécuritaire. La France maintenait une base militaire à Port-Bouët (Abidjan), la 43e BIMA, avec environ 900 à 1 000 militaires permanents le plus grand dispositif français en Afrique de l'Ouest. Cette base fut finalement rétrocédée à la Côte d'Ivoire en 2024.

Tableau 10.2.B - Architecture sécuritaire et données budgétaires (2023)

Indicateur	Données
Budget de défense ivoirien (2023)	480 milliards FCFA (≈ 730 millions USD) ≈ 1,3 % du PIB contre 2,4 % en moyenne pour les pays d'Afrique subsaharienne (SIPRI, 2024)
Effectifs des Forces armées de Côte d'Ivoire (FACI)	≈ 22 000 militaires actifs (IISS Military Balance, 2024)
Présence militaire française à Abidjan (43e BIMA)	≈ 900–1 000 hommes - dispositif réduit d'environ 30 % depuis 2020 (reconfiguration du dispositif Épervier/Barkhane) Base rétrocédée à la Côte d'Ivoire en 2024
Coopération militaire États-Unis – Côte d'Ivoire	Programmes IMET et FMF : ≈ 5–8 millions USD annuels (DSCA/Département d'État, 2023)
Incidents sécuritaires transfrontaliers (2022–2023)	47 incursions depuis le Burkina Faso et le Mali (DNI/ANSCI, 2023)

Sources : SIPRI (2024) ; IISS Military Balance (2024) ; DSCA/Département d'État (2023) ; DNI/ANSCI (2023).

Du point de vue sécuritaire, ces partenariats ont apporté des avantages réels. Dans une région confrontée à la progression des groupes armés sahéliens qui ont multiplié leurs incursions en territoire ivoirien depuis 2020, la coopération militaire contribue au renforcement des capacités nationales de défense. Selon l'Institut international d'études stratégiques (IISS, 2024), la Côte d'Ivoire a bénéficié de transferts d'équipements militaires pour une valeur estimée à 180 millions USD entre 2018 et 2023, renforçant notamment les capacités de surveillance aérienne et de mobilité des forces spéciales.

Cependant, les accords de défense produisent également des effets économiques et politiques indirects. La stabilité sécuritaire constitue un facteur majeur d'attractivité pour les investisseurs internationaux. Selon le rapport Doing Business de la Banque mondiale (2020) et l'indice de paix mondial de l'Institute for *Economics and Peace (IEP, 2023),* la Côte d'Ivoire se classe au 99e rang mondial sur 163 pays comparativement favorable par rapport à ses voisins immédiats (Burkina Faso : 147e ; Mali : 149e). Cette stabilité relative a directement contribué à l'afflux d'investissements directs étrangers qui ont dépassé 900 millions USD en 2022 (CNUCED, 2023).

Mais cette relation crée également une forme de dépendance stratégique. Quand un pays s'appuie durablement sur des partenaires extérieurs pour garantir sa sécurité, sa capacité à définir de manière totalement autonome certaines orientations géopolitiques peut s'en trouver réduite. Les travaux de Chafer et Cumming (2011) sur les accords de défense franco-africains montrent que ces liens génèrent des attentes réciproques qui, sans être formalisées, influencent les positionnements diplomatiques notamment au Conseil de sécurité des Nations Unies, où la France dispose d'un droit de veto.

Ces conditionnalités implicites se manifestent davantage à travers les convergences diplomatiques, les préférences commerciales ou les orientations stratégiques privilégiées dans les relations internationales. Selon une étude de l'IFRI (Institut français des relations internationales, 2022), les pays africains liés à la France par des accords de défense ont voté en moyenne à 78 % dans le même sens que la France aux Nations Unies sur les résolutions contestées contre 61 % pour les pays sans accord de défense.

L'enjeu pour la Côte d'Ivoire n'est pas de rompre avec ses partenaires traditionnels, mais de diversifier progressivement ses partenariats afin d'accroître son autonomie stratégique. Les expériences de plusieurs puissances émergentes notamment l'Inde, le Brésil ou l'Indonésie montrent que la diversification des alliances constitue souvent un moyen efficace de renforcer la souveraineté nationale tout en conservant les bénéfices de la coopération internationale. La Côte d'Ivoire a d'ailleurs multiplié ses partenariats militaires ces dernières années, en renforçant notamment la coopération avec les États-Unis, la Turquie (acquisition de drones Bayraktar TB2), le Maroc et les pays du Golfe.

À long terme, la véritable souveraineté sécuritaire reposera moins sur la présence d'alliés extérieurs que sur la capacité de l'État ivoirien à développer ses propres institutions de défense, ses capacités de renseignement, son industrie sécuritaire et sa résilience nationale. Les 1,3 % du PIB consacrés à la défense en Côte d'Ivoire restent inférieurs à la moyenne africaine (2,4 %) et bien en deçà de pays comme Israël (5,2 %), la Corée du Sud (2,8 %) ou le Maroc (4,1 %), autant d'États qui ont construit une industrie de défense nationale substantielle (SIPRI, 2024).

Conclusion - Une souveraineté à construire dans l'interdépendance

Au terme de ce chapitre, la Côte d'Ivoire se révèle à la fois mieux dotée et plus exposée qu'il n'y paraît.

Mieux dotée, parce qu'elle cumule des atouts rares sur le continent : première économie de l'UEMOA avec près de 40 % de son PIB, hub logistique naturel, patrimoine agricole mondial avec 40 % de la production de cacao, diaspora de plus de deux millions de personnes générant 2 à 3 milliards de dollars annuels.

Plus exposée, parce que ces richesses restent largement captées ailleurs : 35 % seulement de la récolte de cacao transformée localement, un secteur manufacturier stagnant à 14,8 % du PIB depuis 2010, et une dépendance aux financements extérieurs qui fragilise l'autonomie de décision. L'enjeu n'est donc pas de choisir entre ouverture et repli, mais de transformer une interdépendance subie en interdépendance négociée à l'image de la Corée du Sud, passée de 20 % d'aide extérieure dans ses investissements en

1965 à une autonomie financière quasi complète en 1995, sans jamais rompre ses ancrages internationaux.

Cinq leviers structurent cette ambition. D'abord, monter en gamme sur les chaînes de valeur mondiales du cacao, par l'industrialisation locale et l'acquisition de participations dans Barry Callebaut, Cargill ou Olam, adossées à un Fonds Souverain alimenté par le Droit Unique de Sortie. Ensuite, ériger le tourisme en pilier stratégique pour atteindre 3 % du PIB d'ici 2030, contre 0,9 % aujourd'hui. Troisièmement, institutionnaliser la diaspora comme partenaire du développement via des obligations dédiées et des fonds de co-investissement. Quatrièmement, se positionner comme hub continental de la ZLECAf, ce marché d'1,3 milliard de consommateurs. Cinquièmement, assumer une doctrine proactive de sécurité régionale : entourée par des États fragilisés au nord et à l'ouest, la Côte d'Ivoire doit comprendre qu'une oasis isolée est autant une cible qu'une ressource et que sa prospérité durable passe par le verdissement du désert qui l'entoure, en investissant dans ses voisins et en portant avec le Nigeria et le Sénégal une refondation de la CEDEAO. La souveraineté économique ne se décrète pas ; elle se construit, levier après levier, avec la lucidité d'un pays qui sait ce qu'il vaut et l'ambition d'un qui sait ce qu'il peut devenir.

CONCLUSION GÉNÉRALE : Le chemin de la prospérité : synthèse stratégique et appel à l'action

Un chemin parcouru, un avenir à bâtir

Ce livre a été un chemin. Dix étapes, dix registres d'analyse, une seule question : quel chemin la Côte d'Ivoire choisira-t-elle pour que sa croissance devienne une prospérité durable et partagée ? Chaque chapitre a posé une pierre sur ce chemin ; la présente conclusion en rassemble les enseignements et indique les carrefours décisifs qui s'ouvrent devant le pays.

L'histoire de la Côte d'Ivoire est celle d'une nation qui a traversé les tempêtes pour mieux renaître. Des épreuves du « miracle ivoirien » à l'effondrement des années 1980, des crises politiques de 1999 et 2002 à la reconstruction patiente des années 2010, le pays a accumulé une leçon aussi précieuse qu'exigeante : **la prospérité ne se décrète pas, elle se construit, pierre après pierre, institution après institution, génération après génération.**

Ce livre avait pour ambition de mettre en lumière les ressorts profonds de cette prospérité potentielle et de proposer une feuille de route pour en garantir la durabilité. Il ne s'agissait pas d'un exercice d'optimisme naïf. Chaque chapitre a documenté, données à l'appui, à la fois les avancées réelles et les fragilités persistantes : une croissance soutenue mais encore trop peu inclusive, une agriculture de rente dominante mais sous-transformée, un capital humain qui progresse mais peine à suivre le rythme de la démographie, une gouvernance qui s'améliore mais reste exposée aux risques de capture et de corruption. Ces contradictions ne sont pas des fatalités. Elles sont le terrain même sur lequel se jouera, dans les vingt-cinq prochaines années, le destin économique de la Côte d'Ivoire.

En 2024, la Côte d'Ivoire affiche une croissance annuelle moyenne supérieure à 6,5 % sur la décennie écoulée, la plus forte de l'UEMOA ; un PIB d'environ 87 milliards de dollars, une classe moyenne en expansion, un secteur numérique en effervescence, et un rôle de locomotive incontesté dans la sous-région. Ces acquis sont réels. Mais ils restent fragiles. Ils peuvent être le socle d'une prospérité durable ou, si l'action tarde, la mémoire d'une occasion manquée.

La bifurcation historique : trois futurs possibles

En matière de prospective économique, la modélisation de scénarios contrastés est l'outil le plus honnête pour illustrer l'ampleur des enjeux. Ni prophétie, ni simple extrapolation, ces scénarios condensent les dynamiques structurelles à l'œuvre et montrent où mènent, concrètement, les décisions d'aujourd'hui. Trois trajectoires se dégagent pour la Côte d'Ivoire à l'horizon 2040 et 2050 ; trois itinéraires dont le choix appartient, au sens propre, à ceux qui gouvernent et à ceux qui produisent aujourd'hui.

Scénario 1 - L'émergence accomplie : la Côte d'Ivoire de la prospérité inclusive

Ce scénario repose sur une hypothèse exigeante mais réaliste : la Côte d'Ivoire maintient une croissance annuelle moyenne de 7 à 8 % entre 2025 et 2040, et parvient à la rendre qualitativement différente, plus inclusive, plus diversifiée, moins dépendante de la rente cacaoyère.

À l'horizon 2040, le PIB atteint environ 220 à 240 milliards de dollars. Avec une population stabilisée autour de 38 à 40 millions d'habitants grâce à une transition démographique accélérée par l'éducation des filles, le revenu par habitant atteindrait 5 500 à 6 000 dollars, soit une multiplication par 2,5 par rapport à 2024. La pauvreté monétaire, qui touchait encore environ 39 % de la population en 2018, serait ramenée en dessous de 12 %.

À l'horizon 2050, le PIB franchit le seuil de 400 à 450 milliards de dollars, positionnant la Côte d'Ivoire parmi les cinq premières économies africaines. Le revenu par habitant approcherait 8 000 à 9 500 dollars en parité de pouvoir d'achat (PPA), comparable au Maroc d'aujourd'hui ou à la Roumanie des années 2010. Ce scénario repose sur cinq transformations structurelles réussies.

Cinq transformations structurelles décisives

- **Diversification productive** : Le cacao ne représente plus que 15 % des exportations totales en 2050, contre plus de 40 % en 2024. L'agro-industrie a absorbé la transition : 60 % du cacao est désormais transformé localement. Le secteur manufacturier représente 22 % du PIB, contre moins de 12 % en 2024.
- **Capital humain** : Le taux de scolarisation secondaire dépasse 90 % en 2040. L'enseignement technique accueille 35 % des effectifs post-primaires, contre moins de 10 % en 2020. Le pays forme 8 000 ingénieurs par an. Le taux de chômage des jeunes est ramené à 12 %.
- **Gouvernance et institutions** : L'indice de perception de la corruption place la Côte d'Ivoire à 55/100 en 2040, contre 37/100 en 2023. Les recettes fiscales atteignent 25 % du PIB. La dette publique est stabilisée à 45 % du PIB.
- **Cohésion sociale et inclusion** : L'économie informelle ne représente plus que 45 % de l'emploi total en 2040. La Couverture Maladie Universelle couvre effectivement 70 % de la population. Deux millions de travailleurs ont rejoint le secteur formel.
- **Transition écologique** : La Côte d'Ivoire a stoppé la déforestation nette d'ici 2030 et reconstitué 20 % de son couvert forestier. Le mix électrique atteint 55 % d'énergies renouvelables. La filière cacao est certifiée zéro-déforestation à 80 %.

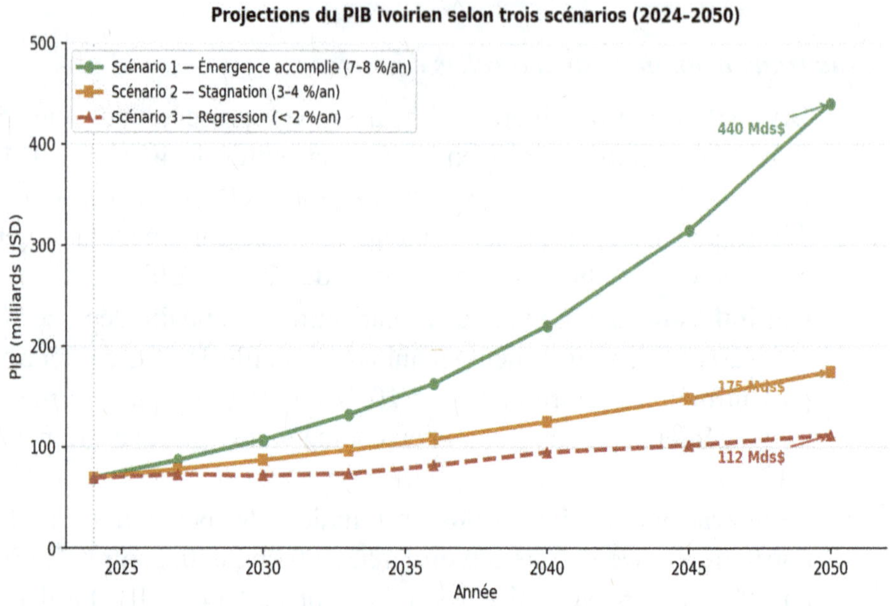

Graphique G_Concl.1 — Projections du PIB ivoirien selon trois scénarios (2024–2050, milliards USD). Scénario 1 : croissance maintenue à 7–8 %/an ; Scénario 2 : ralentissement à 3–4 %/an ; Scénario 3 : régression (<2 %/an avec choc politique). Sources : calculs de l'auteur d'après BM, FMI et BAD (projections 2025–2050).

Scénario 2 - La stagnation confortable : une prospérité qui s'essouffle

Ce scénario décrit une Côte d'Ivoire qui maintient une croissance respectable en apparence entre 3 et 4 % par an mais insuffisante au regard de sa démographie et de ses ambitions. À l'horizon 2040, le PIB n'atteint qu'environ 120 à 130 milliards de dollars. Avec une population qui approche 40 millions d'habitants, le revenu par habitant stagne autour de 3 000 à 3 200 dollars. La pauvreté monétaire se maintient au-dessus de 28 %, avec des pics à 45 % dans les zones rurales.

Le cacao représente encore 32 % des exportations ; l'économie informelle emploie 68 % de la main-d'œuvre active ; les recettes fiscales plafonnent à 14 % du PIB ; la dette publique dépasse 75 % du PIB. En 2050, la Côte d'Ivoire est toujours la première économie de l'UEMOA, mais son avance s'est réduite. Elle reste bloquée aux huitième ou neuvième rang africain, dépassée par des pays qui ont mieux su transformer leur croissance. Sa jeunesse qualifiée émigre vers Dakar, Nairobi, ou Paris.

Ce scénario n'est pas une catastrophe déclarée : c'est une opportunité manquée, et les économistes du développement s'accordent à reconnaître que l'occasion manquée est parfois la forme la plus coûteuse d'échec, celle dont les populations ne perçoivent le prix que rétrospectivement. Sa dynamique est identifiable : des réformes ajournées faute de consensus politique, des horizons de décision publique alignés sur le cycle électoral plutôt que sur le cycle de transformation structurelle, une dépense publique insuffisamment réorientée vers les investissements à rendement long. Ces mécanismes sont documentés dans la littérature comparative sur les pièges de la stagnation dans les économies à revenu intermédiaire.

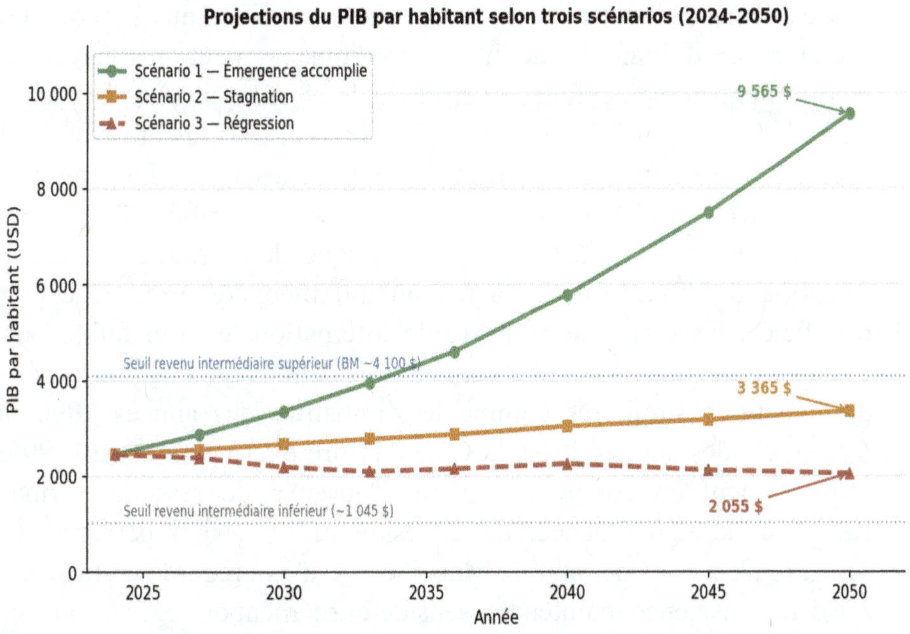

Graphique G_Concl.2 — Projections du PIB par habitant selon trois scénarios (2024–2050, USD). Les seuils de la Banque mondiale (revenu intermédiaire inférieur ~1 045 $ et supérieur ~4 096 $) servent de jalons de référence. Sources : calculs de l'auteur, BM Atlas Method 2024.

Scénario 3 - La régression : le prix de l'inaction et de la discorde

Ce troisième scénario est celui que l'histoire réserve aux nations qui ne tirent pas les leçons de leurs crises passées. Il est improbable mais non impossible car les données structurelles actuelles, si elles se dégradent simultanément, peuvent l'enclencher avec une rapidité surprenante, comme les années 1999-2011 l'ont douloureusement rappelé.

Dans ce scénario, une crise politique majeure paralyse les institutions entre 2026 et 2030. Les investisseurs se retirent ; les réformes s'interrompent ou s'inversent. Entre 2025 et 2040, la croissance annuelle moyenne tombe à 1,5 à 2 %, inférieure au taux de croissance démographique. Le revenu par habitant décline en termes réels : en 2040, il n'atteint que 1 700 à 1 900 dollars. La pauvreté monétaire dépasse 52 %. Le chômage des jeunes atteint 40 % dans les zones urbaines.

Ce que ces chiffres ne disent pas, c'est le quotidien qu'ils recouvrent : une mère de famille de Yopougon qui ne peut pas payer les médicaments de son enfant ; un diplômé de 28 ans qui vend des sachets d'eau au carrefour faute d'emploi ; un agriculteur du Nord qui abandonne ses terres face à l'avancée des groupes armés. La pauvreté à 52 %, ce n'est pas un chiffre c'est une génération sacrifiée.

À l'horizon 2050, la Côte d'Ivoire risque de se retrouver dans la catégorie des États fragiles à revenu intermédiaire, trop riche pour bénéficier des concessions de l'aide internationale, trop faible pour financer elle-même son redressement. Les nations qui ont chuté depuis des positions similaires comme le Zimbabwe des années 1990, le Venezuela des années 2010, la Côte d'Ivoire elle-même entre 1999 et 2011 avaient en commun non pas l'absence de ressources, mais l'absence de gouvernance, de cohésion et de vision partagée. Ce scénario n'est pas une fatalité. Mais il exige d'être regardé en face, une prise de conscience maintenant, sans détournement du regard. Car c'est précisément ce refus de regarder la catastrophe possible qui rend les catastrophes probables.

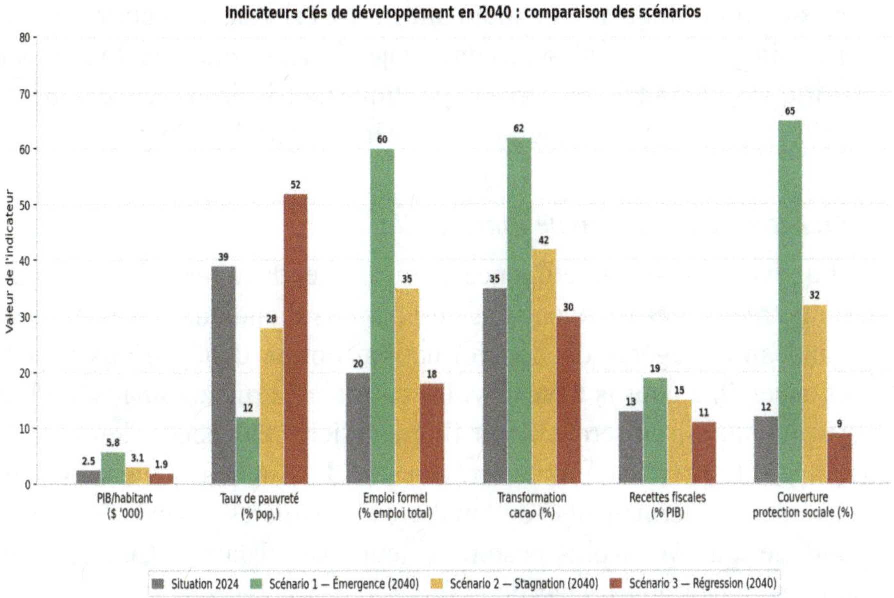

Graphique G_Concl.3 - Indicateurs clés de développement en 2040 : comparaison des trois scénarios vs situation 2024. L'écart entre le scénario d'émergence et le scénario de régression représente une génération perdue. Sources : calculs de l'auteur d'après BM, PNUD, OIT, Transparency International et FMI (2024).
Note : L'écart entre le scénario d'émergence et le scénario de régression représente une génération perdue.

L'urgence d'agir : pourquoi aujourd'hui est la seule date qui compte

Entre le premier et le troisième scénario, la distance n'est pas de plusieurs décennies : elle se mesure en années, peut-être en mois. Les économistes du développement ont documenté ce qu'ils appellent les « points de basculement » ; ces moments où les trajectoires se fixent pour une génération. La Côte d'Ivoire se trouve aujourd'hui à l'un de ces points. Cinq dynamiques convergentes imposent une urgence d'agir qui n'existait pas avec la même intensité il y a dix ans. Et chacune d'elles est assortie d'une fenêtre de temps qui se referme.

La pression démographique

Avec environ 400 000 jeunes supplémentaires entrant chaque année sur le marché du travail, et seulement 80 000 emplois formels créés annuellement, le déficit structurel d'emploi s'aggrave chaque année d'inaction. Si ce déséquilibre n'est pas résolu d'ici 2030, la cohorte des

« sans-emploi éduqués » atteindra une masse critique incompatible avec la stabilité sociale. Ce n'est pas une projection abstraite : c'est le terreau historique de toutes les crises politiques africaines des cinquante dernières années. La démographie ne négocie pas. Elle impose.

La fenêtre de compétitivité industrielle

La révolution de l'intelligence artificielle et de la robotisation est en train de remodeler les avantages comparatifs mondiaux. Dans dix ans, les industries légères de transformation, option d'industrialisation la plus accessible pour la Côte d'Ivoire seront en partie automatisées. Les pays qui industrialiseront leurs filières d'ici 2030 bénéficieront d'un avantage de premier entrant irréversible. Les autres deviendront les fournisseurs permanents de matières premières d'une économie mondiale qui n'aura plus besoin de leur main-d'œuvre. Cette fenêtre industrielle ne s'ouvrira pas deux fois.

La contrainte écologique (EUDR)

Le règlement européen sur la déforestation, entré en vigueur en 2023, impose que le cacao importé en Europe soit certifié zéro-déforestation. La Côte d'Ivoire dispose d'une fenêtre de cinq à sept ans pour mettre en place une traçabilité crédible au niveau parcellaire. Passé ce délai, elle risque de perdre des parts de marché qu'elle ne récupèrera pas, et avec eux, les revenus de millions de petits planteurs. Il ne s'agit pas d'une menace hypothétique venue de Bruxelles : c'est une transformation irréversible des règles du commerce mondial. S'y adapter coûte. Ne pas s'y adapter coûte infiniment plus.

L'instabilité géopolitique régionale

Les coups d'État au Mali (2020-2021), en Guinée (2021), au Burkina Faso (2022) et au Niger (2023) ont profondément reconfiguré l'environnement stratégique de la Côte d'Ivoire. Le Mali et le Burkina Faso représentent 15 à 20 % du trafic du port d'Abidjan. La montée des groupes armés dans les zones frontalières nord crée une menace sécuritaire directe. La Côte d'Ivoire n'est pas une île de stabilité dans un océan indifférent : elle est un phare dont la lumière attire autant les espoirs que les tempêtes. Sa propre cohésion interne est sa première ligne de défense.

La dynamique de la dette publique

Le ratio dette/PIB a dépassé 60 % en 2023, dans un contexte de remontée des taux d'intérêt mondiaux. Le service de la dette absorbe une fraction croissante des recettes budgétaires, autant de ressources soustraites aux écoles, aux hôpitaux et aux infrastructures qui conditionneront la productivité de demain. Si les recettes fiscales n'augmentent pas significativement d'ici 2028, la Côte d'Ivoire entrera dans un piège de la dette qui réduira durablement sa capacité d'action. La marge de temps pour le prévenir est aujourd'hui encore ouverte. Elle ne le sera plus dans cinq ans. Chaque année d'ajournement des réformes fiscales est une année de moins pour agir librement.

Le message de ce livre : la logique d'une seule transformation

L'unité profonde de ce chemin que les dix chapitres ont construit tient dans une formulation simple : la Côte d'Ivoire doit réaliser, dans les vingt-cinq prochaines années, ce que la rente l'a dispensée de faire pendant soixante ans ; construire une économie dont la prospérité repose sur la compétence plutôt que sur la commodité, sur les institutions plutôt que sur les ressources, sur la cohésion plutôt que sur la redistribution clientéliste. Ce n'est pas simplement un programme de gouvernement. C'est une transformation de civilisation.

Les économies de rente ne développent pas spontanément les règles du marché concurrentiel. Elles n'exigent qu'un État capable de capter la rente et des élites pour la distribuer. Chaque décennie sans transformation structurelle était une décennie de fragilité accumulée en silence.

Les trois modèles de croissance successifs : rente agro-exportatrice, libéralisation contrariée, investissement public ont tous partagé le même angle mort : l'absence de transformation des structures productives, reproduite dans l'éducation, la gouvernance et les institutions.

Les transitions numériques et écologiques imposent une irréversibilité nouvelle. La Côte d'Ivoire doit conduire simultanément des mutations que d'autres nations ont traversées séquentiellement sur deux siècles. Cela exige un État stratège, pas un État rentier.

Les crises de 1999 et 2011 n'étaient pas des chocs extérieurs : elles résultaient de l'effondrement du contrat social que la rente maintenait. L'intégration régionale est la première assurance contre le retour de ce vide.

La souveraineté économique réelle exige de passer d'une interdépendance subie à une interdépendance négociée. Le franc CFA et la dépendance aux bailleurs (22 % du budget) sont des contraintes réelles, mais non immuables, Vietnam et Corée du Sud en témoignent.

Aucune de ces transformations ne vaut, cependant, si elle ne bénéficie pas à ceux que soixante ans de rente agro-exportatrice ont laissés à la marge : les foyers à faibles revenus, les femmes rurales, les jeunes sans qualification, les agriculteurs. Une prospérité qui ne descend pas jusqu'à eux n'est pas une prospérité : c'est une nouvelle version du paradoxe que ce livre a voulu déconstruire ; celui d'une croissance robuste coexistant avec un indice de développement humain relégué au 166e rang mondial. Le chemin de la prospérité est, par définition, un chemin partagé. Il ne peut pas être emprunté par une minorité pendant que la majorité attend sur le bas-côté.

Une adresse aux décideurs : vous êtes les architectes du scénario

Ce livre s'adresse à tous les Ivoiriens, mais il s'adresse en particulier à ceux qui exercent le pouvoir de décision : Présidents, ministres, directeurs généraux, parlementaires, chefs d'entreprise, maires, recteurs d'université, dirigeants associatifs, leaders communautaires. Ce sont eux qui, par leurs actes ou leur inaction, activeront l'un des trois scénarios décrits dans ces pages.

L'histoire politique africaine porte le souvenir douloureux de nations qui disposaient de tous les atouts et qui les ont dilapidés ; non par malveillance, mais par manque de vision, de courage politique et de sens du long terme. Elle porte aussi le souvenir, plus rare et plus lumineux, de nations qui ont su, à un moment charnière, se rassembler autour d'un projet commun et le tenir dans la durée. Singapour en 1965, le Botswana dans les années 1970, le Rwanda après 1994 : des pays qui n'avaient pas plus de ressources naturelles que la Côte d'Ivoire, mais qui ont eu des dirigeants qui ont choisi le long terme sur le court terme, l'intérêt collectif sur le calcul partisan.

La Côte d'Ivoire de 2026 n'est pas en crise, c'est là à la fois sa chance et son danger. La crise force à l'action. La prospérité relative atténue la pression à l'action ; c'est là un phénomène documenté dans la littérature sur les transitions économiques : les pays qui réforment le plus profondément sont souvent ceux qui ont connu les crises les plus sévères. Pour la Côte d'Ivoire, qui n'est pas en crise mais qui dispose d'une fenêtre d'opportunité étroite, le défi est d'agir avec l'urgence que commanderait une crise sans en attendre les effets déclencheurs.

Chaque décideur est ainsi confronté à une question d'allocation intertemporelle : dans quelle mesure les décisions prises dans ce cycle politique produiront-elles des effets mesurables sur le marché du travail, la productivité et la cohésion sociale à l'horizon 2035-2040 voire 2050 ? C'est à cette question, plus qu'à toute autre, que l'architecture de réformes proposée dans cet ouvrage entend répondre.

Ce livre s'achève sur une certitude : l'histoire ne récompense pas l'inaction

Chaque nation porte en elle le poids de ses décisions passées. Les infrastructures, les institutions, les cicatrices des crises et les dividendes des réformes : tout cela forme l'héritage que la génération actuelle transmettra à la suivante. L'héritage que la Côte d'Ivoire peut léguer à ses enfants d'ici 2050 dépend des choix opérés maintenant, dans cette décennie décisive.

Les scénarios présentés dans cette conclusion ne sont pas des fictions spéculatives. Ils sont les conséquences logiques de décisions qui se prennent aujourd'hui dans les ministères d'Abidjan, dans les entreprises de San-Pedro, dans les salles de classe de Bouaké et de Korhogo, dans les marchés d'Abengourou, dans les circuits de la diaspora de Paris, Montréal et de Washington. L'écart entre une Côte d'Ivoire à 450 milliards de dollars en 2050 et une Côte d'Ivoire appauvrie et marginalisée n'est pas le produit de la chance ou de la géographie : il est le produit de choix collectifs.

La Côte d'Ivoire a déjà prouvé qu'elle peut se relever. Elle l'a fait après les crises de 1999, de 2002 et de 2011. Mais se relever ne suffit plus. Le monde dans lequel elle évolue en 2025 est incomparablement plus compétitif, plus rapide et plus exigeant qu'il ne l'était lors de son premier miracle économique. Ce qui distinguera les nations prospères de demain de celles qui seront laissées pour compte n'est pas la richesse de leur sous-sol ou la taille de leur population. C'est la qualité de leurs institutions, la cohésion de leur société, la qualification de leur capital humain et la lucidité de leur leadership.

La fenêtre d'opportunité est ouverte. Les conditions sont réunies, pas parfaitement, pas sans obstacles, mais réunies suffisamment pour que le premier scénario reste accessible. Il ne le restera pas indéfiniment. Chaque année d'hésitation, chaque réforme ajournée, chaque investissement en capital humain différé, chaque conflit politique non résolu referme un peu plus cette fenêtre. Car une catastrophe est rarement un événement isolé. Elle naît d'un enchaînement de décisions inadéquates, de négligences, de défauts d'anticipation qui, combinés, finissent par produire un résultat dramatique.

Et le tragique propre aux occasions manquées, c'est qu'on ne sait jamais exactement quand elles se ferment, on ne le découvre qu'après.

Que la Côte d'Ivoire de 2050 soit un pays dont ses enfants seront fiers, un pays qui a su transformer son cacao en chocolat, ses jeunes en ingénieurs, ses forêts en richesse durable, ses divisions en force collective dépend de ce que nous faisons aujourd'hui. Pas dans dix ans. Pas après la prochaine élection. Aujourd'hui.

Le chemin de la prospérité de la Côte d'Ivoire est tracé dans ces pages. Il est exigeant, il est possible, il est urgent. Il reste à l'emprunter ensemble, avec la lucidité de ceux qui savent ce que coûte l'immobilisme et le courage de ceux qui choisissent le long terme sur l'intérêt immédiat.

Table des matières

BIBLIOGRAPHIE

I. Ouvrages

ACEMOGLU, Daron & ROBINSON, James, Why Nations Fail: The Origins of Power, Prosperity, and Poverty, Crown Publishers, New York, 2012.

BLOOM, David E., CANNING, David & SEVILLA, Jaypee, The Demographic Dividend: A New Perspective on the Economic Consequences of Population Change, RAND Corporation, Santa Monica, 2003.

DIALLO, Tiéba, La CAISTAB et le modèle agricole ivoirien, Abidjan, 1993.

DOZON, Jean-Pierre, La société bété. Histoires d'une ethnie de Côte d'Ivoire, ORSTOM/Karthala, Paris, 1985.

EASTERLY, William, The White Man's Burden: Why the West's Efforts to Aid the Rest Have Done So Much Ill and So Little Good, Penguin Press, New York, 2006.

HECHT, Robert & DEN TUINDER, Bastiaan, Ivory Coast: The Challenge of Success, Banque mondiale, Washington D.C., 1978.

JERVEN, Morten, Poor Numbers: How We Are Misled by African Development Statistics and What to Do about It, Cornell University Press, Ithaca, 2013.

MOYO, Dambisa, Dead Aid: Why Aid Is Not Working and How There Is a Better Way for Africa, Farrar, Straus and Giroux, New York, 2009.

NCUBE, Mthuli & LUFUMPA, Charles Leyeka (dir.), The Emerging Middle Class in Africa, Routledge, Londres, 2015.

VAN DE WALLE, Nicolas, African Economies and the Politics of Permanent Crisis, 1979–1999, Cambridge University Press, Cambridge, 2001.

II. Articles, chapitres et working papers

CHAFER, Tony & CUMMING, Gordon (éd.), From Rivalry to Partnership: New Approaches to the Challenges of Africa, Ashgate, Farnham, 2011.

ELBORGH-WOYTEK, Katrin et al., Women, Work, and the Economy: Macroeconomic Gains from Gender Equity, IMF Staff Discussion Note SDN/13/10, Fonds monétaire international, Washington D.C., 2013.

FOLD, Niels, « Restructuring of the European Chocolate Industry and Its Impact on Cocoa Production in West Africa », Journal of Economic Geography, vol. 1, n° 4, 2001.

LOSCH, Bruno, « La Côte d'Ivoire en quête d'un nouveau projet national », Politique Africaine, n° 78, 2000, pp. 5–25.

NCUBE, Mthuli et al., The Middle of the Pyramid: Dynamics of the Middle Class in Africa, Working Paper n° 123, Banque africaine de développement, Abidjan, 2011.

PREBISCH, Raúl, The Economic Development of Latin America and Its Principal Problems, CEPAL/ECLA, Nations Unies, New York, 1950.

RODRIK, Dani, « The Real Exchange Rate and Economic Growth », Brookings Papers on Economic Activity, vol. 2008, n° 2, 2008, pp. 365–412.
RODRIK, Dani, « Premature Deindustrialization », Journal of Economic Growth, vol. 21, n° 1, 2016, pp. 1–33.
RUF, François, « Tree Crops as Deforestation and Reforestation Agents: The Case of Cocoa in Côte d'Ivoire and Sulawesi », Journal of Agrarian Change, vol. 1, n° 2, 2001, pp. 373–406.
SINGER, Hans W., « The Distribution of Gains between Investing and Borrowing Countries », American Economic Review, vol. 40, n° 2, 1950, pp. 473–485.
VIGNERI, Marcella & KOLAVALLI, Shashidhara, Cocoa in Ghana: Shaping the Success of an Economy, IFPRI Discussion Paper, Washington D.C., 2009.

III. Rapports et documents institutionnels

AGENCE FRANÇAISE DE DÉVELOPPEMENT (AFD), Rapports annuels, Paris, 2022–2023.
ARTCI (Autorité de Régulation des Télécommunications/TIC de Côte d'Ivoire), Rapport annuel sur l'état du marché des communications électroniques, Abidjan, 2023 et 2024.
BANQUE AFRICAINE DE DÉVELOPPEMENT (BAD/AfDB), African Economic Outlook 2023, Abidjan, 2023.
BANQUE MONDIALE, Country Economic Memorandum: Paths to Development, Washington D.C., 2009.
BANQUE MONDIALE, Côte d'Ivoire : Améliorer les Résultats de l'Enseignement Technique et Professionnel, Washington D.C., 2018.
BANQUE MONDIALE, Côte d'Ivoire - Revue de l'économie, Washington D.C., 2023.
BANQUE MONDIALE, International Debt Statistics (IDS), Washington D.C., éditions annuelles.
BANQUE MONDIALE, Joint Needs Assessment 2011, Washington D.C., 2011.
BANQUE MONDIALE, Pink Sheet — Commodity Markets Outlook, Washington D.C., éditions trimestrielles.
BANQUE MONDIALE, Poverty in Côte d'Ivoire, Washington D.C., 1997.
BANQUE MONDIALE, World Development Indicators (WDI), Washington D.C., 2024.
BANQUE MONDIALE, Worldwide Governance Indicators (WGI), Washington D.C., 2022, 2023 et 2024.
BCEAO (Banque Centrale des États de l'Afrique de l'Ouest), Rapport annuel, Dakar, 2022 et 2024.
BNETD / MINISTÈRE DE L'ÉCONOMIE ET DES FINANCES, Bilan des investissements en infrastructures 2012–2023, Abidjan, 2023.
CNUCED/UNCTAD, UNCTADStat, Genève, consultations 2023–2024.
CNUCED, Rapport sur le commerce et le développement, Genève, 2022.

CNUCED, World Investment Report 2023, Genève, 2023.
COMMISSION EUROPÉENNE, Règlement (UE) 2023/1115 du Parlement européen et du Conseil relatif aux produits associés à la déforestation, Journal officiel de l'Union européenne, 2023.
CONSEIL DU CAFÉ-CACAO (CCC), Rapport annuel de la filière café-cacao 2022–2023, Abidjan, 2023.
CONSEIL DU COTON ET DE L'ANACARDE, Rapport annuel 2023, Abidjan, 2023.
FAO, Global Forest Resources Assessment 2020 — Country Report: Côte d'Ivoire, Rome, 2020.
FAO, Pertes et gaspillages alimentaires en Afrique subsaharienne, Rome, 2023.
FMI, Côte d'Ivoire : Selected Issues, Washington D.C., 1995.
FMI, Côte d'Ivoire : Growth Recovery and Regional Leadership, Washington D.C., 2013.
FMI, Côte d'Ivoire : Article IV Consultation, Rapport n° 19/5, Washington D.C., 2019.
FMI, Côte d'Ivoire : Article IV Consultation, Rapport n° 20/168, Washington D.C., 2020.
FMI, Côte d'Ivoire : Article IV Consultation, Washington D.C., 2023.
FMI, Debt Sustainability Analysis (DSA) — Côte d'Ivoire, Washington D.C., 2023.
FMI, Informality and Inclusive Growth in Sub-Saharan Africa, Washington D.C., 2019.
FMI, World Economic Outlook, Washington D.C., octobre 2023 et avril 2024.
FORUM ÉCONOMIQUE MONDIAL, Global Competitiveness Report 2019, Genève, 2019.
FREEDOM HOUSE, Freedom in the World 2024, Washington D.C., 2024.
GSMA INTELLIGENCE, Mobile Connectivity Index, Londres, 2022 et 2024.
HCR, Côte d'Ivoire: Internal Displacement and Refugee Situation, Genève, 2011–2012.
ICCO, Historical Monthly Price Data, 1960–2023, Londres.
ICCO, Quarterly Bulletin of Cocoa Statistics, vol. XLIX, Londres, 2023.
IFRI (Institut français des relations internationales), Les accords de défense franco-africains : bilan et perspectives, Paris, 2022.
IISS (International Institute for Strategic Studies), The Military Balance 2024, Routledge, Londres, 2024.
INS (Institut National de la Statistique de Côte d'Ivoire), Enquête Démographique et de Santé (EDS-CI), Abidjan, 1994, 2011–2012 et 2021.
INS, Enquête Emploi auprès des Ménages (EEM) 2019, Abidjan, 2020.
INS, Enquêtes sur le Niveau de Vie des Ménages (ENV), Abidjan, 2015 et 2018–2019.
INS, Comptes nationaux de la Côte d'Ivoire, Abidjan, 2023.
INS, Projections démographiques 2015–2030, Abidjan.

INS, Recensement Général de la Population et de l'Habitat (RGPH), Abidjan, 1975, 1998 et 2021.
INSTITUTE FOR ECONOMICS AND PEACE (IEP), Global Peace Index 2023, Sydney, 2023.
MINISTÈRE DE L'AGRICULTURE ET DU DÉVELOPPEMENT RURAL DE CÔTE D'IVOIRE, Plan National de Développement Agricole (PNDA) 2022–2026, Abidjan, 2022.
MINISTÈRE DE L'ÉDUCATION NATIONALE / UNESCO, Annuaire statistique de l'éducation 2019–2020, Abidjan/Paris, 2020.
MINISTÈRE DU PLAN ET DU DÉVELOPPEMENT, Plan National de Développement (PND) 2016–2020, Abidjan.
MINISTÈRE DU PLAN ET DU DÉVELOPPEMENT, Plan National de Développement (PND) 2021–2025, Abidjan.
OCDE, Gouvernance multiniveaux en Afrique de l'Ouest, Paris, 2022.
OCDE-CAD, Statistics on Resource Flows to Developing Countries, Paris, 2024.
OIT / INS, Profil du travail décent — Côte d'Ivoire, Genève/Abidjan, 2021.
PORT AUTONOME D'ABIDJAN (PAA), Rapport d'activités 2022, Abidjan, 2023.
PNUD, Rapport sur le Développement Humain 2023, New York, 2023.
PNUD, Rapport sur le Développement Humain 2024, New York, 2024.
REPORTERS SANS FRONTIÈRES (RSF), Classement mondial de la liberté de la presse 2024, Paris, 2024.
SIPRI (Stockholm International Peace Research Institute), Military Expenditure Database 2024, Stockholm, 2024.
TRANSPARENCY INTERNATIONAL, Indice de Perception de la Corruption (IPC), Berlin, 2023 et 2024.
UEMOA / FMI, Rapport sur la surveillance multilatérale et la convergence macroéconomique 2022, Ouagadougou/Washington D.C., 2022.
UNIDO, Rapport sur le développement industriel en Afrique 2023, Vienne, 2023.
UNION AFRICAINE, Rapport sur la mise en œuvre de la Zone de Libre-Échange Continentale Africaine (ZLECAf), Addis-Abeba, 2022.
V-DEM INSTITUTE (Varieties of Democracy), Democracy Report 2023, Université de Göteborg, Göteborg, 2023.
WORLD JUSTICE PROJECT, Rule of Law Index 2024, Washington D.C., 2024.

IV. Sources électroniques

AGENCEECOFIN, « Côte d'Ivoire : la scolarisation au secondaire atteint 96,5 % en 2024 », décembre 2024. [En ligne : https://www.agenceecofin.com]
ALWIHDA INFO, « Côte d'Ivoire : 648 collèges et lycées publics construits entre 2011 et 2024 ». [En ligne : https://www.alwihdainfo.com]
GOUVERNEMENT DE CÔTE D'IVOIRE / INS, Statistiques de l'enseignement primaire 2008–2025. [En ligne : https://data.gouv.ci]
MINISTÈRE DE L'ÉDUCATION NATIONALE ET DE L'ALPHABÉTISATION (MENA), Poche statistique 2024–2025. [En ligne : https://mena-desps.org]
NEWS ABIDJAN, « Rentrée scolaire 2024–2025 : distribution gratuite de plus de 4 millions de kits scolaires ». [En ligne : https://news.abidjan.net]

Revue « Marché et Organisations »

Promouvoir la recherche originale sur les relations de plus en plus étroites entre le marché et les organisations. Les acteurs économiques de taille, de puissance et de pouvoir différents dont les intérêts peuvent être convergents, complémentaires ou, le plus souvent, antagoniques, ont tendance à organiser les marchés. La raison du marché, pourtant, est la référence stratégique pour l'entreprise ainsi que pour les institutions publiques de décision économique.

N°6 : Entrepreneuriat et accompagnement. Outils, actions et paradigmes nouveaux, 2008
N°7 : Développement durable des territoires. Economie sociale, environnement et innovations, 2008
N°8 : Développement durable et responsabilité sociale des acteurs, 2009
N°9 : Gouvernance : exercices de pouvoir, 2009
N°10 : Le travail collaboratif. Une innovation générique, 2009
N°11 : Economie sociale et solidaire. Nouvelles trajectoires d'innovations, 2010
N°12 : Relations à la marque et marques de la relation. Regards croisés sur le management relationnel de la marque, 2010
N°13 : Les contrats au service de la recherche ?, 2011
N°14 : Le potentiel économique de l'Afrique subsaharienne, 2011
N°15 : Management de la distribution, 2012
N°16 : Territoire Vert. Entreprises, Institutions, Innovations, 2012
N°17 : Eco-conception, conception et innovation. Les nouveaux défis de l'entreprise, 2013
N°18 : Intelligence économique : entreprises et territoires, 2013
N°19 : La finance globale. Un monde fini, 2013
N°20 : La crise du « développement », 2014
N°21 : La Chine innove. Politiques publiques et stratégies d'entreprise, 2014
N°22 : Go East! Nouvelles Economies de Marché, 2015
N°23 : L'économie du changement, 2015
N°24 : Le temps des artisans. Permanences et mutations, 2015
N°25 : Innovations de proximité et esprit d'entreprise, 2016
N°26 : L'avenir des économies du Maghreb : entre inertie structurelle et envie de rupture, 2016/3 (n° 27)
N°27 : Le sport aux frontières du marché du travail, 2016
N°28 : Dynamiques internationales des entreprises, 2017
N°29 : L'univers du risque, 2017
N°30 : Les petites entreprises dans l'histoire industrielle, 2017
N°31 : Economie sociale et *social business* ? Au défi d'entreprendre et se financer, 2018
N°32 : Éducation et fertilisation des économies africaines, 2018
N°33 : L'entrepreneuriat innovant dans les pays du Maghreb, 2018
N°34 : L'entrepreneuriat scientifique : institutions et innovation, 2019
N°35 : Le champ économique de la culture, 2019
N°36 : Economie sociale et solidaire ? Modèles d'innovation et modes de gouvernance, 2019
N°37 : Rethinking Luxury Business, 2020
N°38 : La santé connectée. Nouvelles technologies et réorganisation des soins, 2020
N°39 : Options stratégiques et systèmes complexes d'innovation, 2020
N°40 : Les services : intégration des systèmes productifs et lien social, 2021
N°41 : Crise pandémique, crise globale. Réalité et controverses théoriques, 2021
N°42 : La crise de la covid-19. Le marché et les organisations en perspective, 2021
N°43 : (Re)faire système. *Bug & reset*, 2022
N°44 : Aléas du marché et management du risque, 2022
N°45 : Le renouveau du transport et de la logistique : les systèmes d'information, 2022
N°46 : Entrepreneuriat et innovation dans l'enseignement supérieur, 2023
N°47 : Le tourisme créatif. Culture, créativité, patrimoine, management, 2023
N°48 : L'Afrique : questions de performances, 2023
N°49 : *Fintech* en sciences du management, 2024

https://www.cairn.info/revue-marche-et-organisations.htm